清华金融法律评论

TSINGHUA FIANCIAL LAW REVIEW

2019
第3卷第2辑

总第5辑

法律出版社
LAW PRESS·CHINA

序　一

为什么我的眼里常含泪水？因为我对这土地爱得深沉。

——艾青《我爱这土地》

清华大学商法研究中心(以下简称清华商法中心)和商法学科在《商事法论集》(以下简称《论集》)的基础上,推出一本新的学术性文集《清华金融法律评论》(以下简称《评论》)。商事法和金融法是清华商法中心与商法学科的两个明确的研究重点。这既是清华商法中心的传统研究优势的自然延续与水到渠成之事,也是清华商法中心上下一心、迎接新时代新金融挑战的努力结果。一方面,清华商法中心和商法学科具有研究金融问题的"基因"和研究基础;另一方面,2007 年金融危机之后,"金融科技""普惠金融"等金融前沿问题涌现,对金融法问题的研究需要愈加迫切,特别是 2017 年第五次全国金融工作会议的召开标志着中国的金融体制改革进入一个"深水区"。法学界尤其是商法学者被推到时代的风口浪尖。种种因素的叠加,使金融法成为清华商法中心和商法学科一个呼之欲出、亟待明确的研究方向。

一

清华商法中心和商法学科为什么要组织编写该《评论》？商法和金融法是什么关系？许多非法律界人士可能对这些问题感到困惑。商法是法学之学科范畴的概念。法学是古老的学问,在世界上最古老的大学中,曾只有法学和神学两个专业。经过上千年的历史,法学大致分为宪法、行政法、民法、商法、经济法、国际法等若干子学科,不包含金融法。金融法或房地产法等是根据研究对象、研究兴趣或研究专题这个标准而提出的概念。研究金融法律问题可以是法学中的任何一个子学科,民商法学科或者经济法学科的老师都可能关注金融问题。这就是为什么在有的学校研究金融法的力量集中在经济法学科,而有的学校集中在商法或者民商法学科,还有一些学校同时分布在民商法学科和经济法学科。金融法研究与师资力量的学科分布差异是由每个学校法学院的历史、学科格局、学科发展路径不同所造成的。清华大学法学院研究金融法律问题的学者主要在商法学科。

无论是作为学科范畴的商法,还是以研究对象来划分的金融法,二者的研究领域是高度重叠的。例如,当我们将商事活动与经济金融现象的法律研究分为三大块,即商事组织法、商事交易法和监管法时,在概念上,商法是调整平等商事主体相互关系的法律规范的总称,侧重于前二者;金融法则是研究金融领域的法律问题,侧重于后二者,尤其是监管法。实践中,商法的外延在不断扩大。在统编的商法教科书中,商法的外延包括公司法、证券法、保险法、票据法、海商法、信托法、银行法、破产法等。所以,有人说学科范畴中的商法概念是个"大商法"的概念,已经从商事组织法、商事交易法延伸至监管法。而监管法是金融法的主要考量点。金融法囊括了关于资金融通的所有法律规范,侧重于研究商业中的资金融通问题,更侧重于从监管的角度进行研究。商法和金融法是重合的。而且,商法和金融法的"标签"丝毫不能把学者局限在某一个领域或者某一个侧重点。例如,商法学者中有很多是侧重于研究金融领域的法律问题,还提出了"金融商法"等概念,而金融法学者在研究监管法时往往必须把相关的商事交易结构厘清,监管的方向才能明确。

商法和金融法交融在一起的更深层次的原因是商事组织法、商事交易法和监管法这三者在理解和解决一个具体问题时是交融在一起、相互影响的。只有同时贯通这三个方面,才能真正解决问题和解释现象。第一,监管对商事交易的影响越来越大。当代国家不再是小国寡民时代中的守夜人角色,而是形成规制国家的模式,政府对商事交易干预的权力较大。深入研究商事交易会发现监管法对商事交易有着至关重要的影响。比如,银行法或者证券法中的监管规则,经常被区分为法效力性规定和管理性规定,前者将直接影响到银行业或证券业的商事交易活动之效力。第二,监管法发挥作用的前提是有稳固的商事交易的民商法基础,这样才不会导致商事交易的重大法律风险。例如,研究表明,商事交易中一些规则过于宽松是造成2008年美国金融危机的原因之一。例如,破产法所规定的金融机构破产时金融衍生品交易自动净额结算规则,被认为是美国金融机构(如雷曼兄弟)风险与激励不匹配的商事交易法根源。为了在监管上防范金融风险,必须在商事交易中完善相关的商事规则,以便使金融交易的民商法能够发挥对金融商事交易正向利益激励和反向风险防范的作用。第三,商事组织法尤其是良好的公司治理机制是企业融资的前提。

商法学者和金融法学者是相向而行的。金融法学者在研究监管法时常常会进一步研究金融交易的商事结构和商事法律关系,而商法学者在继续维持商法学界在商事组织法和商事交易法的传统优势和研究兴趣之外,还常常跨越进入金融领域研究交易问题和监管问题。商法是一个动态的、富有生命力的学科。

二

中国商法学科的开拓者和主要奠基人是已故的王保树教授(1941～2015年)。王保树教授是中国商法学研究会的创始会长(去世之前也一直担任商法学会的会长),是我国著名的法学家、杰出法学教育家。王保树教授是清华大学法学院复建后的首任院长,在清华建立了商法学科和商法中心,聚集和培养了一大批商法、经济法的人才,从而使清华商法中心和商法学科成为全国商法学研究的重镇。王保树教授的贡献也涉及经济法。

自王保树教授创立清华商法中心与建立商法学科以来,清华商法中心已经走过了大约二十年的历史。清华商法中心主办《论集》、"二十一世纪商法国际论坛""商事法专题研究文库""王保树商法学优秀博士论文奖""青衿商法论坛"等出版物和定期活动。2017年清华商法中心再次策划《评论》,明确将金融法确立为商法中心的重点研究领域。

第一,清华商法中心与商法学科的传统中具有研究金融法律问题的基因与理论基础。的确,清华商法中心与商法学科的传统优势是金融领域之外的商事组织法和商事交易法。但是,商法中心从未画地为牢,把自己排除在金融之外。在发展过程中,商法中心不断地以商事交易和商事主体为核心,向外拓展研究领域,解决经济和金融发展的前沿和疑难问题。突出表现在人才培育方面,清华商法中心历年博士论文题目中相当多的选题聚焦于金融领域的法律问题。理论基础研究越强,对新金融之前沿问题的挖掘能力也会越强。清华商法中心和商法学科在商法方面的深厚研究,为捕捉和研究金融前沿问题奠定了很好的基础。

第二,在科研成果方面,清华商法中心在金融法的研究方面已有一定规模。商法中心主编的"商事法专题研究文库"已推出近四十本商法方面的专著,其中不乏对金融领域法律问题如关于金融商品交易反欺诈制度、保险代位、可保利益、金融信托中的受托人义务等的研究专著;公司收购和公司治理领域的专著更是"商事法专题研究文库"的重点领域。连续性的学术出版物《论集》每一期中相当多的论文都是研究金融法问题的。特别是从2001年启动的一年一度的盛会"21世纪商法论坛国际研讨会",至今已坚持19届,殊为不易。"21世纪商法论坛国际研讨会"历届的主题分别为"投资者利益保护""全球竞争体制下的公司法改革""公司收购:法律与实践""转型中的公司法的现代化""中美商法新发展""实践中的公司法""非公司企业法制的当代发展""公司重组:理论与实践""应对金融危机的金融法机制:机遇与挑战""公司法制结构性改革的前景""经济全球化中的公司治理与公司法一体化走向""资本市场的创新发展与公司制度的深化改革""公司自治与政府管制""公司资本制度的再审视""资本市场法制的现代化""公司再造:法制与实践""融资创新与监管""后危机十年公司治理:回顾展望""受信义务的新发展"。可以发现,相当数量的研讨主题都是融资和金融领域的法律问题,并不局限于传统的商法领域。

第三,商法学科合理的人才梯队为清华大学商法研究中心与商法学科研究金融法提供了充分的人力保障。目前商法研究中心的师资梯队和知识结构已涵盖金融法领域的绝大多数方面。银行法、证券法、信托法、破产法、公司治理、保险法、并购重组等涉及金融的法律均配备有"术业有专攻"的师资力量。每学年这些老师都会开设金融法方面的课程。所欠缺的就是将金融法研究作为一面旗帜和研究方向鲜明地提出来。《评论》的出版将彰显清华商法中心对金融法律问题的研究实力,这是其对于商法中心的第一个意义。

三

2016年以来,针对金融领域的新问题,清华商法中心及时举办论坛,倡导研究议程,进行金融法前沿问题的研讨。首辑《评论》收录了"青衿商法论坛"第一届“金融控股公司”、第二届“资管计划”、第三届“金融科技”、第四届“资产证券化”和第七届海峡两岸商法论坛“操纵金融市场”的优秀论文。这些论坛大多是清华商法中心策划和组织的。在策划“青衿商法论坛”的主题时,我们所构想的是历届的主题要具有连续性,因此设计了“金融混业经营”与“影子银行”的大主题,下面再细分局部的议题。回想起来,第一届“青衿商法论坛”于2016年8月召开,主题是金融控股公司,这也是“青衿商法论坛”的开坛仪式。8月底的北京秋高气爽,十分舒适。来参会的大都是各大院校法学院的青年学者。会议结束的当天傍晚,与会同人将下届“青衿商法论坛”的主题定为“资管计划:天使还是魔鬼”,并商定12月再聚北京。当时“资管计划:天使还是魔鬼”的热度尚未显现。但由于2016年8月底到12月,“宝万之争”以及其他上市公司敌意收购的案例所造成的社会影响,“资管计划:天使还是魔鬼”的论坛选题到12月时得到了热烈的反响,论坛也空前的成功,因为“机会只偏爱有准备的人”。2017年4月第三届“青衿商法论坛”的选题是“金融科技与监管前沿问题”。这届论坛是清华商法中心与清华五道口金融学院联合举办,也非常成功。“青衿商法论坛”由此形成了“监管界—实务界—学界”三者对话的研讨模式。2017年7月第四届“青衿商法论坛”的选题是“资产证券化”。这本是一个老题目,但是在PPP等政府融资新方式和收益权资产证券化大行其道的新背景下去探讨一个老问题,也颇具有新的启示和意涵。2018年举办了第五、六、七届青衿商法论坛,主题分别为“大资管夹缝中的信托业务法律风险”、“地方政府债务风险防范化解”和“电子商务法解释与适用”。其中第七届论坛由清华商法中心与武汉大学网络治理研究院、武汉大学资本市场法治研究中心联合举办,得到了武汉大学法学院师生的热情支持。青衿商法论坛第一次走出清华园,来到美丽的珞珈山。在此,我们向武汉大学法学院师生表示最诚挚的谢意!2019年6月,清华商法中心与中国民航大学航空法律与政策研究中心在天津联合举办第八届青衿商法论坛“创新经济与公司治理”。我们诚挚感谢中国民航大学法学院师生的热情支持!2020年1月初,在新《证券法》时代即将来临的时刻,我们携手行政法、行政诉讼法的师生在清华大学法学院新法律图书馆楼举办了第九届论坛,主题为“证券行政诉讼与裁判”。这些论坛虽然沿袭清华大学商法研究中心的传统,均冠名以“商法论坛”,但商法的意涵和外延发生了变化,从商事主体法、商事交易法扩展到了监管法。这是清华商法中心在有意识地利用自身在基础理论方面的研究优势去迎接新金融的挑战。

四

《评论》的征稿范围是金融领域的法律研究成果,或者对法律规范富有启示作用的一些金融实证研究。如前所述,金融法可以从商事组织法、交易法和监管法等多方面进行研究。首辑《评论》收录的金融法论文在这三个方面都有所涉及。"金融控股公司"专题是与金融相关的商事组织法,"资管计划"专题同时有商事交易法和监管法,其余的三个专题也是如此。当然,我更希望今后每一辑《评论》的主题更加集中。如果每一辑的《评论》都有一个专题研讨和重大问题的科研攻关,那就更好了。这需要我们更好地策划,提前科研、写稿和组稿。

《评论》成为清华商法中心和商法学科在金融法律问题研究方面的阵地和窗口。这有两个方面的含义:第一,《评论》是由清华商法中心和商法学科主办和主编,反映清华商法中心和商法学科对金融法前沿问题的把握。第二,更重要的是,《评论》的作者群有很大一部分是清华大学商法研究中心和商法学科的老师和学生们。首辑《评论》中大约1/3的作者是清华商法中心的师生。

我们提出《评论》的三个宗旨:

1. 中国经验。只有在中国土壤中生发出来的问题,我们才有真切的感受。《评论》生长在中国的土壤中,服务于中国问题的解决,其立足点和观察点是金融领域的中国现象和问题。分析、解释和解决中国问题是学术的生命力之一。《评论》坚持这一点。民国时期的学术之所以了不起,一个很大的原因是当时的中国学者对中国社会、经济、习惯法做了大量的调查,将中国经验记录和传承,扎根于中国经验之上。

2. 世界学术。始于中国问题和中国经验,不意味着在视野上坐井观天。国际学术界是一个大的学术共同体,共同为人类的知识累积、学术增长、真理明晰贡献各自的力量。中国学者不应只满足于"美国理论、中国经验/数据"的简单组装,而是应该从中国的问题和经验中,在共通的科学方法论的指导下,抽象地思考一些普遍性的问题和真理,追求世界性的学术,为国际学术共同体的建设贡献自己的力量。

3. 专业对话。专业对话指的是专业之间、学科之间的对话。美国大法官霍姆斯曾经说过,法律的生命不是逻辑而是经验。在我国这样一个同时受大陆法系和英美法系双重影响的法律体制下,中国的法律研究是体系逻辑和实证经验二者并重。金融法的研究一方面是规范层面的法律逻辑、体系和适用等方面的研究,另一方面则要注重法律和金融之间的互生共生关系的研究,这就要求法学和金融学、经济学的研究成果相互借鉴。金融法律的研究,归根结底是对人的行为的研究,需要考虑金融法律对人的行为的引导,以及对经济、社会可能产生或已经产生的效果。对人的行为的研究方面,金融学、经济学已经有丰富的成果,法学可以借鉴之。这不仅仅是"经济学诊断、法学开药方"的法律工具主义,而且是在专业之间对话基础上寻求对问题的全方位解决,更加注重发挥法律对人的行为的作用。法学家在重大公共政策议题(包括金融政策议题)上将有更加切合实际、令人信服的声音。

"中国经验、世界学术、专业对话"当然不是中国学人的唯一范式,毕竟学术道路是多元的、百花齐放的,但它是我们组织编写《评论》的一个理想。

经过努力,首辑《评论》终于面世了。无论遇到多大的困难,希望《评论》能够坚持办下去,坚持就会形成学术品牌。非常高兴有机会与读者分享自己的这些感想,也作为对《评论》的寄语。

朱慈蕴
清华大学法学院教授、博士生导师
清华大学商法研究中心主任

序　二

首先祝贺《清华金融法律评论》问世！《清华金融法律评论》着眼于与金融发展有关的法律的观察、评述和研究，是清华大学学科交叉的重要进展和成果，同时也一定会推动清华大学金融学科的研究和法学学科的研究，我们对此充满了期待。

人类社会金融体系的发展，其实也伴随着金融法律的发展，两者息息相关。

由于金融活动纷繁复杂，创新频繁，往往会将其服务对象特别是金融消费者置于信息不对称的地位，并暴露于各种风险之中。这些风险如果管理不当，不但会损害消费者利益，风险的积累更会造成大规模的金融和经济危机。历史上多次发生的金融危机都充分说明了这一点。

鉴于此，世界各国都非常重视金融法律体系的建设，希望既能保护创新，又能有效防范风险。近年来，随着移动互联网的普及、计算机技术的发展、大数据与人工智能等技术的突破，“金融科技”已成为全球普遍关注的行业，也成为金融创新的重要源泉。伴随着金融与技术的深度融合，以 P2P 网络借贷等为代表的全新金融业务模式得以发展，以供应链金融、消费金融等为代表的传统金融业务模式也出现了变革，技术被源源不断地导入金融业，极大提高了服务效率，同时技术的应用使传统金融风险的传播速度加快和传播范围加大，不可避免地加剧了已有监管体制和创新模式的冲突。如何构建一个能对金融创新反应敏捷的监管系统，已经成为全球金融监管机构面临的普遍难题。

历史经验表明，金融体系就是在创新和监管的互动中发展起来的，这其中需要监管体系对于创新实践的持续跟踪，建立与业界的充分沟通机制并及时回应。

以美国对 P2P 网络借贷和股权众筹的监管为例。P2P 网络借贷和股权众筹虽然提供金融产品，但是业务模式实现了去中心化，因此业务主体已经不再被原有监管体系所覆盖,给传统监管带来了挑战。对于P2P网络借贷,美国证监会(the U. S. Securities and Exchange Commission,SEC)早在2008年就将其判定为证券发行,强调平台的信息披露义务,为行业建立了严格的监管框架。随后,美国网络借贷行业仍迅速发展,具体体现在以下方面:行业规模不断增长、参与主体不断丰富、商业模式不断创新、与传统借贷模式的差异不断凸显。面对这一情况,美国监管机构对行业发展保持了持续关注,探讨监管框架如何灵活应对网络借贷行业的迅速发展。2015年7月,美国财政部发布了"网络借贷市场意见征求",探讨该行业的最新变化以及金融监管应该如何调整来保证这一新兴行业的健康发展。2016年5月,根据意见征求结果,美国财政部发布了白皮书《网络借贷市场的机遇与挑战》,结合美国网络借贷行业的发展和市场环境,进一步对监管措施提出了建议。监管机构正是通过对创新型商业模式的高度关注和持续跟踪,才能保证创新和风险之间的有效平衡。

对于股权众筹,SEC通过颁布《JOBS法案》松绑原有法律监管体系,为创业企业融资提供了充分机会。而在《JOBS法案》正式生效之前,美国最具代表性的股权众筹平台之一Angellist也主动与SEC进行了沟通。Angellist成立于2010年,通过Angellist平台初创公司可以面向合格投资人募集天使资金。2013年3月26日,Angellist向SEC发出了"寻求确认书",详细描述了自身的商业模式,请求SEC明确表示:在Angellist没有注册为"经纪人—交易商"的情况下,SEC不会对Angellist的业务采取强制措施。两天后,SEC对Angellist进行了回复。回复邮件根据Angellist对其商业模式的描述总结了若干条关键因素,并明确表示:在Angellist的商业模式与其所述的以上关键因素完全相符的情况下,SEC不会对其业务采取强制措施。SEC的及时回复在一定程度上降低了Angellist及其同类型平台的政策风险,在新法案实施生效之前为行业自律提供了参考。在监管政策生效之前,对业界的担忧进行及时回复既将风险置于可控范围之内,也保证了创新实践得以持续。

我们必须看到,中国的金融发展有其独有的特点,但是这并不妨碍我们借鉴其他国家的金融立法和治理经验。目前,我国已经成为全球金融科技发展最快的国家,其发展路程对我国的金融创新和金融监管既有经验,亦有教训。始于2016年的"互联网金融专项整治"仍在持续。应当看到,加强金融监管和推动金融创新是相互促进、并行不悖的。金融监管本质上并不是抑制金融创新，而是规范其服务于实体经济的本源，促进金融行业的持续进步。在金融发展的新时期，有必要保持对金融创新的密切关注、对金融风险的有效防范、对金融监管体系适应的持续探讨，才能确保金融行业的长治久安。从这个角度来说，《清华金融法律评论》任重道远！

再次祝贺《清华金融法律评论》诞生，并祝它越来越好！

廖 理
清华大学五道口金融学院教授、博士生导师
清华大学金融科技研究院院长，互联网金融实验室主任

目录

Contents

专题　证券行政诉讼与裁判

以证券期货行政诉讼促进监管目标实现的问题与路径

李明良　黄　骜 / 3

论信息披露违法证明标准的实践与建议

——以某上市公司信息披露违法行政处罚案例为引入

张保生　李瑞轩 / 13

违反大额持股披露制度的行政处罚研究　伍　坚　黄周奕 / 37

泄露内幕信息行政处罚问题探讨

——兼谈证券行政处罚中的证明方式　黄江东 / 50

浅议“传递型”内幕交易中的推定和证明　朱进姝 / 61

内幕交易在我国证券市场中的规制特征

——以 2017 ~ 2018 年证监会有关行政处罚和

行政诉讼的情况为基点　陈家棋 / 73

内幕交易违法所得算定之分析　韩　维 / 94

日本金融商品交易法之内幕交易规制

——兼析首起行政处罚被取消之案例　陈　宇 / 111

从恒康医疗案看通过信息披露操纵证券市场行为的

认定标准　刘思远 / 124

美国商品期货委员会(CFTC)诉DRW公司案相关
分析及启示 兰晓为 曲 伸 / 138
信息型操纵的司法认定
——以蝶彩案为观察视角 翟显赫 / 147
行政处罚中独立董事勤勉义务判断标准的批判性思考
崔羽佳 / 169
论证券律师职责的定性和定量边界
——从东易律师事务所诉中国证监会一案谈起 李俊琪 / 222
瑞华诉证监会案争点解析
——与日本比较 朱宝玲 / 239
我国台湾地区近十年证券行政诉讼案件之初析 蒋净宇 / 258
征稿启事

专题　证券行政诉讼与裁判

《清华金融法律评论》
第3卷第2辑
第3～12页

以证券期货行政诉讼促进监管目标实现的问题与路径

李明良　黄　骜*

目　次

一、新形势下证券期货监管与证券期货行政诉讼的内涵
二、以证券期货行政诉讼促进证券期货监管目标实现的问题
三、以证券期货行政诉讼促进证券期货监管目标实现的路径

摘　要：司法权对行政权的监督，是法治发达国家的普遍性的制度安排。一方面，证券期货监管通过事前审查证券期货市场各项行为的合规状态，对违规行为及时矫正；另一方面，司法权通过具体诉讼程序或以司法解释的方式介入证券期货监管，保护投资人的合法权益，确认交易所业务规则司法效力，并以判例明确证券期货市场的规则与标准，从而保障证券期货监管有序进行。

关键词：证券期货行政诉讼；证券期货监管；司法审查；证明标准

党的十九届四中全会对坚持和完善中国特色社会主义制度、推进国家治理

* 李明良，中国金融期货交易所工作人员；黄骜，中国金融期货交易所工作人员。本文仅代表作者个人观点，与所供职单位无关。

体系和治理能力现代化作出重大战略部署。加强对法律实施的监督,保证行政权、监察权、审判权、检察权得到依法正确行使。在此背景下,在证券领域协调行政权和司法权的关系并形成良性互动,有利于证券期货市场的有序发展。

一、新形势下证券期货监管与证券期货行政诉讼的内涵

党的十八大以来,多层次资本市场建设提速,新三板夯实了多层次资本市场的塔基,创业板、中小板、主板为不同类型、不同发展阶段、不同融资诉求的企业提供了融资通道,期货市场已经发展成为多层次资本市场的重要组成部分。2019 年科创板的推出为处于不同产业模式和阶段的企业量身定制了增量市场。科创板肩负着服务科创企业、注册制试点、“改革试验田”的重任,以期在探索增量改革的同时,形成可以复制、推广的经验,推广到资本市场其他板块,推动资本市场全面深化改革。在新形势下,证券期货领域新业态新模式不断出现,违法违规案件频发,投资者合法权益需有效保护,以确保证券期货市场有序运行,促进多层次资本市场健康。因此,有必要重新认识证券期货监管与证券期货行政诉讼的内涵。

证券期货监管作为证券期货行政权的主要表现形式,是指具有证券期货监管权的主体行使行政权力对证券期货市场进行监督管理,保护投资者的合法权益,维护社会经济秩序和社会公共利益,针对证券期货市场各类主体存在的违法或不当行为,依法所采取的监督管理的总称。〔1〕 证券期货监管权属于国家行政权的范畴,证券期货监管措施作为规范证券期货市场,保护投资者利益,对不当或违法行为依照其职权所采取的规制手段,尽管部分证券期货监管措施具有行政处罚、行政强制措施以及行政检查的效力,但相当部分证券期货监管措施并不发生上述效力,因此证券期货监管措施并不能直接等同于行政行为。〔2〕

证券期货行政诉讼,主要目的在于对证券期货监管具体行政行为进行合法性审查,是司法权介入证券期货监管的主要方式。从功能上看,证券期货行政诉讼不仅是对证券期货监管机构的监督,更是实现证券期货监管目标的有力手段。

---

〔1〕 参见张红:《证券监管措施:挑战与应对》,载《政法论坛》2015 年第 4 期,第 130 页。

〔2〕 参见邢会强:《金融监管措施是一种新的行政行为类型吗?》,载《中外法学》2014 年第 3 期,第 730~746 页。

行政机关作出一项行政行为，首先要对法律进行解释，其次根据查明的事实，适用法律并得出结论。理论上，法院对证券期货监管机构行为的审查包含对其法律解释、法律适用、事实认定和自由裁量行为的审查，具体包括：审查证券期货监管机构适用法律时对所依据的法律构成要件的解释，主要是不确定的法律概念是否与该法或者授权法相符；审查证券期货监管机构作出具体行政行为所认定的事实，主要是认定该事实的证据范围和证明标准；审查证券期货监管机构作出行政行为所依的"法"是否正确，与上位法、法律是否冲突；审查作出的行政行为是否正确、适当，主要在于行政自由裁量的合法性。因此，法院对于行政行为合法性和合理性的审查包括行为的全过程。

二、以证券期货行政诉讼促进证券期货监管目标实现的问题

（一）证券期货监管执法威慑不足

新形势下证券期货监管执法正面临新的挑战。具体而言，首先，信息披露违法案件持续多发。近两年信息披露违法案件年均增长近30%，虚假陈述、财务造假问题较为突出，如假借"央民合作"光环蹭热点，严重误导投资者；又如挂牌公司伪造审计报告、篡改审计意见；再如上市公司采用虚减成本方式，连续多年虚增利润；或提前确认资产置换收益，发布虚假扭亏公告。其次，实际控制人违法违规问题突出。例如长期占用巨额资金，恶意掏空上市公司；又如"隐身"参与定向增发，规避减持限制；再如"监守自盗"，利用内幕信息买卖本公司股票获利巨大，或指使夸大公司业绩，高位减持套利，或与外部机构勾结，操纵本公司股票。再次，内幕交易和操纵市场更加隐蔽。例如出现利用场外期权、收益互换实施内幕交易的案件，借助证券衍生品规避监管引起高度关注，操纵市场手法更为复杂多样，短线操纵占比较高；又如涉及上百只股票，交易金额超过百亿元。操纵团伙成帮成系，内部分工明确，交易、结算、风控、培训等岗位一应俱全。最后，"黑嘴"行为严重扰乱市场秩序。2018年涉及市场"黑嘴"的案件同比增长近30%，如网络媒体工作人员编造传播虚假消息，制造市场恐慌情绪；又如大户散布谣言误导市场，扰乱期货正常交易，部分投资者尚未取得咨询资格，却长期通过自媒体非法从事投资咨询；再如专业分析师违反职业操守，发布不实研究报告，以销售荐股软件为幌子，诱骗投资者进行交易。

尽管违法违规形势严峻,但在2020年之前,证券期货监管执法仍存在威慑不足的问题。首先,证券期货监管执法的处罚金额较低,与违法收益严重不匹配。具体而言,60万元行政处罚已经是证券期货监管机构在现行法律范围内针对虚假陈述的顶格惩处。对于部分有预谋、有组织、长期、系统实施财务造假,恶意欺骗投资者,影响极为恶劣的行为,也只能开出60万元的罚单(2005年《证券法》第193条)。相较于被惩处主体和实际控制人获取数以亿计的回报,上述违法成本甚微,这就使得虚增收入、造假成瘾、骗取投资者信任式的造假模式极具诱惑力。

其次,证券期货监管执法手段有限。根据证券期货监管机构公开的监管记录以及其他文献统计数据,证券期货监管措施在使用上存在倾向性,责令改正、出具警示函以及监管谈话占据执法手段的绝大比例,而其他较为严厉的执法手段使用极少甚至从未使用过。虽然根据监管措施的实施原则以及强化市场型政府理论、精简政府理论提供的基础,证券期货监管措施的行使必须保障相对人的合法权益不受侵害,依法在合理范围内对违法行为予以规制,但是实践操作中由于证券期货监管措施的实施会对相对人造成一定的后果,证券期货监管机构及其派出机构在监管措施的采取上偏向保守,以至于证券期货监管措施的监管效果有限。〔3〕

最后,证券期货监管行政处罚证明标准不明确。目前证券期货监管机构在认定违法事实时一般采取"一元制"的证明标准,即在证据所要达到的证明标准上实行同样的、无差别的"案件事实清楚,证据确实充分"标准,基于客观真实原则,建立在原始朴素正义追求的基础之上,但是却很难在法律实践中实现,尤其是在类似于行政处罚执法实践中。〔4〕 此外,"事实清楚"的判定标准缺少明确性和实践操作性,较为模糊,可能会出现相似的案件但不同的处罚结果。

(二)证券期货行政诉讼救济乏力

行政诉讼的维护功能与监督功能是一组矛盾关系,且对行政诉讼的救济功能产生一定影响。行政诉讼通过定分止争与救济,为公民法人或者其他组

---

〔3〕 参见王瑞、方先明:《证券监管执法的市场反应研究——来自中国A股的证据》,载《证券市场导报》2019年第9期,第59~60页。

〔4〕 参见欧阳振远:《行政处罚证明标准研究》,载《证券法苑》2013年第9卷第2期,第20页。

织提供一个不服行政行为而进行申诉的渠道,目的是达到恢复、补偿或者赔偿被损害的相对人权益。行政诉讼主观定位在监督功能与具体制度实施效果上,都表明其在维护行政法的客观秩序上显得有心无力。将过重的监督和纠正行政法律秩序的任务交给法院,而未赋予其相应的职权,非实质上的法治主义。法院是司法机关,其本质是以裁判权为核心的权力机关。然而,我国行政诉讼实际受案范围相对有限,救济权利的功能还尚未充分发挥。实际上,行政诉讼制度的属性是救济功能性质,行政相对人关注的不是其是否可能对行政法律秩序构成监督作用,而是行政相对人自身合法利益的保护。这就导致现实中行政诉讼功能目的与行政相对人预期相差甚远,行政相对人逐渐失去对获得诉讼救济的耐心与信任。法院对证券期货监管机构司法审查的最大问题在于现有行政诉讼法律规定造成司法审查权的作用无法正常发挥、监督不足,证券期货监管机构的特殊地位也影响到法院审理的态度。因此,司法救济在涉及证券期货监管的案件中往往表现乏力。

(三)司法权介入证券期货监管存在挑战

行政诉讼的限度源于公法、私法二元论的理论基础以及行政权与司法权的分工,发生行政争议主要解决方式是行政复议,即以行政机关的自我纠正机制解决纠纷。在现代法治理念中,由司法机关审理行政机关与行政相对人的争议,对行政行为进行司法审查,甚至改变、撤销行政行为都是再正常不过的情况。相反,如果行政权力缺乏司法监督和约束,公权力所天然存在的扩张性将无法从制度上予以限制。然而,司法权介入证券期货监管存在不小的挑战。证券期货监管行政案件的复杂性,加剧了司法权的自我克制。一方面,法院受制于维护政治稳定、经济发展等"任务"束缚,面对可能对资本市场造成重大影响的证券期货监管行政案件时,法院往往再三思量判决认定可能带来的后果与影响,对于此类复杂案件更是小心谨慎。另一方面,司法权与行政权的合理边界如何划分,不能因过度干预而降低行政裁量权在剧变社会中所具备的效率优势。[5] 两种权力都源于最高国家权力机关,具有"同源"的性质,但司法机关与行政机关各司其职。正如王汉斌副委员长在《关于中华人民共和国行政诉讼法(草案)的说明》

---

〔5〕 参见朱力宇主编:《依法治国论》,中国人民大学出版社2004年版,第559页。

中指出的,“人民法院不能代替行政机关作出决定”,即司法不干预行政。司法权的本质是判断权,而行政权力则主要是执行法律的权力,但这一执行并不具有司法权力那样的“最终判断”性质,在职能上司法权与行政权相互分开。换言之,两种权力相互之间不能干预对方的权力行使,需要具体的规则防范权力之间的相互制约。

三、以证券期货行政诉讼促进证券期货监管目标实现的路径

(一)以行政诉讼判例明确监管标准

证券期货监管是一项长期、复杂、系统的工程,对违法行为进行打击、处罚,只是证券期货监管机构事后监管的环节之一。从长远来看,证券期货市场运行过程中的问题,大多无法仅靠行政处罚就可以解决和根治。单纯追求“以罚代管”“从严认定”的短期效果,终究不是长久之策。同时,无论是哪种监管方式,都必须在法律制度的框架内进行。正当履行法定调查程序,保障当事人在实体和程序上的各项权利,才是实现证券期货监管目标的应有之义。

以苏嘉鸿诉中国证券监督管理委员会(以下简称证监会)一案为例,2018年7月17日,法院以事实不清、程序违法为由终审判决撤销被诉行政处罚决定和行政复议决定,一并撤销此前驳回苏嘉鸿诉讼请求的一审判决。回顾案例,2013年2月23日,苏嘉鸿在“威华股份将注入资产及收购铜矿方案”的内幕信息公开前与内幕信息知情人员联络、接触,相关交易行为明显异常,且其没有提供充分、有说服力的理由排除其涉案交易行为系利用内幕信息,证券期货监管机构据此认定为内幕交易。本案最为重要的争议点在于,调查过程中并未找到内幕信息知情人,也未对内幕信息知情人的情况展开调查,认定内幕信息知情人事实不清,法律依据不明。法院认为,如果认定苏嘉鸿从事法律所禁止的内幕交易,内幕信息知情人是关键的事实基础,应当做到证据扎实充分。该案例中法院为证券期货监管机构应当如何调查和认定内幕交易提供了司法确认的一般标准,明确否认证券期货监管机构对内幕信息知情人这一“关键连接点”如何予以调查的自由裁量权,树立“必须找到信息传递的联结人物”的法定标准。

法院同时表现出通过司法权系统规范行政权的努力。一方面,是对复议行为和处罚行为的协同进行严格审查。法院认为,根据最高人民法院《关于适用

〈中华人民共和国行政诉讼法〉的解释》作出维持决定的行政复议行为和被维持行为在法理上构成一个整体、而非各自独立。该判决中详细论述证券行政调查的基本要求，进一步明确"推定"认定内幕交易过程中的证明责任和证明标准，并强调内幕交易违法所得的认定标准及保障当事人程序性权利等问题的重要性。该判决中的相关认定、分析及建议均具有极强的现实意义，充分起到法院对行政行为进行司法审查的效果，对稽查、执法程序的规范及内幕交易认定的谨慎程度等问题均具有重要指导意义，也将促使证券期货监管机构对其既有办案程序、思维等进行总结和反思，并在未来作出有益的改变。法院在本案中撤销行政行为的判决，其积极意义不仅仅在于个案本身，更大程度上在于以判例明确规则与标准，监督和保障证券期货监管领域依法行政原则的落实。

另一方面，尽管撤销处罚的判决结果意味着无须再讨论违法所得的计算，但法院对违法所得计算标准不予支持。法院认为，证券期货监管机构如果认为2007年制定的《证券内幕交易行为认定指引(试行)》不适用，"也有责任且有能力修改完善"，强调了"清晰、公开的标准"的必要性。相较而言，未找到内幕信息传递人是本案的特殊事实，或许具有偶然性，但违法所得计算和当事人联络接触内容证明的争议普遍存在于内幕交易处罚中，法院对此作出意见的影响力更为深远。[6]

(二)以适当实质审查推进投资者保护

证券期货行政诉讼功能应定位于保护投资者权利。法院可以对何种行政行为进行审查是司法审查的广度，行政法主观权利保护模式应当成为行政行为审查方式。但是随着现代行政发展，较多行政纠纷案件中的行政行为无法被诉，客观法维护模式难以实现客观法维护秩序的需要。就这个意义上而言，证券期货行政诉讼作为一种救济安排应当符合基本诉讼要求，回应原告的诉讼请求以实现投资者权益保护。如果法院针对行政争议仅是对合法或者违法作出判定，而对投资者的实体性权益未裁定，则争议实质性问题仍然无法得到根本救济。纵观各国规定，一般而言，法院可以审查的行政行为主要包括具体

---

〔6〕 参见缪因知:《苏嘉鸿案:司法为证券执法再次划界》，载《经济参考报》2018年7月25日，第8版。

行政行为和抽象行政行为，对于内部行政行为，如果涉及行政机构外部人员的利益，也应列入审查的范围。例如美国法院根据《联邦行政程序法》对于美国证券期货监管机构进行的司法审查，英国《2000年金融服务法》设立的金融服务与市场法庭对英国金融服务管理局的审查，均包括对上述行政行为的审查。德国和日本的行政行为概念主要是用来研究行政机关的法律行为，而不是用来作为行政诉讼受理范围的通道，其行政诉讼受案范围并不限于行政行为，而是包括行政机关一切行使公权力的行为。〔7〕证券期货行政诉讼应当回归诉讼的一般规律，首要定位在救济功能上，发挥实质上的证券诉讼裁判功能，保护投资者权利。在保护证券行政相对人合法权益的基础上，加之有效的制度安排，扩大对行政权审查范围，监督行政权运行。此种监督无法通过诉讼救济，而只能是对行政权的直接性监督。

（三）交易所规则司法效力的确认

根据2017年最高人民法院《关于人民法院进一步全面深化多元化纠纷解决机制改革的若干意见》精神，最高人民法院、证监会在《关于在全国部分地区开展证券期货纠纷多元化解机制试点工作的通知》中，提出建立示范判决机制，证监会在清理处置大规模群体性纠纷的过程中，可以将涉及投资者权利保护的相关事宜委托试点调解组织进行集中调解。对因虚假陈述、内幕交易、操纵市场等行为所引发的民事赔偿纠纷，需要法院通过司法判决宣示法律规则、统一法律适用的，法院应当及时作出判决。

随后，全国部分地区发布《关于进一步推进证券期货纠纷诉调对接工作的意见》，提出诉调对接的工作模式，充分利用法院与证券期货监管机构各自专业优势，为解决证券期货领域诉讼提供了良好的平台。针对资本市场的新兴资本运作模式，证券期货监管机构应当及时通报法院相关业务部门，让法院能充分了解其中的法律关系以及适用的法律法规，避免进入诉讼程序后，证券期货监管机构还要再花费大量时间对相关市场术语进行解释。对于证券期货市场法律的迭代更新，法院也应当及时释义并通过权威平台对外发布，通过案例探讨的方式让

---

〔7〕参见茅铭晨：《行政行为可诉性研究——理论重构与制度重构的对接》，北京大学出版社2014年版，第64页。

各方在法律适用上形成稳定的心理预期，消除监管部门与市场主体因为对政策法规的不同认知而涉诉的隐患。

在此基础上，交易所业务规则司法效力的确认在科创板制度上开始尝试。2019年7月实施的最高人民法院《关于为设立科创板并试点注册制改革提供司法保障的若干意见》，是最高人民法院历史上首次为资本市场基础性制度改革安排而专门制定的系统性、综合性司法文件，其围绕科创板“以信息披露为中心”的注册制特征，制定科创板相关方的民事责任认定规则，并设计了保障相关民事责任落地的配套诉讼制度。尽管根据最高人民法院《关于裁判文书引用法律、法规等规范性法律文件的规定》，交易所自律规则不属于法院裁判文书可以不经审查直接引用作为裁判说理依据的规范性法律文件，但对于上海证券交易所经法定程序制定的科创板发行、上市、持续监管等业务规则，只要不具有违反法律法规强制性规定情形，法院在审理案件时可以依法参照适用。这赋予了科创板自律规则更强的司法执行效力，为法院在涉及科创板纠纷中裁判相关方民事责任提供了依据。由于科创板上市门槛具有包容性和科创公司技术迭代快、盈利周期长等特点，客观上需要加强事中事后监管。

更进一步，如果能推动科创板规则外的其他证券期货交易所规则在相关诉讼尤其是行政诉讼中适用，则可以弥补正式法律制度的缺陷，满足证券期货市场规范发展的需要。尽管在理论上对行政规范的约束力存在不同见解，但审判实践中通常认为，只要行政规范不与法律法规相抵触，即确定其可以作为说理性依据，进而判决行政决定具有较为充分的合法性基础。[8] 首先，证券期货市场具有高度的专业性和变动性，经常出现只有自律规则而没有法律法规等上位法明确规定某些事项的情形。因此，在可以作为审判依据的规范性法律文件缺失或者不完备的情况下，法院必须适用自律规则审查证券交易所自律管理行为的合法性和有效性。其次，自律规则涉及诸多与证券期货交易实务及其监管相关的技术问题，证券期货交易所对本领域内的技术性问题具有比法院更为专业的认定能力。最后，自律规则在实际业务中发挥着与规范性法律文件效果相同的功

〔8〕　参见余凌云：《现代行政法上的指南、手册和裁量基准》，载《中国法学》2012年第4期，第125～135页。

能与作用,与诸如技术标准的行政规范有异曲同工之妙。[9] 因此,确认证券期货交易所规则在证券期货行政诉讼中的司法效力,是以证券期货行政诉讼促进证券期货监管目标实现的有力手段。

（编辑:王灿驹）

---

〔9〕 参见韩朝炜等:《证券交易所自律规则在司法裁判中的适用》,载《人民司法》2014年总第23期,第29~32页。

《清华金融法律评论》
第 3 卷第 2 辑
第 13 ~36 页

论信息披露违法证明标准的实践与建议

——以某上市公司信息披露违法行政处罚案例为引入

张保生　李瑞轩*

目　次

一、案例引入及问题提出
二、证券行政处罚证明标准:明显优势证据证明标准
三、明显优势证明标准在行政处罚、行政诉讼实践中未得到落实
四、明显优势证据证明标准的落实建议
五、结语

摘　要:我国证券信息披露违法行政处罚案件逐年增多,已成为证监机关查处案件数量最多的类型之一。[1] 但证券信息披露违法行政处罚应遵循的"明显优势证据证明标准"却未能在证监机关稽查处罚和行政诉讼实践中充分落实,对上市公司等行政相对人的合法权益造成较大影响。本文以某上市公司信息披露违法行政处罚案例引入,通过分析信息披露违法行为呈现出的新趋势、新特

* 张保生,北京市中伦律师事务所合伙人律师;李瑞轩,北京市中伦律师事务所律师。

〔1〕 参见中国证券监督管理委员会:《2018 年证监会行政处罚情况综述》,载中国证券监督管理委员会官方网站:http://www.csrc.gov.cn/pub/newsite/zjhxwfb/xwdd/201901/t20190104_349383.html,最后访问日期:2019 年 12 月 12 日。

征,总结证券稽查处罚过程中存在的不遵循明显优势证据证明标准的欠妥倾向,进而提出有助于在证券行政执法、行政诉讼实践中落实适用明显优势证据证明标准的实操建议。

关键词:信息披露违法;明显优势证据;证明标准;行政处罚;行政诉讼

一、案例引入及问题提出

(一)案例引入

2017年9月,中国证券监督管理委员会(以下简称证监会)对某上市公司作出行政处罚决定。理由是该上市公司存在以下多种信息披露违法行为,违反2014年《证券法》第63条之规定:2015年年度报告通过不当提前确认收入、以虚假名义营销虚增销售收入、以框架协议虚增业务收入、延后确认年终奖成本、未履行合同而提前确认业务收入、提前合并报表虚增利润等六种方式虚增当年度利润约2亿元。尽管某上市公司在听证程序中作出了较为充分的申辩,并提交了大量证据证明证监会认定的违法行为与实际情况不符,但未获证监会采信。[2]

现将证监会认定某上市公司信息披露违法的事实和证据,以及某上市公司的申辩主张、所举证据梳理如下:

表1 证监会与某上市公司的主张与证据对照表

		证监会认定及证据	某上市公司抗辩及证据
1	主张	作出“全额退款”承诺,却提前确认全部销售收入	没有作出“全额退款”承诺,确认销售收入有合法会计依据
	证据	上市公司客户提供的宣传网页、官网截图;10名销售人员询问笔录;诉讼案件材料、员工邮件记录	对违规员工的内部处罚记录;上市公司与客户签署的书面合同;其他销售人员相反陈述
2	主张	通过虚假名义营销,虚增销售收入	没有虚假营销,收入是正常业务开展
	证据	上市公司12位客户询问笔录;部分客户付款时备注摘要内容	上市公司与客户签署书面合同;退款协议;12位客户汇款凭证的摘要内容

〔2〕 文中介绍的案件情况与该案实际情况可能存在一定不符,文中介绍的“事实情况”谨供学术讨论,以便读者理解本文后续论述。相关内容不代表笔者或笔者工作单位对该案件的任何法律意见。

续表

		证监会认定及证据	某上市公司抗辩及证据
3	主张	未履行与相对方的框架协议，虚增业务收入	协议不是框架协议，已经履行合同义务，业务收入有合法依据，且相对方已经确认
	证据	上市公司相对方员工询问笔录；上市公司员工邮件	书面协议；相对方盖章确认合同履行情况表
4	主张	故意将年终奖成本放在下一会计年度确认	没有故意延后确认年终奖成本，该会计处理符合公司历年处理惯例和会计准则
	证据	上市公司员工询问笔录	该员工出具的《情况说明》；中国注册会计师协会和财政部就同类问题的回复意见
5	主张	未履行完毕与相对方合同却提前确认业务收入	已全面履行完毕合同义务，业务收入有合法依据，且相对方已经确认
	证据	合作验收确认书	上市公司与相对方合同；合同相对方权利声明
6	主张	提前与收购子公司合并报表，虚增利润	公司在合并报表前已经全面取得标的公司控制权，合并报表处理符合会计准则
	证据	上市公司与相对方买卖协议；工商局出具的证明	相对方出具的《情况说明》；合并报表标的公司财务、经营、资产控制权变更的材料

（二）问题的提出

通过前述案例，笔者旨在展示证券信息披露违法行政处罚案件中证监机关与上市公司主张、举证的复杂对峙状态。这也是证监机关众多行政处罚案件在听证、复议和行政诉讼程序中呈现出的争议共性。对此，证监机关在听证和复议程序中、人民法院在行政诉讼程序中，应当依据何种证明标准、重点从哪些角度认定双方证据的证明效力，进而作出科学适当的行政处罚结论，是本文关注和讨论的重点。

二、证券行政处罚证明标准:明显优势证据证明标准

(一)行政处罚和行政诉讼的证明标准应当一致

证明标准是为了实现法定证明任务,法律规定在每一个案件中诉讼证明必须达到的程度。它既是衡量当事人举证到何种程度才能满足举证要求,又是法官据以确信案件事实以及评判法官对事实认定是否妥当的尺度。[3] 对于我国行政诉讼中证明标准的构建,主流观点是针对行政诉讼的具体情况,设定多元的行政诉讼证明标准。[4] 由于行政案件的特殊性和多样性,证明行政案件事实的方式也具有多样性,不可能适用单一的证明标准,而应当根据行政行为的种类、行政案件的性质及对当事人权益影响大小等因素确定案件的证明标准。[5]

就证券合规类行政处罚而言,其证明标准包括行政处罚程序和行政诉讼程序两个方面。其中前者"有着其特殊性和典型性,具有很强的职权特色,行政机关在整个行政处罚中既扮演着调查员的角色又扮演着裁判员的角色,这就要求行政执法人员对于事实证据的认定不但要自己形成内心确信,还要向行政相对人说明理由,甚至还要向行政复议机关证明其行为的合法合理,向法院的审查法官证明处罚合法"。[6]而就后者,人民法院主导的行政诉讼程序对行政处罚决定的效力有最终司法审查权。因此行政处罚与行政诉讼的证明标准应当是同一的、一贯的。如果证监机关在行政处罚程序中证明标准低于行政诉讼的要求,则可能导致行政处罚决定经不住司法审查的检验而被撤销,或者"变相"降低人民

---

〔3〕 参见姜明安主编:《行政法与行政诉讼法》(第7版),北京大学出版社2019年版,第478页。

〔4〕 参见马怀德:《司法改革与行政诉讼制度的完善:〈行政诉讼法〉修改建议稿及理由说明书》,中国政法大学出版社2004年版,第257页;胡建淼:《行政诉讼法修改研究:〈中华人民共和国行政诉讼法〉法条建议及理由》,浙江大学出版社2007年版,第268~270页。

〔5〕 参见梁凤云、武楠:《关于行政诉讼证据证明标准的几个问题》,载《法律适用》2002年第8期,第64页;姜明安主编:《行政法与行政诉讼法》(第7版),北京大学出版社2019年版,第480页;甘文:《行政诉讼的证明标准》,载《人民司法》2003年第4期,第4页。关于司法审判观点,例如,"行政诉讼的证明标准应从行政行为的性质、对相对人权益的影响程度、行政机关的调查取证能力方面综合考虑",参见《中国审判案例要览(2004年行政审判案例卷)》,中国人民大学出版社、人民法院出版社2005年版,上海市第二中级人民法院(2003)沪二中行终字第81号案件评述。又如,"法院在认定事实时可合理运用行政诉讼事实推定规则,对于处罚形式和幅度行政相对人的权利义务影响不大的案件,应当适用优势证明标准",参见《中国审判案例要览(2013)年行政审判案例卷》,中国人民大学出版社2015年版,江苏省南京市中级人民法院(2012)宁行终字第50号案件评述。

〔6〕 欧阳振远:《行政处罚证明标准研究》,载《证券法苑》2013年第9卷第2期,第95页。

法院行政诉讼中对证监机关证明责任的要求。

2011 年 7 月 13 日,最高人民法院印发的《关于审理证券行政处罚案件证据若干问题的座谈会纪要》(以下简称《证券行政处罚证据会议纪要》)对行政诉讼中证监机关的举证责任和证据形式提出了较为明确具体的要求。证监会全文转发,一定程度上有助于规范和统一证监机关在行政稽查处罚实践中的证明标准。

(二)证券行政处罚应确立为"明显优势证据证明标准"

1. 现有立法规范中的"一元制"证明标准要求过高,效果适得其反

至于证券行政处罚具体应当采取何种证明标准,《行政处罚法》[7]和《行政诉讼法》[8]相关规定要求达到严格的"证据确凿、充分"标准。"但是这一标准又是存在严重问题的,其突出的问题在于该标准过于笼统、抽象、缺乏可操作性。"[9]而且证据确凿之标准对证据证明力的要求近乎"排除合理怀疑"的严格证明标准,[10]对于复杂性较强的证券执法监管活动既不适宜,也不现实。这可能导致证监机关在执法稽查过程中实际是按照自身对证明标准的理解来搜证和举证,并在听证、复议程序中对相对人申辩及所举证据予以认定,效果几乎等同于没有明确的证明标准。

这种严格证明标准本质上追求的是我国传统证据制度所采用的"客观真实"理论,即"司法机关所确定的事实,必须与客观上实际发生的事实完全符合,确定无疑"。但这种"传统客观真实说的弊端在于,它给诉讼证明过程提供了一种不科学的理论解释,而这种解释反过来又对诉讼证明的实践提出了不切实际的要

〔7〕《行政处罚法》第 30 条规定:"公民、法人或者其他组织违反行政管理秩序的行为,依法应当给予行政处罚的,行政机关必须查明事实;违法事实不清的,不得给予行政处罚。"

〔8〕《行政诉讼法》第 69 条规定:"行政行为证据确凿,适用法律、法规正确,符合法定程序的,或者原告申请被告履行法定职责或者给付义务理由不成立的,人民法院判决驳回原告的诉讼请求。"

〔9〕高基生:《证券行政处罚证明标准探讨》,载《证券市场导报》2007 年 1 月号,第 14 页。

〔10〕长期以来,我国通说认为行政诉讼与民事、刑事案件证明标准是一致的,均要求证据确实、充分,即采取"一元制"的证明标准。"证据的确实、充分,既是对证据质的要求,也是对证据量的要求,具体体现在:一是据以认定案件事实的证据均已查证属实。二是案件事实均有必要的证据予以证明。三是证据之间、证据与案件事实之间的矛盾得到合理排除。四是得出的结论是唯一的,排除了其他可能性。这四点必须同时具备,才能认为证据已达到确实充分的程度。对此种证明标准上的要求,民事诉讼、刑事诉讼和行政诉讼概莫能外。"参见陈一云主编:《证据学》,中国人民大学出版社 1991 年版,第 117 ~ 118 页;章剑生:《行政诉讼法基本理论》,中国人事出版社 1998 年版,第 121 页;江伟主编:《民事诉讼法》(第 5 版),高等教育出版社 2016 年版,第 191 页。

求。因为这种要求是不切实际的,所以它对司法实践的指导作用极其微弱”。〔11〕

2.证券行政处罚、行政诉讼均应采取“明显优势证据证明标准”

确立行政诉讼中证明标准的路径,通常以刑事诉讼、民事诉讼活动中的证明标准为参照物展开。根据通说,我国刑事诉讼活动中,公诉机关的证明标准是“排除一切合理怀疑”,〔12〕而在民事诉讼活动中,负有举证责任一方的证明标准是“优势证据”。〔13〕据此,考虑到“一般行政案件中,行政行为对相对人权利的影响介于民事、刑事案件之间”,故行政诉讼中的一般证明标准应当低于刑事诉讼证明标准,高于民事诉讼证明标准,〔14〕即应当适用介于二者之间的“明显优势证据证明标准”。有学者进一步指出,除以明显优势证据证明标准为原则之外,还应以严格证明标准(排除合理怀疑)和优势证据证明标准为补充。〔15〕近年来经过理论界、实务界对我国证券行政执法、行政诉讼的不断总结和反思,逐渐形成了应以“明显优势证据证明标准”作为证券行政处罚证明标准的主流观点。〔16〕

对此,最高人民法院《关于行政诉讼证据若干问题的规定》(送审稿)曾经对行政诉讼规定了三种证明标准,即明显优势证明标准、优势证明标准和严格证明标准。在这三种证明标准中,以“明显优势证明标准”作为行政诉讼的基本证明标准,以优势证明标准和严格证明标准为补充。这与前述学者的主张相同。但最终公布的最高人民法院《关于行政诉讼证据若干问题的规定》删除了关于证明标准的规定。审判委员会在通过该规定时指出,将送审稿中的“证明标准”部分删除,不是对证明标准的否定,而是考虑到这些标准弹性较大,在培训时讲述

〔11〕 江伟、吴泽勇:《证据法若干基本问题的法哲学分析》,载《中国法学》2002年第1期,第25~26页。

〔12〕 主要法条规定为《刑事诉讼法》第55条、第162条、第200条。参见陈光中主编:《刑事诉讼法》(第6版),北京大学出版社2016年版,第182页~184页。

〔13〕 优势证据的证明标准,又称“较高程度盖然性的证明标准”。主要法条规定为最高人民法院《关于适用〈中华人民共和国民事诉讼法〉的解释》第108条、第109条,以及最高人民法院《关于民事诉讼证据的若干规定》第73条。参见江伟主编:《民事诉讼法》(第5版),高等教育出版社2016年版,第192~193页;吴泽勇:《中国法上的民事诉讼证明标准》,载《清华法学》2013年第1期,第73页。

〔14〕 参见刘善春:《行政程序和行政诉讼证明标准研究》,载《行政法学研究》1993年第2期,第47页;欧阳振远:《行政处罚证明标准研究》,载《证券法苑》2013年第9卷第2期,第97页;张文忠、高凌、史克诚:《行政诉讼事实审查与证明标准适用规则》,载《法律适用(司法案例)》2018年第22期,第48页。

〔15〕 参见姜明安主编:《行政法与行政诉讼法》(第7版),北京大学出版社2019年版,第482页。

〔16〕 参见高基生:《证券行政处罚证明标准探讨》,载《证券市场导报》2007年1号,第14~22页;欧阳振远:《行政处罚证明标准研究》,载《证券法苑》2013年第9卷第2期,第94~112页。

更为合适,在该规定中暂不作规定,送审稿中规定的证明标准仍可供行政审判中参照适用。[17] 由此可见,最高人民法院已对行政诉讼中的证明标准进行了较为全面和深入的论证。上述意见亦可作为证券信息披露违法语境下行政处罚的证明标准,这已经逐渐成为证监机关和广大实务工作者的理念共识。

关于证监机关在行政程序、司法程序中的证明责任、审查主体及证明标准情况如表2所示:

表2 证监机关在行政程序、司法程序中的证明责任、审查主体及证明标准

		证明责任承担主体	证明责任审查主体	证明标准
行政程序	稽查程序	证监机关稽查部门	—	明显优势证据证明标准
	听证程序	证监机关稽查部门	证监机关处罚委	
	复议程序	证监机关稽查部门	(上级)证监机关	
行政诉讼程序		证监机关	人民法院	

值得关注的是,在证监会2007年3月27日下发的《证券市场操纵行为认定指引(试行)》和《证券市场内幕交易行为认定指引(试行)》中,均明确规定"内幕交易行为的认定"和"操纵市场行为的认定"应当适用"明显优势证明标准"。尽管这两个"认定指引"效力位阶不高,但确实为证券内幕交易、操纵市场行为的行政稽查处罚认定应采取何种证明标准提供了明确依据,相应地,对证券信息违法行为认定的证明标准亦可参照适用。

3. 关于"明显优势证据证明标准"的量化和形象化解释

证监机关执法稽查搜集的证据通常指向上市公司存在信息披露违法行为、应当予以行政处罚。该等证据就如同"行政处罚天秤"左侧"信息披露违法、应当处罚"托盘中的砝码,其证明效力即该部分证据砝码的质量。而上市公司等行政相对人所举证据通常是为了解释和申辩自身行为不存在违法性、没有违反信息披露规范,就如同"行政处罚天秤"右侧"信息披露不违法、不应处罚"托盘

---

〔17〕 参见高基生:《证券行政处罚证明标准探讨》,载《证券市场导报》2007年1号,第17页。另见李国光主编、最高人民法院行政审判庭编著:《最高人民法院〈关于行政诉讼证据若干问题的规定〉释义与适用》,人民法院出版社2002年版,第190~193页。根据该书,关于删去有关行政诉讼证明标准的理由还有:行政诉讼证据制度和证明标准理论研究还不很成熟;证明标准规定比较抽象,可操作性还不是很强;我国刑事诉讼和民事诉讼尚未制定证明标准法律规范等。

中的砝码,其证明效力即该部分证据砝码的质量。当行政处罚天秤两侧托盘中分别放入了证监机关、上市公司的证据砝码,行政处罚证明标准就成为判断证监机关证据砝码在达到何种重量、行政处罚天秤达到何种程度的倾斜时,可以认定证监机关已充分实现证明责任,所作出行政处罚决定是适当的标准。

"明显优势证据证明标准"即要求天秤左侧证监机关证据证明力应至少"明显"重于右侧上市公司证据的证明力,具体量化标准应为75%∶25%左右,[18]即证监机关所举证据证明事实、上市公司存在信息披露违法行为的可能性约为75%及以上,而上市公司所举证据证明事实、不存在信息披露违法行为的可能性较小,约为25%及以下,即行政相对人通过举证("反证"),使待证事实陷入真假不明状态,打消法官的内心确信。与"明显优势证据证明标准"不同的是,"优势证据证明标准"下认定一方主张成立理论上只要达到51%∶49%,即一方证据所证明情况的可能性只要大于另一方证据所证明情况的可能性即可。"排除合理怀疑证明标准"下认定负有举证责任一方主张成立则需要达到99%∶1%,即一方证据所证明情况的可能性能够被确认为是唯一的,基本不存在其他的可能性。

三、明显优势证明标准在行政处罚、行政诉讼实践中未得到落实

如本文引入案例所示,随着我国证券市场成熟度的提高和高强度证监稽查处罚实践对上市公司信息披露规范性的塑造,我国证券信息披露行政违法行为已不再是"简单粗暴"的单方造假行为,而是呈现出涉嫌违法事项较高专业性、牵涉其他主体的多样性、虚实界限的模糊性等复杂化特征。这都给证券行政执法和行政诉讼审判带来了新的挑战。基于笔者多年证券合规及诉讼从业经验,证监机关在行政执法、人民法院在行政诉讼实践中对"明显优势证据证明标准"适用的主动性不高、理解不统一,具体适用并未充分落实,未能真正发挥出该证明标准对行政稽查处罚和行政诉讼的指导意义。

(一)缺乏立法规范约束,证监机关、人民法院适用主动性不足

如前所述,目前证监会仅针对证券内幕交易行为和操纵市场行为的行政处罚

---

〔18〕 参见沈德咏主编、最高人民法院研究室编:《最高人民法院民事诉讼法司法解释理解与适用》,人民法院出版社2011年版,第357~359页;[德]汉斯·普维庭:《现代证明责任问题》,吴越译,法律出版社2000年版,第108~109页。

制定了操作指引,明确应采取“明显优势证明标准”,而对于信息披露违法行政处罚的证明标准,仍未在有关立法或规范性文件中明确规定。证监会2011年4月29日下发〔2011〕11号《信息披露违法行为行政责任认定规则》,其中并没有像前述两个“认定指引”一样规定信息披露违法行为的认定证明标准是“明显优势证据证明标准”,仍强调要“全面、客观、公正地认定事实”。〔19〕在没有具体细化操作规范的情况下,明显优势证明标准客观上很难、实践中也几乎没有在我国证券稽查处罚和行政诉讼实践中得到适用。《行政处罚法》第30条和《行政诉讼法》第69条仍然是直接且具有约束力的规范,即便其实际意义或许仅体现为证监机关得出结论性意见时必须加一句“事实清楚、证据确凿”。以本文引入案例中涉嫌违规的六个事项为例,上市公司提交证据对相反事实同样具有一定的证明力,双方证据呈现出的对峙证据状态似乎不能全然得出行政处罚“事实清楚、证据确凿”的结论。

从司法实践看,笔者系统梳理了自2010年以来因信息披露违法行政处罚而引发行政诉讼的22个案例,〔20〕发现仅有郑州市中级人民法院(以下简称郑州中院)审理的风神轮胎股份有限公司与河南证监局、证监会行政诉讼案件(以下简称风神轮胎案),〔21〕最终认定河南证监局行政处罚决定、证监会行政复议决定认定事实不清、适用法律错误且程序违法,进而判决撤销河南证监局行政处罚决定和证监会行政复议决定。但随后河南证监局、证监会上诉,风神轮胎股份有限公司申请撤回起诉,河南省高级人民法院最终裁定准许当事人撤回上诉和起诉,并裁定撤销郑州中院一审判决。可见司法实践中证监机关因未能妥善履行举证责任或举证未达证明标准而遭败诉的判例凤毛麟角。〔22〕即便考察前引风神轮胎

〔19〕 该认定规则第4条涉及事实认定规则,但并未明确证明标准。第4条规定:“认定信息披露违法行为行政责任,应当根据有关信息披露法律、行政法规、规章和规范性文件,以及证券交易所业务规则等规定,遵循专业标准和职业道德,运用逻辑判断和监管工作经验,审查运用证据,全面、客观、公正地认定事实,依法处理。”

〔20〕 上市公司与其他责任主体基于同一行政处罚决定提起的不同行政诉讼案件视为同一案例。

〔21〕 郑州市中级人民法院(2015)郑行初字第779号。

〔22〕 “2015年、2016年和2017年,证监会系统行政处罚诉讼案件分别为31件、43件和48件,连续三年创造历史新高。面对诉讼多发、高发的态势,证监会从容应对,依法充分尊重当事人诉讼权利,积极主动配合司法审查,依法开展行政应诉工作,连续三年行政处罚诉讼案件保持实体‘零败诉’,远低于2017年12月19日北京市高级人民法院发布的北京金融类行政诉讼一审实体判决行政机关败诉率18.07%。”参见《2017年证监会行政处罚案件诉讼情况综述》,载http://www.gov.cn/xinwen/2017-12/31/content_5252006.htm,最后访问日期:2019年12月14日。

案,郑州中院虽然逐一分析了证监机关认定涉嫌信息披露违法的各项行为,但并未明确提及"明显优势证据证明标准",也没有总结提出对证明标准应如何适用、落实的具体司法意见。

（二）实践中"明显优势证据"理解不统一、具体适用未充分落实

1. 举证责任认定逻辑的游移:以行政相对人不能完全证明事实为由维持处罚决定

根据《行政诉讼法》规定和《证券行政处罚证据会议纪要》意见,证监机关应对其行政处罚决定负有举证责任,而且按照证监机关执法稽查的正常流程,其证据搜集、证明过程、证明结论亦应在先完成。随后由上市公司等相对人再行举证申辩、形成反驳行政处罚的意见。这一对峙博弈过程,说明当证监机关完成其客观举证责任后,主观举证责任就转移到了上市公司一方。这也是《证券行政处罚证据会议纪要》第1条明确的"人民法院在审理证券行政处罚案件时,也应当考虑到部分类型的证券违法行为的特殊性,由监管机构承担主要违法事实的证明责任,通过推定的方式适当向原告、第三人转移部分特定事实的证明责任。"但主观举证责任的转移并不意味着行政相对人必须举证证明与证监机关认定事实相反事实(反驳事实)100%为真。

根据"明显优势证据证明标准",理论上只要上市公司等相对人所举证据证明力足以使行政处罚天秤处于基本平衡,即使证监机关认定的涉嫌信息披露违法行为陷入真假难辨、虚实不明的状态时,即可成功打掉行政处罚决定的证据基础,而不必一定要完全证明自身主张的事实就是客观发生的真实情况。笔者注意到,在部分行政处罚及行政诉讼案件中,证监机关、人民法院最终维持行政处罚决定的逻辑时常错误地游移至"上市公司所举证据不能证明其信息披露内容确有客观、真实发生的事实基础"。证监机关、人民法院较为常见的认定方式为,"行政相对人提交的证据不能推翻证监稽查认定的某项事实"或者"行政相对人提交的证据不能证明其主张的相反事实成立"。

然而,该认定逻辑值得商榷之处在于:根据"明显优势证明标准",负有以明显优势证据证明己方主张的一方是证监机关,相应地,行政相对人所举证据既不需要"推翻"稽查处罚结论认定的事实,也不需要证明相反主张的事实"成立",而只需使证监机关认定的违法事实变得并不具有明显的可能性(≤75%)即可。

因为，所谓相反事实“成功推翻”或“证明成立”至少意味着相反事实达到51%，而这实际上是将行政处罚的证明标准降低到了“优势证据证明标准”以下，过分、不当加重了行政相对人的举证责任，明显违反了“明显优势证据证明标准”。

2. 对涉及财务会计等专业问题的双方证据比较、认定稍显简略和粗糙

以往证监机关查处的上市公司信息披露违法案件，除少部分确因内控管理不到位、疏忽而未及时、全面披露应披露信息外，多数存在美化财务业绩、隐瞒实际控制/一致行动人/其他关联关系等主观动机。但随着我国证券市场信息披露规范程度的不断提升，上市公司涉嫌的信息披露违法事项已不再是单纯的“无中生有”式造假，而往往是通过特定交易安排、持股安排等方式以制造特定财务数据、股权结构表象，进而体现在信息披露文件中。所涉事项大多涉及会计、审计、法律、上市公司具体行业领域、业务类型等高度专业化的知识。

以本文引例中的事项4为例，证监会认定的某上市公司确认成本时间不当，属于对会计准则理解与适用的专业财务问题。某上市公司就此结合公司历年会计处理惯例、中国注册会计师协会和财政部就同类问题的回复意见，抗辩将当年度年终奖成本确认放在次年并未违反会计准则要求，不构成信息披露违法行为。最终证监会在《行政处罚决定》中对某上市公司的举证仅作简单罗列和回应，并未将双方证据进行对比分析，也没有从会计准则专业角度论证在双方证据表面上似乎“势均力敌”的状态下，是如何依据“明显优势证据证明标准”来作出确系违法行为认定的。

再如，在某电器股份有限公司信息披露违法行政诉讼案件中，证监会认定该公司利用关联方虚构业务收入，其认定既涉及对该上市公司合同履行状态的认定，又涉及对会计准则的理解与适用。在该行政诉讼案中，该上市公司强调有关资金往来皆为真实合同项下各方真实意思表示，还已经得到人民法院民事生效裁判文书的认可，不存在虚增利润的情况。人民法院在行政诉讼审理时主要依据证监会询问笔录确认了行政处罚认定的事实，而没有结合“明显优势证据证明标准”比较、分析双方证据。在不考虑判决结论实体正确与否的情况下，该案的行政处罚程序和行政诉讼程序确实反映了证监机关和人民法院在面对信息披露违法事项所涉专业问题的双方举证上，比较、认定和论证内容稍显简略和粗糙。

但是,前引风神轮胎案对此类问题有一定积极启示意义。在该案中,证监机关认定风神轮胎三包退赔、返利、三包优赔业务入账金额与实际情况不符,构成虚假记载。该问题涉及轮胎行业对特定会计准则的理解与适用。风神轮胎就此提交了中国橡胶工业协会函,用于证明该行业对该类费用普遍存在不同程度的跨年转接。最终郑州中院通过对双方就专业事项提交证据的对比分析,认定相关业务金额计算依据不足,证监机关认定的事实不清,进而撤销了该行政处罚决定(尽管一审判决后因原告撤回起诉而被撤销)。

上述涉嫌信息披露违法事项的专业性特征,是多数信息披露违法行政处罚案件的共性和趋势。对于这些专业问题,证监机关基于从严监管、依法监管的初衷展开稽查的出发点值得称赞,但该等事项所涉问题的高度专业性,同样意味着证监机关稽查结论出现偏差概率的提升,还意味着得出稽查处罚结论后,证监机关、人民法院在听证、复议和行政诉讼中应进一步综合考虑行政相对人的举证和申辩,以及专业权威主体发表的专业意见。更重要的是,证监机关和人民法院应当在证据的比较、认定过程中,通过适用"明显优势证据"这一"规定动作",厘清认定事实的逻辑,即行政相对人抗辩的成立不在于相对人必须"推翻"证监机关的主张,而在于只要其举证力度能够使证监机关所认定的违法事实变为"不具有明显可能性(≤75%)"的状态即可。

3. 对信息披露违法事项中涉及的其他相关主体的情况说明意见,认定或排除的标准不统一

由于上市公司信息披露违法多涉及财务数据、股权关系等事项,上市公司仅凭一己之力很难就该等事项制造充分的"表象",往往需要通过与其他主体的具体交易或其他安排来实现,常见的如交易相对方、消费者(客户)、关联方、内部员工、地方政府等。证监机关在执法实践中亦经常通过对前述主体的调查询问,取得关于上市公司虚构交易或隐瞒事实的证据(主要是询问笔录),用以作为认定上市公司信息披露违法的证据。但证监机关对于类似主观性较强的证据,在行政处罚实践中的认定或排除标准上并不统一。

以本文引入案例所涉事项1、事项2为例,证监会主要根据某上市公司消费者、员工的询问笔录、消费者提供的网页截图,认定某上市公司以虚假名义营销等方式虚增销售收入,构成信息披露违法。再如该案例所涉事项3、事项4,证监

会分别以某上市公司交易相对方员工、上市公司自身员工的询问笔录,认定某上市公司以框架协议虚增业务收入、故意推迟确认年终奖成本以虚增利润,亦构成信息披露违法。

但是按照证监机关的逻辑,就某一信息披露违法行为所涉其他主体的数量而言,同类主体可能数量很多,如引例事项 1 所涉消费者数量、上市公司销售人员实际数量远超过证监会确认笔录内容人员的数量,可能出现稽查结论的以偏概全。倘若在听证、复议及诉讼程序中,上市公司提交同类主体相反陈述的数量远大于证监会稽查中收集的该类主体询问笔录数量,证监机关的认定证据思路似有商榷余地。行政相对人亦在申辩时提出该意见,但并未被证监机关采纳。

再如,就特定信息披露违法行为所涉其他主体所作情况说明的证据性质而言,证监机关倾向于采信自身在稽查阶段制作的询问笔录,而否定上市公司一方提交的相关其他主体情况说明类文件,对同类证据的认定和排除存在“双重标准”。如本文引例所涉事项 5 和事项 6,某上市公司合同相对方书面确认上市公司已经全面履行了合同义务、股权转让安排中的出让方就目标公司控制权实际变更时间作出了书面《情况说明》以支持上市公司合并报表时间适当,但该等证据最终均未得到证监机关的采信和认可。[23]

另外还需考虑的是其他主体与上市公司是否存在利害关系。如果该等其他主体与上市公司利益一致,可能作出有利于上市公司的陈述;如存在利益冲突,则可能作出不利于上市公司的陈述。如存在利害关系,相关询问笔录(证监机关提交)、情况说明(上市公司提交)的证明效力应有所减损,并且需要与其他客观证据相互印证,否则可能属于有利害关系主体作出的“言词证据”,又系孤证,应予排除。如引例事项 2 中,证监会主要依据 12 名似乎与上市公司存在一定利益冲突的消费者询问笔录,认定上市公司构成虚假营销,同时否定某上市公司所举该 12 名消费者付款摘要并不包括“虚假营销”所涉名义的证据,可能存在以孤证认定案件事实的瑕疵。

---

〔23〕 笔者在此处仅客观介绍证监会在对待证据标准上的不同,这并不意味着笔者对证监会最终认定事实和处罚决定的异议。

4. 对虚实界限本身相对模糊的信息披露事项，未充分遵循明显优势证据标准认定

以引例中事项4、事项5、事项6为例，事项4所涉年终奖成本确认时间应为2015年还是2016年，涉及对会计准则的理解与适用，同时也与上市公司历年操作惯例有关。某上市公司称其依据自身对会计准则的理解并结合自身历年操作惯例，将该部分成本在2016年确认，并未隐瞒该事实的发生，亦有中国注册会计师协会和财政部就同类问题的回复意见作为依据。此主张与证监会认定的该部分成本应在2015年确认，从实质角度看，其虚实界限较为模糊。

事项5所涉未充分履行合同而提前确认业务收入问题，某上市公司基于合同履行取得相对方支付的对价款也真实发生。至于其确认收入前是否全面履行了合同约定，某上市公司及合同相对方均无异议，证监会介入认定履行过程存在瑕疵与缔约双方主张相反，特别是考虑到双方举证情况，该事项似乎较难以"非黑即白""非真既假"的严格标准进行事实判断。如证监会认定上市公司造假，则应根据"明显优势证据证明标准"的要求，举出充分证据证明上市公司存在与合同相对方串通的具体行为。

事项6所涉提前合并报表虚增利润问题，某上市公司基于股权受让取得标的公司控制权真实发生，争议在于该以股权变更登记之日还是上市公司实际取得标的公司财务、业务控制权日期确定合并报表日。此时出现对峙的是上市公司、股权出让方的主张（实际控制权转移之日）与证监会稽查的结论（股权变更登记之日）。此外，某上市公司还补充说明了即便延后合并报表，该标的公司则还应支付高额的顾问费用，该部分费用亦属于某上市公司的利润，实际没有因为提前合并报表而虚增利润。但证监会仍按照相关股权协议约定的变更登记日，认定上市公司提前合并报表不当，构成"虚增利润"，似也有进一步商榷的空间。

由此可见，正是由于证券信息披露违法大多涉及会计财务、法律、特定行业、特定业务等专业性较强的事项，同时还涉及多样化的、利益状态不同（与上市公司利益一致/冲突/中立）的主体，特定信息披露事项的虚实界限也可能较为模糊，这都增加了证券信息披露违法稽查执法的难度和复杂性。同时，由于目前的《行政处罚法》和《行政诉讼法》仍笼统地强调"事实清楚"与"证据确凿、充分"，使得已经达成理念上共识的"明显优势证据证明标准"无论在行政处罚程序还

是行政诉讼程序中均未能充分落实，也没有取得理想中的事实认定效果。

这都很可能导致证监机关在稽查执法时特别注重查明甚至试图还原事实真相（“客观真实”）。但在面对信息披露事项专业性较高、所涉其他主体作出相反陈述、所涉事项本身虚实界限相对模糊等情况时，如证监机关仍坚持以“证据确凿、充分”的严格证明标准查明事实，则难免使自己产生以下三种有待商榷倾向：其一，向当事人意思自治领域扩张其监管权限，介入民事主体意思自治和商事判断原则领域，忽略行政相对人所提交的其合同相对方对双方交易安排履行的陈述意见；其二，向案涉专业事项如会计财务、法律、上市公司特定行业或业务领域扩张其监管权限，倾向于依据自身稽查结论或委托专业机构作出的专业意见认定事实，但其举证和论证力度却稍欠；其三，向司法审判机关的司法认定领域扩张其监管权限，介入对民事主体具体生产经营行为的法律效力和法律效果作出判断，或者在一定程度上忽视法院生效裁判文书对当事人权利义务关系的认定。最终的稽查及行政处罚决定效果可能引发较大争议。

（三）信息披露违法行政处罚影响巨大，应力争将明显优势证明标准落实

特别需要注意的是，在考察证券信息披露违法行政处罚证明标准实践情况时，还应关注的是该类处罚对行政相对人权利的影响程度。[24] 如果行政行为本身对行政相对人财产、人身权利影响较大，则理应采取相对更高的证明标准。证券信息披露违法行政处罚对行政相对人权利影响极大，这不仅体现在行政处罚本身，还体现在一旦行政处罚决定作出后，将会有大量投资者依据《证券法》和《关于审理证券市场因虚假陈述引发民事赔偿案件的若干规定》起诉上市公司承担虚假陈述民事赔偿责任。

就上市公司的正常业务开展影响而言，如其遭到信息披露违法的行政处罚，法律后果主要包括但不限于：在三年内不得公开发行证券，一年内不得发行优先股，三年内不得发行证券（创业板）；三年内不得发行公司债券，一年内不得为保

〔24〕“行政行为的多样性决定了行政诉讼不能采用单一的证明标准，法官在审判中应根据行政案件的性质、被诉行政行为的种类以及对当事人权益的影响程度等因素综合判定行政诉讼案件的证明标准。”参见最高人民法院审理的“刘玉恒不服河北省三河市公安局行政处罚决定案（行政审判指导案例第133号）”，载江必新、贺荣主编、中华人民共和国最高人民法院行政审判庭编：《中国行政审判案例》（第4卷），中国法制出版社2012年版，第67页。

险集团(控股)公司、保险公司所投资(创业板);一年内不得实行股权激励计划,一年内不得回购社会公众股份等。如果被认定为构成重大违法,则还可能被暂停上市或强制退市。

就证券虚假陈述民事赔偿责任而言,在《全国法院民商事审判工作会议纪要》发布之后,最高人民法院进一步明确了“虚假陈述已经被监管部门行政处罚的,应当认为是具有重大性的违法行为。在案件审理过程中,对于一方提出的监管部门作出处罚决定的行为不具有重大性的抗辩,人民法院不予支持,同时应当向其释明,该抗辩并非民商事案件的审理范围,应当通过行政复议、行政诉讼加以解决”。也即在证监会已经作出处罚决定后,绝大多数证券虚假陈述民事诉讼中上市公司都很可能被判令承担赔偿责任,承担极为严重的消极法律后果。

但颇为尴尬的是,2018 年 A 股上市公司合计实现净利润 3.38 万亿元,而 3600 多家上市公司年利润的中位数仅 1 亿元。[25] 不少上市公司因信息披露违法受到行政处罚、被法院判令承担巨额民事赔偿责任(几千万元至数亿元不等)后,几乎整年的盈利都被巨额的索赔吃掉,甚至可能使公司陷入长期的困境。据不完全统计,目前已有约 200 家上市公司被投资者提起虚假陈述民事赔偿诉讼(占比约 5.6%),索赔总金额超过 50 亿元。在 2018 年维权律师征集索赔的新增上市公司就已超过 50 家。大量的案例显示,上市公司因证券虚假陈述诉讼付出了惨痛的代价。例如在东方电子案中,索赔股民共计 6989 人,索赔金额达 4.46亿元;[26] 在大智慧案中,索赔人数达 3769 人,索赔金额达 6.38 亿元;[27] 在尔康制药案中,索赔股民逾 800 人,索赔金额达超过 5 亿元;[28] 在佛山照明案中,索赔股民达 2300 多人,索赔金额约 3.36 亿元;[29] 在银广夏案中,索赔股民

〔25〕 有财经新闻统计显示:2018 年 A 股上市公司平均年赚 9.38 亿元,而 3600 多家上市公司年利润的中位数仅 1 亿元。参见《9 成公司竟未达均值,2018A 股上市公司平均年赚近 10 亿》,载 https://xw.qq.com/cmsid/20190511A06LAI,最后访问日期:2019 年 12 月 14 日。

〔26〕 参见和讯新闻网报道:http://news.hexun.com/2010-12-30/126504320.html,最后访问日期:2019 年 12 月 14 日。

〔27〕 参见新浪财经网报道:http://finance.sina.com.cn/roll/2019-10-11/doc-iicezzrr1436886.shtml,最后访问日期:2019 年 12 月 14 日。

〔28〕 参见一见财经报道:https://baijiahao.baidu.com/s?id=1634108677454202051&wfr=spider&for=pc,最后访问日期:2019 年 12 月 14 日。

〔29〕 参见佛山日报报道:http://www.edengju.com/new_view.asp?id=12972,最后访问日期:2019 年 12 月 14 日。

超过800多人,索赔金额约1.8亿元。[30] 一串串触目惊心的数字背后是上市公司的艰难挣扎与沉痛教训。

同时,信息披露违法行政处罚的巨大影响力不仅体现在受罚上市公司自身,还将影响上市公司投资者、债权人利益。上市公司一旦被确定承担行政责任和民事赔偿责任,接踵而至的是股价暴跌、刚性赔付责任,亦将对当时的上市公司投资者、债权人权益造成较大消极影响。

当然,证券信息披露违法行政处罚的巨大影响力和影响范围不应也不会成为阻却证监机关依法监管和处罚的理由,但确实应当成为加快我国证券行政处罚"明显优势证据证明标准"在行政处罚程序和行政诉讼程序中落实和适用的重要促进因素,以及进一步强调证券行政处罚适用"谦抑性"原则的重要依据。[31] 因为在证券行政稽查、处罚程序中对一项缺乏证明标准指引、争议较大、专业性较强且虚实界限较模糊的涉嫌信息披露违法事项的"从严把握",就可能成为引起资本市场数以亿计的赔付风暴和一连串消极金融影响的"蝴蝶效应"源头。

四、明显优势证据证明标准的落实建议

通过对本文引入案例的分析,并结合笔者多年从事适用证券合规及证券诉讼的实务经验,现从以下四个方面就"明显优势证据证明标准"的适用落实提出建议。

(一)建议尽快立法明确证券行政处罚的"明显优势证据证明标准"

如前所述,尽管证券行政法理论界和实务界均已对证券行政处罚应符合"明显优势证据证明标准"达成共识,但现有实在法依据仍主要为《行政处罚法》第30条和《行政诉讼法》第69条。笔者在2019年5月参加某地方证监局行政处罚案件的听证程序时,听证员还特别就上市公司主张的"行政处罚应适用明显优势证据证明标准"询问理论和法律依据,在一定程度上反映出有关"明显优

---

〔30〕 参见北京商报报道:http://www.bbtnews.com.cn/2015/1204/130913.shtml,最后访问日期:2019年12月14日。

〔31〕 参见黄温泉:《论行政行为的谦抑性——从"馒头必须是圆的"谈政府行为的边界》,载《江汉大学学报》(社会科学版)2012年第1期,第72~77页。

势证明标准”的共识或仍停留在理念层面，并未深入各级证监机关。而且我国行政执法、司法机关素有“有法必依、执法必严”的办案传统，如“明显优势证据证明标准”未能写入法律、法规、司法解释、部门规章或其他规范性文件，所谓“名不正而言不顺”，再多有关明显优势证据证明标准的讨论和呼吁，也可能只能在理念层面感召证监机关的稽查处罚实践和人民法院的司法实践，而不能形成真正的司法适用，无法对证券信披违法行政稽查处罚的科学性产生积极作用，更无法通过执法、司法实践积累有关如何更好地落实、适用“明显优势证据证明标准”的经验。

时值即将迈入21世纪30年代，距离上一次最高人民法院审议通过最高人民法院《关于行政诉讼证据若干问题的规定》的2002年已有近20年的时间。面对证券行政执法和行政诉讼实践的新特征、新趋势、新阶段，有关证券行政处罚、行政诉讼证明标准的确立完全可以走在其他行政行为类型证明标准的前列，引领我国行政处罚和行政诉讼证据制度再上新台阶。这也将标志着十余年来我国证券执法、司法实践在广大证监工作者、司法工作者的辛勤努力下，规范度和成熟度都有了前所未有的提高，证券行政执法和司法工作足以胜任更高标准的挑战。

（二）建议细化证据认定、比较及排除规则

“明显优势证据证明标准”的真正落实有赖于对证据认定、比较及排除规则的细化。具体而言：

1. 建议细化证据证明力认定、比较规则。

根据行政诉讼证据理论，对于证明同一事实的数个证据，其证明效力一般可以按照下列情形就同类证据进行认定：（1）国家机关以及其他职能部门依职权制作的公文文书优于其他书证，如人民法院出具的生效裁判文书，相关行业协会、财政部门就特定专业事项出具的专业意见等；（2）鉴定结论、现场笔录、勘验笔录、档案材料以及经过公证或者登记的书证优于其他书证、视听资料和证人证言；（3）原件、原物优于复制件、复制品；（4）法定鉴定部门的鉴定意见优于其他鉴定部门的鉴定意见；（5）法庭主持勘验所制作的勘验笔录优于其他部门主持勘验所制作的勘验笔录；（6）原始证据优于传来证据；（7）其他证人证言优于与当事人有亲属关系或者其他密切关系的证人提供的对该当事人有利的证言；其

他证人证言优于与当事人有不利关系的证人提供的对该当事人不利的证言；(8)出庭作证的证人证言优于未出庭作证的证人证言；(9)数个种类不同、内容一致的证据优于一个孤立的证据。[32] 如果“明显优势证据证明标准”得以适用，则上述证据认定、比较规则就可通过证券行政执法和司法实践的个案检验，不断丰富、完善和细化，变得越发成熟和成体系。

2. 建议细化证据排除规则。

根据最高人民法院《关于行政诉讼证据若干问题的规定》第 71 条之规定，下列证据不能单独作为定案依据：(1)未成年人所作的与其年龄和智力状况不相适应的证言；(2)与一方当事人有亲属关系或者其他密切关系的证人所作的对该当事人有利的证言，或者与一方当事人有不利关系的证人所作的对该当事人不利的证言；(3)应当出庭作证而无正当理由不出庭作证的证人证言；(4)难以识别是否经过修改的视听资料；(5)无法与原件、原物核对的复制件或者复制品；(6)经一方当事人或者他人改动，对方当事人不予认可的证据材料；(7)其他不能单独作为定案依据的证据材料。

具体到证券行政诉讼而言，对于证监机关委托出具专业意见的机构或自然人，以及证监机关据以认定违法事实的询问笔录所涉人员，在听证、复议及诉讼程序中，均应到场作证，接受行政相对人的质询。尤其是部分存在与上市公司利益冲突的合同相对方、员工等，还应考虑其询问笔录意见能否与客观证据相互印证，如没有客观证据支持，则可能构成孤证，应被排除。对于上市公司所举其他主体的情况说明材料，如该等主体实际与上市公司利益一致，也应考虑其与其他客观证据是否一致等情况，证监机关也应要求对其行使质证的权利，并就上市公司是否与该类主体存在串通等情况做重点论证。

结合上述规则，以本文引例中事项 2 为例，证监会举出某上市公司 12 位客户的询问笔录认定上市公司以虚假名义营销进而虚增利润，但上市公司主张同期共有 5000 余位客户，其他并未表示上市公司存在以虚假名义营销的情况，而且上市公司还指出提供询问笔录的 12 位客户因与自身存在退款纠纷等利益冲突事项，所作陈述证明效力存在一定瑕疵。倘若某上市公司在公证机关公证下

---

〔32〕 参见姜明安主编：《行政法与行政诉讼法》(第 7 版)，北京大学出版社 2019 年版，第 477 页。

随机对100位客户进行抽样调查其是否存在虚假名义营销情况,并将抽样访问结果作为证据提交,该份证据在"利害关系"层面可能就相对中立,证明力相对较强。

3.建议细化专业意见认定及排除规则。

首先,《证券行政处罚证据会议纪要》第3条就专业意见的排除及认定规则颇有借鉴意义。就信息披露违法事项专业性较强的特征,证监机关、相对人均可通过委托权威人员或机构出具专业意见。"专业意见应当在法庭上出示,并经庭审质证。当事人可以申请人民法院通知出具相关意见的专业人员出庭说明,人民法院也可以通知专业人员出庭说明。专业意见之间相互矛盾的,人民法院可以组织专业人员进行对质。"

《证券行政处罚证据会议纪要》认为在行政诉讼中受托出具专业意见的主体应当出庭说明,甚至可以与对方委托出具专业意见的主体进行对质。更进一步,如果证监机关或相对人委托出具专业意见的主体经对方申请没有到场参加听证、复议或行政诉讼庭审程序,则其专业意见的证据效力应受到消极影响。

其次,《证券行政处罚证据会议纪要》还进一步对双方专业意见证明效力的比较提供了颇有价值的具体比较标准,包括:(1)专业机构或者专家是否与本案有利害关系;(2)专业机构或者专家是否具有合法资质;(3)专业机构或者专家所得出的意见是否超出指定的范围,形式是否规范,内容是否完整,结论是否明确;(4)行政程序中形成的专业意见是否告知对方当事人,并听取对方当事人的质辩意见等。

最后,对于信息披露事项涉及会计、审计等财务事项的,证监机关应就自身稽查、处罚意见的会计计算、论证过程向行政相对人开示,并在行政诉讼程序中作为证据向人民法院提交。因为有关会计、审计等财务事项,往往涉及计算、科目确定等技术细节和对会计准则的理解,相关证据的比较往往不是"对错之分"而是"确定谁的主张更适当、更科学",故有必要提前开示,充分辩论。

4.建议细化对双方证据的采信及认定规则。

证监机关和人民法院在行政处罚和行政诉讼程序中,应当对证监机关、上市公司等行政相对人所举证据一视同仁,特别是对同一事实下的同类型证据的认定标准应在个案中保持一致。以本文引入案例中事项5和事项6为例,对于某上市公司是否违法提前确认业务收入、是否违法提前合并报表虚增利润，所涉合同相对方的陈述意见应当作为证据被考虑，如果合同相对方与上市公司之间不存在明显的利益一致关系，其陈述意见的证明效力较高。但证监会却在该两事项上没有像事项1、事项2、事项3、事项4一样制作询问笔录或采信相关合同或交易安排相对方所陈述的意见，其证据认定标准值得商榷。

囿于专业知识及实务经验所限，以上提出的信息披露违法行政处罚证据排除及认定规则的细化建议还尚不完善。笔者认为，更为重要且有效的路径是，应当由人民法院在行政诉讼司法实践中，根据“明显优势证据证明标准”的指引，提炼总结出具体的、有可操作性的证据审查规则。

（三）建议强化行政处罚决定中对双方证据的分析和评判

前述有关证券信息披露违法行政处罚证明标准、证据排除及认定规则的提出固然重要，但其最终能否落实，关键仍在证监机关本身，毕竟解铃还须系铃人。可以想见，尽管明显优势证据证明标准在一定程度上将证监机关从原先严格的证据充分确凿标准中解脱出来，但实际是对证监机关的证明责任提出了更为明确具体的要求。这其实有利于证监机关统一信息披露违法的行政监管执法及稽查处罚尺度，更为精准地打击证券市场中的信息披露违法行为，并且践行行政处罚的“谦抑原则”，避免由于证明标准的不确定而作出失当的行政处罚决定，进而引发大量且巨额的证券虚假陈述民事索赔纠纷。

实践中，证监机关制作的行政处罚决定书普遍呈现出“宜粗不宜细”的特点，对于当事人的申辩意见，多以“已经予以考虑”予以简单处理。而且通过系统研究证监机关百余份行政处罚决定文书，笔者发现行政处罚决定中对于上市公司等行政相对人所举证据的分析篇幅较少，也较少将自身所举证据与相对人所举证据作对比分析或得出对比结论，这就容易造成双方举证对峙的“脱节”而呈现出各说各话的状态，进而可能导致证监机关最终认定证据效力逻辑的游移，即以相对人所举证据不能推翻证监机关认定事实为由维持行政处罚决定。

作为我国最为专业的执法机构之一，证监机关对复杂资本市场案件的认定过程和逻辑推理被寄予厚望。法律文书说理性的不足，将会大大折损其专业性及公信力，难以获得被处罚者的认同，也导致行政复议及行政诉讼案件的不当增加。作为上市公司必须公告的事项，行政处罚决定书的语焉不详不仅会造成上市公司与投资者关系的紧张，也会有损监管机构的权威性。权威性的获得来源于可接受性，说理是行政处罚决定书和行政复议决定书的精髓，是连接案件事实和认定结果的纽带，只有让公众知晓法律事实的认定和法律适用之间的逻辑关系，才能真正让公众感受到执法的公平与正义，才能获得公众的普遍接受和信服。

鉴于此，笔者建议强化行政处罚决定中证监机关根据“明显优势证据证明标准”对双方证据证明效力作出分析和评判的内容。通过这一“规定动作”的设置，可督促证监机关以更为积极主动的态度面对上市公司等相对人所提交的证据，更为全面、专业地了解涉嫌信息披露违规事项内容，在不断积累专业监管经验、总结行政执法智慧的同时，以期得出个案中更加科学、适当的罚与不罚、轻罚与重罚的结论。

（四）建议转变证券监管处罚理念

最后，即便前文总结提出的明显优势证据证明标准、具体证据排除及认定规则、强化证监机关在行政处罚决定中对证据的对比和评判均得以落实，证监机关仍然难免在个案中面临难以认定案涉信披事项是否不实、是否违法的问题，所谓自由心证亦难于实现。这其实是本文前述信息披露违法各项特征叠加造成复杂性提升的反映。对此，笔者认为继续在事实层面做分析和对比，意义可能有限。因为两相对峙、矛盾的主张和证据，以及一去不返的客观事实早已关闭了我们事后还原真相的大门。此时有必要跳出“事实判断”的泥淖，根据证券行政执法的目的、理念对个案中难于认定的问题进行“价值判断”。具体而言：

第一，证券信息披露监管的唯一目的在于确保上市公司公开的信息不会对投资者造成误导。至于证券立法中各项法律、法规、规章及规范性文件对信息披露的要求只是实现前述目的的手段，这些规定有可能因为立法时前瞻性不足或对可能发生的例外情形考虑不周，导致实践中发生争议。此时不宜本末倒置。当案涉信息披露事项本身虚实界限极其模糊、双方证据证明效力难于量化认定时，证监机关不宜再以“明辨黑白”“查明真假”的态度继续在事实细节中纠结，而应考虑当案涉信息披露事项可左可右皆有理据时，到底会否影响投资者的判断，进而依据对行政处罚与否的价值判断，作出最终决定。

第二，证监机关与上市公司之间的关系不宜理解为一种零和博弈的对立关系，而应理解为一种正和博弈的共赢关系。刑事诉讼中切忌对嫌疑人作有罪推定，行政监管及行政诉讼中亦不宜将上市公司与证监机关对立。本质上，上市公司应当属于我国经济市场中的较为优质的企业，其在 A 股挂牌上市、合法运营有助于我国证券市场的繁荣和经济的稳步发展。证监机关作为我国证券市场的守护者，在打击证券违法行为的同时，亦应以相对积极的态度看待上市公司，综合运用各类引导、监管手段促进上市公司的合法合规运营，共同为我国经济发展和广大投资者创造更多价值和正能量。

第三，证监机关应放下“行政诉讼无一败绩”的沉重包袱，轻装前行。[33] 特别值得肯定和称赞的是，我国证券市场经过近些年来证监机关一以贯之的“依法监管、从严监管”，其信息披露规范化程度显著提升。这既体现为信息披露违法行为数量总体上的减少、可控，也体现为上市公司信息披露违法行为从原先的“简单、粗暴”变得相对更加“隐蔽、复杂”。可以说我国证券市场信息披露监管已经迈入了新的阶段。在新的阶段，我们应当允许、证监机关更应当允许自身在个别信息披露违法案件中出现经稽查最终未予处罚，或者作出处罚决定后经行政复议或行政诉讼被撤销的情况。这非但不意味着证监机关稽查水平的倒退或行政资源的浪费，反而恰恰说明我国证券市场规范程度提高，证监机关通过前些年信息披露执法处罚的持久战已基本消灭简单粗暴的信息披露违法行为，进入了对更隐蔽、更复杂信息披露违法行为的攻坚战阶段。难免出现的些许偏差，正说明我国证监机关对信息披露违法行为的稽查执法一以贯之的高压态势和严格标准。

综上，笔者将证监机关稽查后作出的行政处罚结论定性为“可反驳的行政处罚预设”（rebuttable presumption），反驳能否成立取决于上市公司等相对人所举证据的证明力大小，而反驳成立的标准即为证监机关行政处罚的证明标准——“明显优势证据证明标准”。特别是考虑到前文已做详述的证券信息披露违法事项较强的专业性（特殊行业及业务背景、权威专业意见均可能与证监机关认定相左）、牵涉其他主体的多样性（该类主体陈述意见的不确定性）、个别事项虚实界限的模糊性，都应使我们意识到证监机关在先通过单方稽查搜证所

---

〔33〕 相似观点请参见万国华、张崇胜：《不必过度渲染证监会败诉》，载《董事会》2016 年第 9 期，第 28 页；胡印斌：《“政府零败诉”不一定是好成绩》，载《新城乡》2016 年第 2 期；魏英杰：《“民告官”零败诉不值得炫耀》，载《浙江人大》2011 年第 5 期，第 35 页。

形成的行政处罚结论，确有可能是片面的、非专业的或过于严苛的，因此是存在较大可抗辩、反驳空间的（open to rebuttal），也是有必要通过对相反证据的全面审查来进一步做实或及时撤销证监机关行政处罚决定的。而这一意识上的转变，应当逐渐成为证监机关和人民法院的共识。

五、结语

关于行政诉讼中的证明标准应确立为"明显优势证据证明标准"的讨论，其实早已有之。最高人民法院在2002年审议通过最高人民法院《关于行政诉讼证据若干问题的规定》时已无限接近将该证明标准写入该规定中。然而时过境迁，理论界与实务界就该证明标准早已达成的共识似乎未能在证券行政执法和司法程序中全然落实，关于到底如何适用该证明标准以指导证券行政处罚的实践经验也并不丰富，而且现有实在法中的"证据确凿、充分"证明标准仍在大多数案件中发挥着形而上的"装饰"作用。这种理念认知与实践操作上的差距，难免造成证监机关在个案中对特定信息披露事项是否违法作出相对较严格的处罚结论。本文在总结目前证券行政执法、司法部分有待商榷的问题的基础上，就证券信息披露违法行政处罚、行政诉讼中"明显优势证据证明标准"的适用，从四个方面论述了实操建议。在我国目前经济下行、中美贸易摩擦不断、习近平主席多次强调构建良好营商环境、保持经济活力的大背景下，笔者希望通过本文为证监机关的行政监管实践、人民法院行政诉讼司法实践提供些许有意义的合理化建议。

（编辑：陆晨）

《清华金融法律评论》
第3卷第2辑
第37~49页

违反大额持股披露制度的行政处罚研究

伍　坚　黄周奕*

目　　次

一、证券监管部门对违反大额持股披露制度的行政处罚
二、新《证券法》对大额持股信息披露制度的修改
三、对大额持股信息披露制度行政处罚的立法建议

摘　要:2013年10月1日起,中国证券监督管理委员会(以下简称证监会)将行政处罚权下放至地方证监局,自此证监会的36家派出机构拥有极大的行政处罚权。〔1〕处罚权的下放有助于改变"问责不及时",但可能导致各地监管局执法尺度不一。本文就证监会与地方证监局(以下合称证券监管机构)从2013年10月至今,针对大额持股股东违反2014年《证券法》(以下简称原《证券法》)第86条信息披露义务所作的129份行政处罚决定书,〔2〕力图还原证监会与地方证监局的基本观点,展现证监会对大额持股信息披露违法行为的执法现状,并结

* 伍坚,华东政法大学经济法学院教授;黄周奕,华东政法大学2019级经济法硕士研究生。

〔1〕 2013年7月,证监会发布《关于印发〈中国证券监督管理委员会派出机构行政处罚工作规定〉的通知》,决定授予所有派出机构行政处罚权,自2013年10月1日起实施。9月27日,证监会36家派出机构在其网站上统一发布了行政处罚听证规则。载 https://www.yicai.com/news/3035609.html,最后访问日期:2019年12月12日。

〔2〕 案件数据均引自中国证券监督管理委员会网站公布的行政处罚决定书,以下皆为2013年10月之后的行政处罚数据。

合2020年新修订的《证券法》进行分析，对大额持股信息披露行政处罚从立法角度提出相应建议。

关键词：信息披露；慢走规则；行政处罚；限制表决权

一、证券监管部门对违反大额持股披露制度的行政处罚

（一）大额持股披露行政处罚的特点

我国原《证券法》中的大额持股信息披露制度设有两项规则：一为披露规则。持股达到5%以及之后每增减5%的投资者应在3日内向证券监管机构、证券交易所作出书面报告；之后每增减1%应在次日通知该上市公司，并予公告。二为慢走规则。（持股达到5%时）在披露期限内或者是（持股5%后每增减5%时）披露后2日内，投资者不得再行买卖该上市公司股票。近年来，证券监管机构对违反信息披露制度的行政处罚，呈现以下特点。

1. 罚款数额提升，处罚力度加大

2015年之前，证券监管机构每年处理的违反原《证券法》第86条的行政处罚案件不超过10件，对违法行为人的罚款数额一般不超过60万元。〔3〕由于2015年股灾爆发，该年度处理违反原《证券法》第86条的行政处罚案件激增至33个，对行为人的罚款数额也大幅提升，〔4〕罚款百万元以上属于常态，其中8个案件处以千万元以上的罚款，最高处以3000万元以上巨额罚款。〔5〕从2015年到2018年，证券监管机构对相关案件的行政处罚维持了高额罚款的态势，每年都有2个以上的案件罚款数额超过1000万元。尽管2019年相较往年罚款数额较低，没有处以千万元以上罚款的案件，但从整体上看，证券监管机构通过提升罚款数额，大幅加强了对违反《证券法》第86条信息披露制度的处罚力度。

---

〔3〕 原《证券法》第193条第1款规定，发行人、上市公司或者其他信息披露义务人未按照规定披露信息……处以30万元以上60万元以下的罚款。

〔4〕 这些案件由于适用原《证券法》第204条进行处罚，罚款数额大幅增加，后文将详细分析。原《证券法》第204条规定，违反法律规定，在限制转让期限内买卖证券的……处以买卖证券等值以下的罚款。

〔5〕 参见中国证监会行政处罚决定书（王海鹏、王治军），〔2015〕53号。

2. 当事人听证申辩比例维持高位

在罚款数额提升、处罚力度加大的背景下，当事人要求听证申辩比例维持在较高水平。证监会对违反原《证券法》第 86 条实施行政处罚的案件有 62 个，其中 33 个案件的当事人提出申辩或要求听证；地方证监局实施行政处罚的案件有 67 个，其中 13 个案件的当事人提出申辩或要求听证。证监会行政处罚的当事人听证申辩比例约为 53%，且自 2015 年以来，行政处罚的当事人听证申辩比例基本上超过 50%。[6] 这使得证券监管机构在作出的行政处罚决定书中，强化对当事人听证申辩意见的复核与说理，便于学者在行政处罚决定书中获取证券监管机构的执法观点与依据。

3. 行政处罚“终局”，司法规制作用小

对于违反信息披露制度的行为，实践中一般通过行政监管、行政处罚等行政手段对违法行为人进行规制，通过司法程序寻求救济的案件较少。[7]在这些案件中，法院也不支持违反原《证券法》第 86 条的行为人构成“诱空型虚假陈述”对其他股东承担民事赔偿责任。同时，在上述证券监管机构的 129 个行政处罚案件中，进入复议、诉讼的案件较少，仅有 2 个案件进入诉讼程序，[8]1 个案件申请行政复议，[9]且判决结果皆为证券管理机构胜诉，维持原行政处罚。这表明，对于违反原《证券法》第 86 条信息披露的违法行为，实践中主要依赖行政处罚进行规制，司法规制发挥的作用较小。因此，证券监管机构所作的行政处罚决定是否公正合理，能否有效发挥阻吓预防作用，对大额持股信息披露制度能否规

〔6〕 具体而言，证监会对违反原《证券法》第 86 条实施行政处罚的案件，2015 年共有 33 个，其中有 18 个当事人进行申辩或听证；2016 年有 13 个，其中有 6 个当事人进行申辩或听证；2017 年有 4 个，其中有 3 个当事人进行申辩或听证；2018 年有 5 个，其中有 4 个当事人进行申辩或听证；2019 年有 5 个，其中有 2 个当事人进行申辩或听证。

〔7〕 韩玉与山东京博控股股份有限公司证券虚假陈述责任纠纷二审民事判决书，(2015) 鲁商终字第 327 号；上海兴盛实业发展(集团)有限公司诉王斌忠证券欺诈责任纠纷一案一审民事判决书，(2015) 沪一中民六(商)初字第 66 号。

〔8〕 王福亮与中国证券监督管理委员会二审行政判决书，(2019) 京行终 2314 号；广州安州投资管理有限公司与中国证券监督管理委员会二审行政判决书，(2019) 京行终 2313 号；庄丹明与中国证券监督管理委员会二审行政判决书，(2017) 京行终 1984 号。

〔9〕 2013 年以来，以被告违反原《证券法》第 86 条为由进行民事诉讼的案件仅有 2 个：上海兴盛实业发展(集团)有限公司诉王斌忠证券欺诈责任纠纷一案，(2015) 沪一中民六(商)初字第 66 号；韩玉与山东京博控股股份有限公司证券虚假陈述责任纠纷二审民事判决书，(2015) 鲁商终字第 327 号。

范运行至关重要。

（二）行政处罚存在的问题

1. 对违反慢走规则的行政处罚

对于违反大额持股信息披露制度的行为人，理论界与证券监管机构普遍认同适用原《证券法》第193条（虚假陈述的行政责任）进行处罚。然而，该条仅仅针对违反披露规则的行为，只按第193条进行处罚实质上放过了违反慢走规则的行为。这使得慢走规则缺乏行政处罚规制，在证券市场上运作实效不显。[10]而且，原《证券法》第193条设置的罚款幅度为30万元至60万元，对违反信息披露制度的行为人威慑力较小。

2015年股灾爆发后，为了弥补慢走规则行政处罚的法律漏洞，以及出于缓解股价震荡，维持二级市场秩序的政策目的，证券监管机构对违反慢走规则的减持行为基本适用原《证券法》第204条[11]进行处罚。证券监管机构认为，原《证券法》第86条规定的禁止交易期属于原《证券法》第38条[12]规定的"限制转让期"，未履行信息披露义务与违法减持是两个行为，前者是不作为，后者是作为。行政机关可以对其处以两次罚款，不违反"一事不再罚"原则。[13]

然而，对于违反慢走规则的增持行为是否适用原《证券法》第204条进行处罚，各地监管局的执法观点不一。安徽、山东、上海、四川、山西、陕西、宁波、内蒙古监管局仅适用第193条对相关案件进行处罚，而江苏、江西、北京、深圳、广东、浙江、甘肃、福建、西藏监管局则适用第193条与第204条进行并罚。证监会的态度则是从2016年开始发生转变，从仅适用第193条进行处罚，到适用第193

〔10〕 参见伍坚：《论我国大额持股披露制度的完善》，载《法学》2018年第5期。

〔11〕 原《证券法》第204条规定，违反法律规定，在限制转让期限内买卖证券的，责令改正，给予警告，并处以买卖证券等值以下的罚款。对直接负责的主管人员和其他直接责任人员给予警告，并处以3万元以上30万元以下的罚款。

〔12〕 原《证券法》第38条规定，依法发行的股票、公司债券及其他证券，法律对其转让期限有限制性规定的，在限定的期限内不得买卖。

〔13〕 参见中国证监会行政处罚决定书（重庆中新融鑫投资中心、喻炜、韩仁东），〔2018〕93号。

条与第 204 条并罚。[14] 在证监会处罚的 6 个存在违法增持的案件中,有 4 个案件适用第 204 条进行处罚,[15] 这表明证监会支持在违反增持案件中适用《证券法》第 204 条的立场。

实际上,对于违反慢走规则的增持行为是否适用原《证券法》第 204 条进行处罚,法理上也存在疑问。首先,根据原《证券法》第 38 条与第 204 条的文义,该条文的规制对象仅限于"限制转让期",即禁止交易期内的减持行为。其次,对于以争夺公司控制权为目的,违反慢走规则进行增持的收购人,"罚款"这一处罚手段阻吓作用不显。

2. 罚款数额的自由裁量问题

原《证券法》第 204 条规定,在限制转让期限内买卖证券的……处以买卖证券等值以下的罚款。"买卖证券等值以下"的罚款规定较为宽泛,这赋予了证券监管机构很大的自由裁量权。根据上述,对于违反慢走规则的增持行为是否适用原《证券法》第 204 条进行处罚,证监会与各地监管局观点不一。由于适用原《证券法》第 204 条的罚款数额巨大,这直接影响对行为人的罚款力度。比如,在著名的公司控制权纠纷案件"上海新梅"案中,当事人在禁止交易期内将增持至大约 14%,交易金额上亿元,但宁波监管局依据原《证券法》第 193 条对其仅处以 50 万元的罚款;[16] 而在 2016 年证监会所作的一起行政处罚决定中,[17] 当事人违法增持的交易金额约为4.8 亿元,证监会依据原《证券法》第 204 条对其处以 3000 万元的巨额罚款。相似案件,罚款数额从 50 万元到上亿元,执法依据的不一致对行为人权益的影响之大,可见一斑。

对于违法减持行为,尽管证券监管机构一致适用原《证券法》第 204 条进行处罚,但仍然存在各地执法尺度不一的情况。比如,同为 2017 年年初所作的行

---

〔14〕 在中国证监会行政处罚决定书〔2015〕15 号案件中,当事人存在违法增持行为,仅适用第 193 条进行处罚。在中国证监会行政处罚决定书〔2016〕1 号案件中,证监会对当事人的违法增持行为适用第 204 条进行处罚。

〔15〕 适用原《证券法》第 204 条进行处罚的案件分别是:中国证监会行政处罚决定书(重庆中新融鑫投资中心、喻炜、韩仁东),〔2018〕93 号;中国证监会行政处罚决定书(辽宁省机械(集团)股份有限公司、吴岩),〔2016〕1 号;中国证监会行政处罚决定书(袁灵斌、李军),〔2016〕25 号;中国证监会行政处罚决定书(欧海鹰),〔2019〕7 号。

〔16〕 参见中国证券监督管理委员会宁波监管局行政处罚决定书(王斌忠),〔2015〕1 号。

〔17〕 参见中国证监会行政处罚决定书(袁灵斌、李军),〔2016〕25 号。

政处罚,当事人违法减持的数额也近似,安徽监管局对违规减持7600万元的当事人仅处以40万元的罚款,[18]而江苏监管局对违规减持8000万元的当事人则处以510万元的罚款。[19] 原《证券法》第204条设置的罚款幅度过宽,行政机关的自由裁量权扩大,而行政处罚权下放至派出机构又加剧"同案不同判"的情形。

除了罚款幅度过宽,"买卖证券等值以下"的规定也存在处罚过重,违反了行政处罚的比例原则的问题。原《证券法》对内幕交易与操纵市场的处罚规定是,"没收违法所得,并处以违法所得1倍以上5倍以下罚款"。在大额持股股东违法增减持的案件中,买卖证券的交易金额动辄上千万元、上亿元,行为人的违法所得一般在几十万元,上百万元不等,因此"买卖证券等值以下"的处罚一般会高于"没收违法所得,违法所得1倍以上5倍以下罚款"的处罚。比如,在证监会2018年111号的行政处罚案件中,[20]当事人在禁止交易期内买卖股票行为,同时构成"限制期买卖"和"操纵市场",买卖股票的交易金额大约1.8亿元,违法所得18万元。证监会对该行为同时适用原《证券法》第204条与第203条(操纵市场的行政责任)实施并罚:适用第204条对当事人罚款300万元,适用第203条对当事人没收违法所得18万元,另罚款30万元。该案中,当事人在禁止交易期内买卖股票行为,实质上只是当事人操纵市场的部分手段行为,然而,证监会对限制期转让行为的处罚力度超过了具有主观恶意、影响更为恶劣的操纵市场。[21] 这存在违反行政合理的危险,对"限制期买卖"的行政处罚易被用作突破内幕交易、操纵市场罚款上限的杠杆工具。

二、新《证券法》对大额持股信息披露制度的修改

2019年12月28日修订通过的《证券法》于2020年3月1日正式施行,其中

---

〔18〕 参见中国证券监督管理委员会安徽监管局行政处罚决定书,〔2017〕3号。

〔19〕 参见中国证券监督管理委员会江苏监管局行政处罚决定书(石亚君),〔2017〕3号。

〔20〕 参见中国证监会行政处罚决定书(王炎贤),〔2018〕111号。

〔21〕 中国证监会行政处罚决定书(李宁)(〔2016〕39号)存在类似情形。

对大额持股信息披露制度进行了大幅度的修改;〔22〕一是在原来的披露规则基础上增设"每增减1%应在次日通知上市公司并公告"的义务;二是对违反原来披露规则与慢走规则的行为人处以"限制表决权"的行政处罚。

新《证券法》对违反大额持股信息披露制度的行政处罚也进行了修改与澄清:首先,对于违反信息披露规则的行政处罚,罚款幅度从原先的"三十万元以上六十万元以下"提升至"五十万元以上五百万元以下";〔23〕其次,对原《证券法》第204条的适用范围作了澄清,将其适用对象明确为"违反第36条的限制转让行为",〔24〕即排除适用于违反慢走规则的增持行为,同时添加了"没收违法所得"的处罚类型。

上述修改体现当下证券监管强化行政处罚的趋势,具有一定的合理性,但也存在不足之处。《行政处罚法》第4条第2款规定:"设定和实施行政处罚必须以事实为依据,与违法行为的事实、性质、情节以及社会危害程度相当。"这表明行政处罚的设立应该遵循比例原则。传统行政法学理论上,比例原则包括三阶层:目的性原则、必要性原则与均衡原则。笔者认为,可以通过"比例原则三阶层理论"分析上述修改的得失之处。〔25〕

---

〔22〕 2020年《证券法》第63条规定:"通过证券交易所的证券交易,投资者持有或者通过协议、其他安排与他人共同持有一个上市公司已发行的有表决权股份达到百分之五时,应当在该事实发生之日起三日内,向国务院证券监督管理机构、证券交易所作出书面报告,通知该上市公司,并予公告,在上述期限内不得再行买卖该上市公司的股票,但国务院证券监督管理机构规定的情形除外。投资者持有或者通过协议、其他安排与他人共同持有一个上市公司已发行的有表决权股份达到百分之五后,其所持该上市公司已发行的有表决权股份比例每增加或者减少百分之五,应当依照前款规定进行报告和公告,在该事实发生之日起至公告后三日内,不得再行买卖该上市公司的股票,但国务院证券监督管理机构规定的情形除外。投资者持有或者通过协议、其他安排与他人共同持有一个上市公司已发行的有表决权股份达到百分之五后,其所持该上市公司已发行的有表决权股份比例每增加或者减少百分之一,应当在该事实发生的次日通知该上市公司,并予公告。违反第一款、第二款规定买入上市公司有表决权的股份的,在买入后的三十六个月内,对该超过规定比例部分的股份不得行使表决权。"

〔23〕 原《证券法》第193条规定,发行人、上市公司或者其他信息披露义务人未按照规定披露信息……处以30万元以上60万元以下的罚款。2020年《证券法》第197条规定,信息披露义务人未按照本法规定报送有关报告或者履行信息披露义务的……处以50万元以上500万元以下的罚款。

〔24〕 2020年《证券法》第186条规定,违反本法第36条的规定,在限制转让期内转让证券……责令改正,给予警告,没收违法所得,并处以买卖证券等值以下的罚款。第36条规定,依法发行的证券,《公司法》和其他法律对其转让期限有限制性规定的,在限定的期限内不得转让。上市公司持有百分之五以上股份的股东……不得违反法律……关于持有期限、卖出时间、卖出数量、卖出方式、信息披露等规定。

〔25〕 参见刘权:《行政判决中比例原则的适用》,载《中国法学》2019年第3期。

（一）“限制表决权”的行政处罚

原《证券法》将“限制表决权”规定在第213条（违反收购义务的行政责任）。[26] 2019年《证券法》将“限制表决权”从违反收购义务的行政责任条款中删除，直接移至披露规则与慢走规则之后；在表述上，原《证券法》与《上市公司收购管理办法》规定，“在改正前……不得对其持有或者实际支配的股份行使表决权”，而2020年《证券法》规定“在买入后的三十六个月内，对该超过规定比例部分的股份不得行使表决权”。[27] 上述条文的区别可归纳如下：

表1 新旧《证券法》关于限制表决权的规定对照

限制表决权	《证券法》(2014年)	《上市公司收购管理办法》	《证券法》(2019年)
对象	不明确，可解释为： 违反收购规则的收购人 违反收购规则或违反披露慢走规则的收购人 违反收购规则或违反披露慢走规则的投资者	违反披露慢走规则的信息披露义务人	违反披露慢走规则的投资者
时间	在改正前	在改正前 一般认为，补充信息披露后不再限制	买入后36个月内
范围	持有的目标公司全部股份	持有的目标公司全部股份	超过规定增持的股份，即禁止交易期内增持的股份
行政责任类型	行政强制措施	行政强制措施	行政处罚

2019年《证券法》对“限制表决权”这一行政处罚的设立是否具有合理性与正当性，理论界争议较大。笔者认为，可以通过“比例原则三阶层理论”分析该处修改的合理性与正当性。

---

〔26〕 原《证券法》第213条规定，收购人未按照本法规定履行上市公司收购的公告、发出收购要约等义务的，责令改正……在改正前，收购人对其收购或者通过协议、其他安排与他人共同收购的股份不得行使表决权。

〔27〕 2020年《证券法》第63条第4款规定：“违反第一款、第二款规定买入上市公司有表决权的股份的，在买入后的三十六个月内，对该超过规定比例部分的股份不得行使表决权。”

1. 目的性原则

目的性原则是指行政处罚应当有助于行政目的的实现。因此,针对违反披露慢走规则的行为而设立的行政处罚,应当有效威吓违法行为人,起到惩戒预防的效果。在处罚种类上,相较于原《证券法》第204条"处以买卖证券等值以下处罚"的罚款路径,"限制表决权"使得以争夺公司控制权为目的的收购人无法实现收购目的,更能够弥补责令改正、罚款等行政处罚对收购人威吓的不足。

在处罚时间上,原《证券法》与收购办法的规定,"改正前……不得行使表决权",结合上文对"责令改正"的分析,行为人补充披露后,其违法行为就改正完毕,表决权不再受限。这条规定在性质上并非行政处罚,而是行政强制措施,行政强制措施的功能在于预防、制止或控制危害社会行为的产生。有学者认为,原《证券法》对限制表决权的规定更具有合理性,理由在于,披露慢走规则的立法目的系加强证券市场信息公开,保障中小投资者的知情权,规范的仅仅是证券交易问题,并不以反收购为目的。[28]

然而,根据官方发布的《证券法》释义,大额持股信息披露制度的立法目的除了保障证券市场信息公开,保护中小投资者权益,也"为了便于国务院证券监督管理机构、证券交易所和上市公司及时了解该上市公司的股权变动情况,及时发现问题,并提出对策",[29]即包括规范限制敌意收购。而"改正前不得行使表决权"的行政强制措施,仅能督促投资者履行信息披露义务,不能有效阻吓违反披露慢走规则的敌意收购行为。因此,2019年《证券法》规定"买入后三十六个月……不得行使表决权",明确了"限制表决权"系行政处罚的性质,对收购人有足够的威吓作用,具有一定的合理性。

从目的性原则的角度,2019年《证券法》的修改也存在不足之处。首先,"限制表决权"对不以收购为目的的财务投资者并没有威吓作用,对违反披露慢走规则的财务投资者限制表决权,违反了目的性原则。因此,有学者主张"我国立法应该基于财务投资行为与收购行为的性质差异分别设定不同的表

---

〔28〕 参见龚浩川:《论敌意收购中大额持股变动违法之法律责任——基于证券监管与司法裁判的实证研究》,载《当代法学》2019年第2期,第67页。

〔29〕 全国人大证券法修改起草工作小组:《中华人民共和国证券法释义》,中国金融出版社2006年版,第80页。

决权限制后果”。[30] 其次,2019 年《证券法》将“限制表决权”从违反收购规则的行政责任条款中删除,这使得“限制表决权”的行政处罚无法规制违反收购规则中除信息披露以外的其他义务,比如收购要约,这将影响收购规则的规制效果。

2. 必要性原则

必要性原则,是指行政处罚不能超越实现行政目的的必要程度,有多种处罚手段可以达到行政目的时应该尽可能采取对行为人损害最小的处罚。在处罚种类方面,相较于“责令处分股份”或“强制出售股份”剥夺行为人股权,“限制表决权”仅剥夺了行为人部分权能便能实现威吓作用,更为可取。在处罚范围方面,原《证券法》与《上市公司收购管理办法》规定,对行为人持有的目标公司全部股份限制表决权,过度侵害了行为人以合法方式取得的股权,而 2019 年《证券法》规定,仅对违法增持股份限制表决权,显然更为合理。但在处罚时间方面,“买入后三十六个月”的处罚较为严苛,可能会过度限制收购市场的发展。

3. 均衡原则

均衡原则,是指只有当行政处罚的目的价值重于该处罚对行为人合法权益的侵害时,才能设立实施该行政处罚。根据上文论述,“限制表决权”的规制效果主要在于威吓违反披露慢走规则的收购人,通过督促其披露信息,保障证券市场信息公开以及限制敌意收购。信息公开与市场透明可以通过其他行政处罚规制得以实现,因此需要分析,限制敌意收购这一目的价值是否重于收购人行使表决权所带来的积极效益?收购人行使表决权的积极效益可以归结为收购人取得目标公司控制权,即敌意收购带来的积极效益。对于当前我国证券市场,只有规制敌意收购的效益重于敌意收购的积极效益,“限制表决权”的行政处罚才符合均衡原则。

有学者认为,当前我国证券市场对敌意收购的监管过于严苛,敌意收购本身并无原罪,立法者不应一味收紧大额持股披露监管规则,偏惠于目标公司控制层,阻碍收购市场的发展。[31] 笔者认为,敌意收购是把“双刃剑”,合理规制敌意

〔30〕 陈浩:《违规大规模增减持股票行为的定性及惩处机制的完善》,载《法学》2016 年第 9 期,第 105 页。

〔31〕 参见解正山:《大额持股披露义务规制》,载《现代法学》2018 年第 3 期,第 28 页。

收购才能有效发挥其积极效益。限制敌意收购不等同于打击敌意收购,而是规制敌意收购可能产生的公司治理僵局。当前上市公司收购引发的控制权纠纷日趋增多,[32]为减少上市公司控制权纠纷,即公司治理僵局对中小投资者的不利影响,[33]达到定分止争的目的,有必要对敌意收购进行限制。2019年修订的《证券法》对敌意收购的限制并未偏惠于目标公司控制层,因为我国现行的收购规则对上市公司控制层的反收购条款同样进行了严格限制。2014年《上市公司收购管理办法》规定,关于反收购决定权归属于目标公司股东大会,公司董事会在没有获得股东大会批准之前,不能决定或采取任何防御行动。[34] 目标公司控制层有义务公平对待收购本公司的所有收购人,[35]不得滥用职权对收购设置不适当的障碍,也即在我国收购监管制度模式下,非经股东批准董事会无权采取防御措施。对于当前我国证券市场,敌意收购有必要进行规制,2019年修订的《证券法》"限制表决权"这一处罚类型符合均衡原则,但"三十六个月"的处罚时间的规定过于严苛,可能会打破收购人与目标公司控制层双方的平衡,偏惠于反收购一方,不利于收购市场良性发展。

(二)对"限制期内转让"的行政处罚

2019年修订的《证券法》第186条规定,违反本法第36条的规定,在限制转让期内转让证券……责令改正,给予警告,没收违法所得,并处以买卖证券等值以下的罚款。2019年修订的《证券法》不仅将原《证券法》第204条的适用对象明确为"违反第36条的限制转让行为",排除了禁止交易期内的增持行为,同时

---

〔32〕 参见孙秀振:《完善上市公司控制权之争的纠纷解决机制——基于实践的检视与建议》,载《证券法苑》2017年第21卷第3期。

〔33〕 公司治理僵局对中小投资者合法权益的侵害可见成都路桥案。上市公司在限制收购人的表决权后,多次召开股东会,作出向子公司转移人员、资产、资质和对外提供巨额担保等决议。这实质上是大股东和管理层利用其控制权以"公司自治"之名,行"焦土政策"之实,通过贬损公司价值、增加公司风险进行反收购。参见《成都市路桥工程股份有限公司2016年第二次临时股东大会决议公告》,公告日期:2016年12月27日;《成都市路桥工程股份有限公司2017年第一次临时股东大会决议公告》,公告日期:2017年2月3日。数据来源:巨潮咨询网:http://www.cninfo.com.cn/information/companyinfo_n.html?fulltext?szsme002628,最后访问日期:2018年6月20日。

〔34〕 2014年《上市公司收购管理办法》第33条规定,在收购人作出提示性公告后至要约收购完成前,被收购公司董事会的重大反收购措施须经股东大会批准。

〔35〕 2014年《上市公司收购管理办法》第8条规定,被收购公司的董事、监事、高级管理人员对公司负有忠实义务和勤勉义务,应当公平对待收购本公司的所有收购人。被收购公司董事会针对收购所作出的决策及采取的措施,应当有利于维护公司及其股东的利益,不得滥用职权对收购设置不适当的障碍。

添加了"没收违法所得"的处罚类型,体现当下证券监管强化行政处罚的趋势。但根据上文论述,"处以买卖证券等值以下罚款"的规定存在罚款幅度过宽,处罚力度超过内幕交易与操纵市场,违反比例原则的问题,值得立法者进一步商榷。

(三)对未遵守信息披露规则的行政处罚

根据上文论述,原《证券法》第193条设置的罚款上限较低,实践中违法成本往往低于披露所带来的股价上涨成本,这使得罚款对违法行为人的威吓作用不足。而2019年修订的《证券法》对违反披露慢走规则的罚款幅度进行上调,从"三十万元以上六十万元以下"改为"五十万元以上五百万元以下",〔36〕提升对违法行为人的威吓力,具有合理性。〔37〕因此,笔者建议《证券法》未来立法应当根据比例原则,适当提高对违反信息披露行为的罚款额度,此外增设"没收违法所得"的行政处罚,以适应实践的规制需要。

三、对大额持股信息披露制度行政处罚的立法建议

尽管新修订的《证券法》对大额持股信息披露的违法行为增设了行政处罚,澄清了条文的适用范围,提升了罚款上限,但仍然存在局限性:"由于存在罚款上限,目标公司股本总额越高、投资者违规买卖的股份越多、以及每股股价越高,分摊到每一股的违法成本就越低,威慑力也就越有限。"〔38〕因此,笔者建议在原先规定的基础上增设"没收违法所得"与"强制股份转让"的行政处罚,以适应实践的规制需要。

1. 没收违法所得

没收违法所得这一行政处罚在消除违法的经济诱因的方面比罚款有更大的作用,完全可以适用于违反大额持股披露制度的行为,尤其是适用于违法增持。

比较法上,没收违法所得在美国适用较为普遍。例如,在SEC v. First City

---

〔36〕 2019年修订的《证券法》第197条规定,信息披露义务人未按照本法规定报送有关报告或者履行信息披露义务的,责令改正,给予警告,并处以50万元以上500万元以下的罚款。

〔37〕 参见曹中铭:《证券法迎三审,最需要强化的是什么?》,载《中国外资》2019年第11期,第10页。

〔38〕 伍坚:《论我国大额持股披露制度的完善》,载《法学》2018年第5期,第49页。

Financial Corp. 案中,被告于 1986 年 3 月 4 日越过 5% 的持股披露线,一直到 3 月26 日才提交披露报告。地区法院发布被告违反《证券交易法》第 13(d)条款的永久禁令,并判决其交出非法所得 270 万美元。这一数额的计算是假定如果被告在窗口期结束的 3 月 14 日作了披露,那么 14 日至 25 日购买的股份将要支付更高的价格。被告上诉声称,国会未明确授权违反第 13(d)条款时的金钱救济。上诉法院认为,没收违法所得作为衡平法的救济,目的在于剥夺违法者的不当得利,并遏制违法行为,最终驳回了被告的上诉。本案之后,美国法院在多起案件中采取这种方式。[39] 笔者认为,我国大额持股信息披露制度可以增设"没收违法所得"的行政处罚。

2. 强制股份出售

由于表决权限制有一定的期限,敌意收购者可能会选择违反披露义务囤积股份,并在忍受一段"有名无权"的时期后成功取得控制权。"强制股份出售"的行政处罚对防止这种情况具有不可替代的价值。

比较法上对违反大额持股信息披露制度的行为有规定"强制股份出售"的行政处罚。在美国,"强制股份出售"是衡平法的救济方式,法院也并不总是支持这一诉请。在著名的 Rondeau v. Mosinee Paper Corp. 一案中,Rondeau 违反了持股披露义务,Mosinee 起诉要求法院判决 Rondeau 不得行使表决权、处置相关股份并赔偿损失。美国联邦最高法院认为,该案不满足授予衡平法的救济标准,且被告违法并非恶意,最终未支持原告的诉请。[40] 在韩国,《资本市场法》第 150 条明确授权金融委员会可以责令违法者在 6 个月内出售股份。笔者认为,我国大额持股信息披露制度可以增设"强制股份出售"的行政处罚。

(编辑:王灿驹)

---

〔39〕 See SEC v. First City Financial Corp. ,890 F. 2d 1215(D. C. Cir. 1989).

〔40〕 See Rondeau v. Mosinee Paper Corp. ,422 U. S. 49(1975).

《清华金融法律评论》
第3卷第2辑
第50~60页

泄露内幕信息行政处罚问题探讨

——兼谈证券行政处罚中的证明方式

黄江东*

目　次

一、问题的提出
二、观点之争论
三、证券行政处罚中的证明方式
四、本文之观点
五、几个处罚案例分析
六、其他相关问题探讨

摘　要：当前证券行政监管执法实践中对于泄露内幕信息是否可以“推定”存在争议，主流观点认为不能“推定”。该问题的实质是如何利用间接证据定案。无论从法理上、逻辑上还是监管实践需要来看，都应当可以使用满足一定条件的间接证据认定泄露内幕信息，并予处罚。部分行政处罚案例也采纳了这一观点。

关键词：泄露；内幕信息；行政处罚；推定

* 黄江东，法学博士，国浩律师（上海）事务所资深顾问，上海仲裁委员会仲裁员，华东政法大学兼职教授，原中国证监会上海专员办处长。

一、问题的提出

赵某为A上市公司总经理,参与筹划了该公司重大资产重组事项。在内幕信息敏感期内赵某的同学钱某买入了大量A公司股票,买入金额较以前交易明显放大,内幕信息公告且该公司股票复牌后,钱某将所买入的A公司股票卖出,获利逾百万元。经查,赵某与钱某在内幕信息敏感期间存在频繁通话,钱某股票交易时间与和赵某通话的时间高度吻合,钱某交易行为不符合其一贯交易特征,属明显异常,但没有直接证据证明钱某知悉A公司重大资产重组的内幕信息,也没有直接证据证明赵某曾将该内幕信息泄露给钱某,且当事人对此均予否认。赵某与钱某均不能就其频繁通话和交易行为的高度异常提供合理说明。

问:钱某是否构成内幕交易?赵某是否构成泄露内幕交易?

二、观点之争论

第一种观点认为,本案钱某构成内幕交易,赵某不构成泄露内幕交易。本案赵某为内幕信息知情人,钱某与赵某联络接触且其交易行为与该内幕信息基本吻合,根据最高人民法院《关于审理证券行政处罚案件证据若干问题的座谈会纪要》(以下简称《座谈会纪要》)“五、关于内幕交易行为的认定问题”[1]中第5项的规定,在当事人不能作出合理说明,不能提供证据排除其利用内幕信息从事证券交易的情况下,应当认定钱某构成内幕交易。但是,对于泄露内幕信息则不能按此逻辑推定。理由:

一是推定加重了行为人举证义务,必须在有法律法规、司法解释或类司法解释文件有明确规定时方可进行。本案钱某作为内幕信息知情人之同学,有频繁

---

〔1〕 最高人民法院《关于审理证券行政处罚案件证据若干问题的座谈会纪要》规定:“监管机构提供的证据能够证明以下情形之一,且被处罚人不能作出合理说明或者提供证据排除其存在利用内幕信息从事相关证券交易活动的,人民法院可以确认被诉处罚决定认定的内幕交易行为成立:(一)证券法第七十四条规定的证券交易内幕信息知情人,进行了与该内幕信息有关的证券交易活动;(二)证券法第七十四条规定的内幕信息知情人的配偶、父母、子女以及其他有密切关系的人,其证券交易活动与该内幕信息基本吻合;(三)因履行工作职责知悉上述内幕信息并进行了与该信息有关的证券交易活动;(四)非法获取内幕信息,并进行了与该内幕信息有关的证券交易活动;(五)内幕信息公开前与内幕信息知情人或知晓该内幕信息的人联络、接触,其证券交易活动与内幕信息高度吻合。”

通话联系,且交易行为明显异常,按《座谈会纪要》规定可推定其内幕交易成立,但对于内幕信息知情人之泄露行为则并未规定可以推定。

二是从逻辑上来看,钱某所知的内幕信息固然很有可能来自赵某,但也有可能来自其他知情人,因此从后端的内幕交易倒推前端的泄露内幕信息存在较大的或然性,后端的内幕交易本身就是推定的,再倒推前端的泄露内幕交易,存在二次推定问题,应当慎重。

第二种观点认为,本案钱某构成内幕交易,赵某构成泄露内幕交易。理由如下:

一是从立法本意来看,《座谈会纪要》之所以规定内幕信息知情人的配偶、父母、子女以及其他有密切关系的人或者有联络接触的人,在其证券交易活动与该内幕信息基本吻合或高度吻合,且行为人不能做出合理说明或者提供证据排除其利用内幕信息的情况下,推定其构成内幕交易,其法理基础正在于行为人与内幕信息知情人的密切关系或联络接触,因此与其说是基于推定了内幕交易再倒推知情人的泄露行为,还不如说是基于行为人与知情人的密切关系和联络接触顺推了行为人的内幕交易。

二是从内在逻辑来看,如果不推定知情人泄露内幕信息,那行为人的内幕信息从何而来(实践中往往没有其他证据证明其内幕信息来源)?如果不能合理说明行为人内幕信息的来源,那其内幕交易就成了空中楼阁,在逻辑上是不连贯、不完整的。

三是从打击内幕交易违法行为的需要来看,泄露内幕信息的人虽然没有直接从事内幕交易,但他是内幕信息的散布者、传播者,且往往以此作为利益交换的手段,从危害程度上看,不亚于直接从事内幕交易。此外,如果放松对泄露内幕信息行为的打击,则知情人完全可以此作为规避手段,逃避法律责任。

第三种观点较为折中,认为既不能一概认为在推定内幕交易的情况下可以推定前端泄露内幕信息,也不能一概认为不能推定,推定应严格限定在配偶、父母、子女范围内,对于其他关系密切的人或与知情人联络、接触的人,则不论存在何种情形,均不应推定知情人泄露行为。其理由是,虽然法律本意上暗含了知情人泄露这个前提,但毕竟没有明示,因此应当较为谨慎。只有知情人与行为人是配偶、父母、子女这种特定的直系亲属关系时,从盖然性上看知情人泄露的可能更大,故可以推定;当事人之间属于直系亲属关系以外的其他关系的,均不应推定知情人泄露内幕信息,以免误判误罚。

三、证券行政处罚中的证明方式

上述观点争论的核心是在没有法律法规明文规定时证券行政处罚是否可以使用间接证据以“推定”方式定案,其实质是证券行政处罚中的证明方式问题。

按照基本法理,证据分为直接证据和间接证据。〔2〕直接证据是能够直接证明案件事实的证据,如发现内幕信息知情人发给涉嫌交易人的邮件或短信等记录中告知了内幕信息,则仅凭此一项证据即可认定内幕信息知情人泄露内幕信息和接收信息的人内幕交易。间接证据是虽然不能直接证明案件事实,但又与待证事实有一定关联、具有一定证明力的证据。根据法理,单一间接证据均不足以单独定案,但间接证据形成了完整的证据链条,能够排除合理怀疑的,可以定案。

即使在对证据要求最为严格的刑事诉讼中,也允许在一定条件下使用间接证据定案。最高人民法院《关于适用〈中华人民共和国刑事诉讼法〉的解释》第105条规定:“没有直接证据,但间接证据同时符合下列条件的,可以认定被告人有罪:(一)证据已经查证属实;(二)证据之间相互印证,不存在无法排除的矛盾和无法解释的疑问;(三)全案证据已经形成完整的证明体系;(四)根据证据认定案件事实足以排除合理怀疑,结论具有唯一性;(五)运用证据进行的推理符合逻辑和经验。”可见,该司法解释明确了在刑事诉讼中只要全案间接证据之间不存在矛盾和疑问、形成了完整的证明体系,且能够排除合理怀疑,相应的推理符合逻辑和经验,即可以定案。

从刑事司法实践来看,也不乏使用间接证据认定泄露内幕信息的案例。广东省高级人民法院《徐德庭内幕交易、泄露内幕信息罪二审刑事裁定书》[(2015)粤高法刑二终字第134号]中有如下论述:“根据徐德庭在侦查阶段的供述,其与喻某关系密切,其供认与喻某在一起时不可避免的会谈到涉及网络整合、台网分离及天威视讯需要重组等事情。从徐德庭与喻某手机通话的情况看,

---

〔2〕 有的论者使用了“环境证据”的概念,本文认为从理论上看,“间接证据”和“环境证据”较为相近,均为不能直接证明案件事实,但又有一定证明力的证据,但从法律法规规范表述上看,使用的是“间接证据”的概念,而没有使用“环境证据”(见最高人民法院《关于适用〈中华人民共和国刑事诉讼法〉的解释》第105条),故本文亦使用“间接证据”的表述。

徐德庭手机186××××0089与喻某手机138××××9956于2012年2月24日通话一次,2月26日通话三次,2月27日通话两次;徐德庭手机139××××1024与喻某手机138××××9956于2012年6月11日通话一次。从喻某买卖天威视讯股票的时间看,喻某使用其妻子程某乙的证券账户于2012年2月27日买入天威视讯股票55000股,成交金额人民币984500元;于2012年2月28日买入天威视讯股票117088股,成交金额人民币2008907元;喻某于2012年2月28日开立证券账户,买入天威视讯股票306949股,成交金额人民币5271907.09元。可见,徐德庭有关向喻某谈及网络整合、台网分离等事情的供述与两人之间手机通话记录以及喻某购买天威视讯股票的时间能相吻合,足以认定在内幕信息敏感期内,徐德庭将深圳有线广播电视网络改革重组的内幕信息泄露给喻某。"[3]由上可见,该案中没有直接证据证明徐德庭向喻某泄露内幕信息,但嫌疑人有关于谈及内幕信息相关事项的供述,两者手机通话记录与喻某购买天威视讯股票的时间高度吻合,且嫌疑人对此不能作出符合逻辑和常理的解释说明,法院据此认定徐德庭构成泄露内幕信息罪。

笔者认为,在当前证券监管行政处罚中广泛存在的所谓"推定内幕交易",其实质是使用间接证据认定内幕交易。由于证券内幕交易隐蔽性强的特点,很难取得相关直接证据,但嫌疑人的行为难免会留下间接的蛛丝马迹,在符合一定条件下可以据此认定内幕交易。典型的是《座谈会纪要》"五、关于内幕交易行为的认定问题"的第2项和第5项:"证券法第七十四条规定的内幕信息知情人的配偶、父母、子女以及其他有密切关系的人,其证券交易活动与该内幕信息基本吻合""内幕信息公开前与内幕信息知情人或知晓该内幕信息的人联络、接触,其证券交易活动与内幕信息高度吻合"。在上述两种情况下,如果行为人"不能作出合理说明或者提供证据排除其存在利用内幕信息从事相关证券交易活动的",即认定内幕交易成立。由上可见,当前证券行政处罚中广泛使用的所谓"推定内幕交易",其本质与刑事司法中运用间接证据定案并无二致,所谓"推定"只是一种通俗的口头表达,并不准确。既然"运用间接证据定案"这种证明

---

[3] 徐德庭内幕交易、泄露内幕信息罪二审刑事裁定书,(2015)粤高法刑二终字第134号,载中国裁判文书网。

方式合法、合理，那么不仅可以用间接证据认定内幕交易，当然也可以用来认定泄露内幕信息，以及其他一切证券违法犯罪行为。

值得强调的是，上述《座谈会纪要》仅是最高人民法院和中国证券监督管理委员会（以下简称证监会）讨论形成的一些共识，供实践中准确理解适用法律参考之用，并不具有法源效力。从证监会行政处罚决定书来看，都是援引2014年《证券法》第202条处罚，从来没有援引过《座谈会纪要》作为依据。因此，前述有观点认为，之所以能够“推定内幕交易”是因为有《座谈会纪要》作为依据，之所以不能“推定泄露内幕信息”是因为没有《座谈会纪要》或别的法律依据，这是站不住脚的。能够运用间接证据认定内幕交易，不是因为有《座谈会纪要》，而是依法理本应如此，只不过《座谈会纪要》对此作了进一步明确解释，以便在适用《证券法》时达成共识。

四、本文之观点

回到开头的案例，本文赞同以上第二种观点，理由如下：

1. 行政执法要在充分理解法律本意的情况下积极执法。社会生活变化万千，而法律法规终归有限，因此要求执法者（也包括司法者）不能完全拘泥于法律字面，而要根据现实需要，遵循立法本意，积极灵活地在自由裁量权范围内对法律法规字面含义进行解释，以达到最佳的执法（司法）效果。本案中，反对推定泄露内幕信息的最主要理由就是法无明文规定不得推定，上文已对此观点予以辩驳，在此再就法律解释的角度予以阐述。上述理解过于机械，不符合规定的立法本意和内在逻辑。《座谈会纪要》关于推定内幕交易的主要是两种情形：（1）2014年《证券法》第74条规定的内幕信息知情人的配偶、父母、子女以及其他有密切关系的人，其证券交易活动与该内幕信息基本吻合；（2）内幕信息公开前与内幕信息知情人或知晓该内幕信息的人联络、接触，其证券交易活动与内幕信息高度吻合。之所以规定此两种情形下可以推定内幕交易，其内在法理依据在于，行为人与知情人的密切关系以及行为人与知情人、知晓内幕信息的人联络接触（具体要求有所不同）。在这种密切关系或联络接触的基础上，即使没有直接证据证明行为人知悉了内幕信息，只要符合一定条件也可认定其构成内幕交易（允许其提供反证进行解释说明）。其暗含的前提是，这种密切关系和联络接触就是行为人内幕信息的来源。因此,可以认为,法律在规定上述情况下可认定内幕交易之时,已经暗含了"相关知情人泄露内幕信息"这个前提;否则,认定内幕交易在逻辑上将无法成立。认定泄露行为与认定内幕交易就像一枚硬币的正反面,是相伴而生的,无法在肯定一面的同时否定另一面。综上,虽然《座谈会纪要》条文上没有运用间接证据认定泄露内幕信息的规定,但从立法本意出发积极执法,在认定内幕交易的同时,应当认定相关知情人或知晓内幕信息的人构成泄露内幕信息。

2. 从证明标准来看,行政处罚不同于刑事处罚,达到明显优势证据即可。上文第一种观点认为,在推定内幕交易的情况下,行为人的内幕信息在逻辑上并不一定来自该知情人,理论上有可能来自他处,若推定该知情人泄露内幕信息,存在误伤的可能。该观点有一定道理,但要看到,行政处罚的证明标准并非要求排除一切疑点、构成必然的逻辑关系,只需要依据通常的逻辑和经验达到明显优势证明标准即可,这与刑法上排除一切合理怀疑的证明标准存在重大不同。因此,在内幕交易行政处罚案件中,若能够"推定"构成内幕交易,则从逻辑上即应认为相应知情人已构成泄露内幕信息。况且,从刑事司法实践来看,都已有运用间接证据认定构成泄露内幕信息罪的案例,行政执法理应更为积极。如果行政处罚反而比刑事司法更保守,那显然是不符合基本法理的。

3. 从执法效果来看,若不从严打击泄露内幕信息的行为不利于有效维护资本市场秩序。泄露内幕信息的人多半是法定内幕信息知情人,往往是公司或5%以上股东的董监高人员、中介机构服务人员等,这些人是资本市场的核心从业人员,可以说"非富即贵",如果不对其泄露内幕信息的行为予以有效打击,则不足以形成充分监管执法威慑,可能使其泄露内幕信息成为一种习惯行为,给此类主体长期在市场上为非作歹留下了空间,对资本市场正常秩序危害很大。在稽查执法实践中,已经发现有的上市公司董事长在重大利好披露前,有意将内幕信息告知相关利益主体,某种程度上已将"泄露内幕信息"当作了利益输送、"送人情"的手段。此外,如果只打击内幕交易行为,而不打击泄露内幕信息行为,还容易使监管机构受到选择性执法的诟病。

4. 第三种观点偏于狭隘。上文第三种观点认为应将运用间接证据认定泄露内幕信息的范围限于配偶、父母、子女等直系亲属关系,本文认为该观点其合理之处是有利于避免误伤，但其逻辑并不严密。前文已述，《座谈会纪要》在规定两种认定内幕交易情形的同时，已经暗含了相关知情人有泄露内幕信息行为，因此，从逻辑上推导，只要能够运用间接证据认定相关行为人内幕交易成立，就能够同时认定相关知情人泄露内幕信息，而无论当事人之间是直系亲属关系、其他密切关系还是联系接触关系；反过来看，如果认为不足以运用间接证据认定知情人构成泄露内幕信息，则也不应认定相关行为人构成内幕交易。因此，本文认为，第三种观点与其主张对运用间接证据认定泄露内幕交易从严，还不如主张在运用间接证据认定内幕交易时要证据充分、逻辑严谨。

综上，本文赞同上述第二种观点，本案钱某构成内幕交易，赵某构成泄露内幕交易。

五、几个处罚案例分析

虽然从近几年证监会行政处罚实践来看，主张不“推定”泄露内幕信息的观点占据主导，但最近的处罚案例亦不乏采用第二种观点，即运用间接证据认定泄露内幕信息。

在《中国证监会行政处罚决定书（曹玉彬、曹玉军、栾玲）》（〔2016〕117号）〔4〕称：“曹玉彬时任南山铝业控股股东南山集团监事，是内幕信息法定知情人，因职务便利于9月18日获知上述内幕信息，并签署了内幕信息知情人备案登记表。曹玉彬、曹玉军、栾玲在2015年9月18日至11月12日期间多次电话联系，曹玉军、栾玲在此期间内大量买入‘南山铝业’，交易行为明显异常。综上所述，曹玉彬向曹玉军、栾玲泄露了内幕信息。”由上可见，该案认定曹玉彬泄露内幕信息并没有直接证据，间接证据是：（1）曹玉彬是内幕信息知情人；（2）在内幕信息敏感期内曹玉彬与曹玉军、栾玲多次通话联系；（3）曹玉军、栾玲在此期间内大量买入“南山铝业”，交易行为明显异常。〔5〕以上间接证据已形成一个完整证明链条，当事人不能作出合理的解释说明，根据一般经验和逻辑，应当认定

---

〔4〕 参见中国证监会行政处罚决定书（曹玉彬、曹玉军、栾玲），〔2016〕117号。

〔5〕 笔者认为，这里还应当说明：当事人不能对上述异常交易行为作出合理解释说明。当然，在稽查执法实践应当已经考虑这一点，只是在处罚决定书中列示不够明确。

曹玉彬向曹玉军、栾玲泄露了内幕信息。

此前,在米兴平(北京某知名律所律师)泄露内幕信息案中,证监会也是通过间接证据认定构成泄露内幕信息。在《中国证监会行政处罚决定书(米兴平、冯喜利)》[6]([2013]79号)中称,基于下列事实,可以认定米兴平向冯喜利泄露蓝色光标重大资产购买事项的内幕信息:(1)当事人之间存在资金往来;(2)涉案账户交易行为明显异常;(3)当事人之间的关系较为亲密;(4)敏感期内米兴平和冯喜利联系较多且异于平常;(5)米兴平和冯喜利的联系与冯喜利控制账户的交易在时间上高度一致;(6)当事人言辞与事实不符,刻意隐瞒事实。米兴平为内幕信息知情人,与冯喜利系亲属关系。冯喜利所控制的账户在涉案期内交易"蓝色光标"明显异常,且与内幕信息高度吻合。冯喜利所控制的账户部分资金来自米兴平。敏感期内米兴平和冯喜利联系较多且异于平常。综合上述因素,足以认定米兴平向冯喜利泄露内幕信息。

在《中国证监会行政处罚决定书(江逢灿、罗建荣、詹嘉绮)》([2013]58号)[7]中亦通过间接证据认定构成泄露内幕信息。"综合考量罗建荣与江逢灿之间的固有关系、惯常联系,买入时点与罗建荣、江逢灿通话时点大体吻合,3个账户在买入'春晖股份'期间均亏损卖出其他股票、詹嘉绮提前支取定期存单并全部购买'春晖股份',现有证据不支持当事人关于交易理由的解释等情况,认定江逢灿涉嫌泄露内幕信息,罗建荣、詹嘉绮从江逢灿处获知内幕信息后实施了内幕交易。"

可见,在证券监管执法实践中,并非一概不"推定"泄露内幕信息,还是要根据在案证据来予以综合考量。

六、其他相关问题探讨

(一)关于共同内幕交易问题

泄露内幕信息行为有时与共同内幕交易行为较难区分,尤其在近亲属关系情况下更是如此。根据共同犯罪的一般法理,构成共同犯罪需要共同犯意和共同行为。共同犯意指二个及以上的行为人之间存在共同的犯罪意思联络,共同

---

[6] 参见中国证监会行政处罚决定书(米兴平、冯喜利),[2013]97号。

[7] 参见中国证监会行政处罚决定书(江逢灿、罗建荣、詹嘉绮),[2013]58号。

行为指行为人共同实施了犯罪行为，当然这并不要求行为人共同实施了所有犯罪行为，因为行为人可能存在分工。按照这一法理，在共同内幕交易中，要求行为人要有共同进行内幕交易的主观故意，同时要有共同进行内幕交易的行为，如开立账户、筹集资金、操作买卖及后续收益分成等。本文认为，如果内幕信息知情人仅仅提供了内幕信息，没有参与其他环节，则不应认为其构成共同内幕交易；如果内幕信息知情人不仅提供内幕信息，还参与了内幕交易过程，共同实施了内幕交易行为，则应认定为共同内幕交易。本文案例中，如果有证据证明赵某存在积极筹集资金、参与具体买卖操作的行为，则认定为共同内幕交易为妥。

(二)关于“二次推定”的问题

所谓“二次推定”是从“首次推定”的基础上延伸而来的。“首次推定”，是指与内幕信息知情人存在配偶、父母、子女以及其他密切关系的人或者与其联络、接触的人，其证券交易活动符合法律规定的特征时，虽无直接证据证明其知悉了内幕信息，若行为人不能进行合理说明和反证，可以“推定”其内幕交易成立(实质上是运用间接证据认定)。所谓“二次推定”问题是指，第三人与上述“首次推定”构成内幕交易的人在内幕信息公开前联络、接触，其证券交易活动与内幕信息高度吻合时，是否可以再“推定”该第三人也构成内幕交易。如图 1 所示：

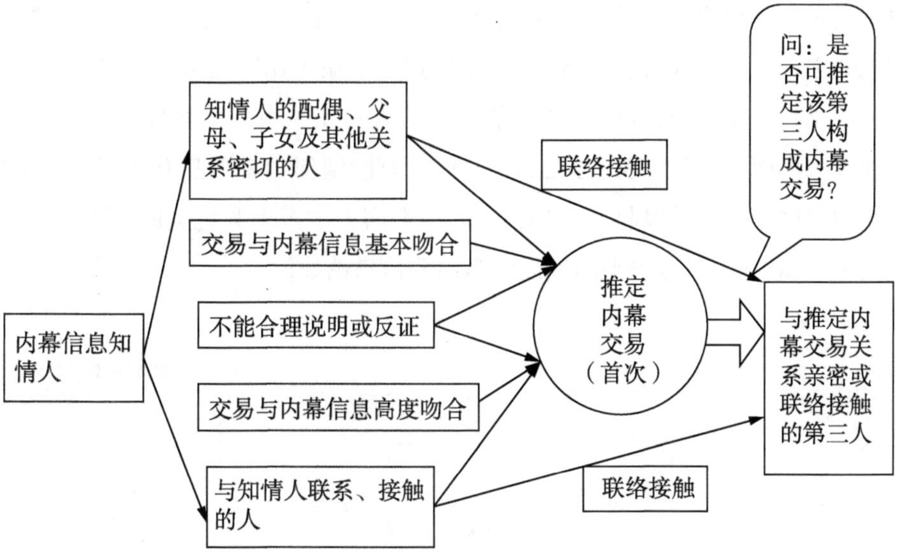

图 1　信息传递的推定链条

对于“二次推定”，实务中多持谨慎态度。本文认为，从法理上分析，所谓“二次推定”其本质还是运用间接证据定案，只不过这里需要证明的链条更长，需要的间接证据也应更扎实。从法律依据上看，“二次推定”法律依据同样是《证券法》关于内幕交易的相关条款。从实务操作上看，“二次推定”确需谨慎，应在证据较充分时方可适用。《座谈会纪要》“五、关于内幕交易行为的认定问题”中第5项规定，“内幕信息公开前与内幕信息知情人或知晓该内幕信息的人联络、接触，其证券交易活动与内幕信息高度吻合”的，可以认定内幕交易。请注意，这里并未将联络接触的对象限于内幕信息知情人，而是包括“知晓该内幕信息的人”，很显然，通过“首次推定”构成内幕交易的人应属于“知晓该内幕信息的人”，因此，第三人再与被“首次推定”构成内幕交易的人关系亲密或联络接触，且其交易活动与内幕信息高度吻合，又不能作出合理说明的，应当适用该项，“推定”其构成内幕交易，即成立“二次推定”。值得再次强调的是，运用间接证据定案毕竟存在一定的或然性，存在误判误罚的可能，在“二次推定”的情况下，这种可能就进一步增大了，因此，实务当中对“二次推定”应当高度谨慎，除非确有较充分的证据构成了扎实、紧密的间接链条，否则一般不应轻易适用。

（三）关于泄露内幕信息的主观意思

泄露内幕信息人主观上一般为故意，但也存在过失泄露内幕信息的情况。如配偶之一方为内幕信息知情人，在家里打电话谈工作时相关信息被配偶听到或相关秘密文件被看到；再如内幕信息知情人对相关内幕信息保管不善（如随意放置于桌面等），被无关之第三人获知。因此，泄露内幕信息并不以主观上的故意为要件。基于谨慎起见，本文认为，当泄露人主观上为过失时，应限于重大过失为宜，对于一般过失则不宜以泄露内幕信息论处。

（编辑：韩维）

《清华金融法律评论》
第3卷第2辑
第61～72页

浅议“传递型”内幕交易中的推定和证明

朱进姝*

目　　次

一、“传递型”内幕交易的推定规则和证明标准的立法概况
二、行政处罚和行政诉讼中的推定规则和证明标准
三、行政处罚实践中推定规则的运用的问题
四、结语

摘　要：近年来，随着证券市场打击内幕交易力度的不断加大，内幕信息知情人直接从事内幕交易的案件逐渐减少，“传递型”内幕交易日益成为主要类型。据初步统计，2014年以来，中国证券监督管理委员会（以下简称证监会）作出有关内幕交易的行政处罚中，“传递型”内幕交易占比近70%，而在“传递型”内幕交易中，更是有大量案件通过环境证据推定当事人知悉内幕信息。由于缺乏直接证据且内幕交易行政处罚对当事人影响巨大，在推定规则的适用标准和据以推定的基础事实的证明标准上，往往存在巨大争议。本文试图对此问题作初步分析。

关键词：“传递型”内幕交易；推定规则；证明标准

---

* 朱进姝，北京安坤律师事务所律师。

一、“传递型”内幕交易的推定规则和证明标准的立法概况

在法律层面上,《证券法》仅规定禁止内幕信息知情人和非法获取内幕信息的人在内幕信息敏感期内买卖股票,但并未明确对“非法获取内幕信息的人”进行界定,也未明示或暗示内幕交易的推定规则和证明标准。

(一)《证券市场内幕交易行为认定指引(试行)》

2007年,证监会出台了《证券市场内幕交易行为认定指引(试行)》(证监稽查字〔2007〕1号,以下简称《内幕交易认定指引》),通过创设“内幕人”的概念,突破了《证券法》设定的内幕交易构成要件和举证分担,使得任何可能持有广义内幕信息的人在敏感期内交易股票,除非能够“自证清白”,否则均可能被认定为内幕交易。但同时,《内幕交易认定指引》明确了“内幕交易行为的认定,应当适用明显优势证明标准”。

虽然《内幕交易认定指引》仅是一个“证券行政执法的指导性文件”,且证监会主张该指引为内部制定的指引性、参考性文件、不具有法律效力,执法中已不再参考相关内容,但人民法院仍指出,在该指引仍属于能通过互联网等公开渠道查询到,且没有证据表明其已被明确废止的情况下,在一定程度上仍然应当作为评价行政处罚行为的重要标准,[1]在实践中,也仍然不可避免地作为执法机关的执法依据和行为指引。

(二)《关于审理证券行政处罚案件证据若干问题的座谈会纪要》

2011年7月,最高人民法院下发了《关于审理证券行政处罚案件证据若干问题的座谈会纪要》(法〔2011〕225号,以下简称《座谈会纪要》),明确引入了“推定”的方式,对内幕交易行政处罚的举证责任分配和特殊证明标准进行了相当程度的探索。

虽然《座谈会纪要》只是法院实际工作中的指导性意见文件,不是我国严格立法意义上的法律法规或司法解释,但自该纪要印发以来,《座谈会纪要》成为证券违法违规案件行政处罚和行政诉讼的重要参照,特别是其中关于内幕交易的部分,事实上已成为执法机关办理内幕交易案件的重要依据。例如,在王某内

---

〔1〕 参见北京市高级人民法院行政判决书,〔2018〕京行终445号,详见北京法院审判信息网。

幕交易“合肥三洋”案中，证监会在行政复议决定书中直接引用《座谈会纪要》第5条第5项的规定，认定其利用内幕信息进行交易。[2]

(三)《关于办理内幕交易、泄露内幕信息刑事案件具体应用法律若干问题的解释》

2012年6月，最高人民法院和最高人民检察院出台了《关于办理内幕交易、泄露内幕信息刑事案件具体应用法律若干问题的解释》(法释〔2012〕6号，以下简称《内幕交易司法解释》)，将“推定”规则的适用纳入“非法获取内幕信息的人员”认定范畴，同时明确了“相关交易行为明显异常”的判断标准。

《内幕交易司法解释》无疑是刑事司法领域对于如何认定“内幕交易罪”的进一步细化和规制，在认定逻辑上和《座谈会纪要》所构建的行政处罚的认定逻辑并不完全一致，也不应直接作为行政处罚、行政诉讼的直接依据。但是在实践中，亦不乏将《内幕交易司法解释》作为认定依据的案例。例如，在徐某坤内幕交易“中牧股份”案中，证监会称：依据《内幕交易司法解释》第5条第3款“影响内幕信息形成的动议、筹划、决策或者执行人员，其动议、筹划、决策或者执行初始时间，应当认定为内幕信息的形成之时”的规定，杨某系广西扬翔实际控制人，胡某毅系中牧股份董事长，二人均属于影响内幕信息形成的动议、筹划、决策人员，其二人的动议、筹划初始时间即可认定为内幕信息形成之时。[3] 此外，在《座谈会纪要》未解释何为“基本吻合”何为“高度吻合”时，有执法人员指出，可以结合《内幕交易司法解释》列举的六个方面理解《座谈会纪要》中的“高度吻合”。[4]

二、行政处罚和行政诉讼中的推定规则和证明标准

(一)推定构成内幕交易的规则和要件

《座谈会纪要》第1条规定，人民法院在审理证券内幕交易行政处罚案件时，应当考虑到该类案件违法行为的特殊性，由监管机构承担主要违法事实证明

---

〔2〕 参见中国证监会行政复议决定书(王敏)，〔2016〕48号，详见证监会网站。

〔3〕 参见中国证监会行政复议决定书(张淑欣)，〔2018〕2号，详见证监会网站。

〔4〕 参见中国证券监督管理委员会稽查局：《证券期货稽查典型案例分析－2009卷》，科学出版社2013年版，第108～110页。

责任,通过推定的方式适当向原告转移部分特定事实的证明责任。

第5条规定:“监管机构提供的证据能够证明以下情形之一,且被处罚人不能作出合理说明或者提供证据排除其存在利用内幕信息从事相关证券交易活动的,人民法院可以确认被诉处罚决定认定的内幕交易行为成立:(一)证券法第七十四条规定的证券交易内幕信息知情人,进行了与该内幕信息有关的证券交易活动;(二)证券法第七十四条规定的内幕信息知情人的配偶、父母、子女以及其他有密切关系的人,其证券交易活动与该内幕信息基本吻合;(三)因履行工作职责知悉上述内幕信息并进行了与该信息有关的证券交易活动;(四)非法获取内幕信息,并进行了与该内幕信息有关的证券交易活动;(五)内幕信息公开前与内幕信息知情人或知晓该内幕信息的人联络、接触,其证券交易活动与内幕信息高度吻合。”

上述规定的第1、3、4项分别对应着2014年《证券法》第74条第1项至第6项规定的“法定知情人”、证监会依据2014年《证券法》第74条第7项规定的“规定知情人”和“非法获取内幕信息的人”。事实上这一类行为主体并不需要适用推定规则。《座谈会纪要》也明确,上述属于2014年《证券法》第74条规定的内幕信息知情人和非法获取内幕信息的人,只要进行了与该内幕信息有关的证券交易活动,行政机关无须分析其交易活动是否与内幕信息吻合或是否异常,若行为人不能作出合理解释或者提供证据排除其存在利用内幕信息进行交易的,行政机关便可认定构成内幕交易。

上述规定第2项将内幕人的范围拓展到内幕信息知情人的配偶、父母、子女以及其他有密切关系的人,而上述规定第5项则进一步规定,任何主体只要在内幕信息敏感期内与内幕信息知情人或知晓该内幕信息的人联络接触,且证券交易活动与内幕信息高度吻合,均可能被认定构成内幕交易。

事实上,在实践中均没有证据证明内幕信息在知情人与上述两类主体之间发生了传递,即没有直接证据证明上述主体“知悉”内幕信息,否则,证监会一般仍会将没有法定或规定身份但有证据证明其领受了内幕信息的任何主体认定为内幕信息知情人或非法获取内幕信息的人。因此,在认定上述两类行为主体构成内幕交易时,实质上是适用了推定的规则。

考虑到上述规定第2项的主体具有特定身份,且其中配偶一项属于“规定知情人”，故本文仅将第5项规定的情形视作狭义的“推定”构成内幕交易的范畴。

可见，根据《座谈会纪要》的规定，如果推定非内幕信息知情人的交易构成内幕交易，应当满足以下几个要件：一是行为人在内幕信息敏感期内与内幕信息知情人存在联络、接触；二是行为人的证券交易活动与内幕信息“高度吻合”；三是行为人不能做出合理说明或者提供证据排除其利用内幕信息进行交易。

（二）推定规则下的举证责任分配

证据法上的推定，是根据严密的逻辑推理和日常生活经验，从已知事实推断未知事实存在的证明规则。在《行政诉讼法》第34条、最高人民法院《关于行政诉讼证据若干问题的规定》第1条规定由作出的被诉行政处罚决定的行政机关承担举证责任的情况下，引入推定规则，则是向被处罚主体转移了部分特定事实的证明责任。

在推定规则下，行政机关一旦查明某一事实，即可直接认定另一事实，主张推定的行政机关对据以推定的基础事实承担举证责任，反驳推定的相对人对基础事实和推定事实的不成立承担举证责任。

具体到内幕交易的推定规则中，推定的要件一行为人在内幕信息敏感期内与内幕信息知情人存在联络、接触，要件二行为人的证券交易活动与内幕信息“高度吻合”均属于据以推定的基础事实，由行政机关承担举证责任，行为人构成内幕交易属于推定事实，在此基础上，行为人对做出合理说明或者提供证据排除其利用内幕信息进行交易承担举证责任。

显然，推定规则只是免除了行政机关通过直接证据证明行为人知悉内幕信息的举证责任，允许行政机关结合间接证据综合分析推定行为人知悉内幕信息，但是，并不免除行政机关对于据以推定的基础事实的举证责任，在内幕信息敏感期、内幕信息知情人、行为人与内幕信息知情人的联络接触情况、交易活动与内幕信息进展情况高度吻合等基础事实上，仍应由行政机关承担举证责任，通过直接证据予以证明。

（三）推定规则下的证明标准

证明标准，是法律上运用证据证明待证事实所要达到的程度要求，是衡量负有举证责任的一方是否尽到举证责任的重要指标。鉴于内幕交易行政处罚往往对当事人权益产生巨大影响，在司法实践中，在“推定”的适用标准上应当秉持审慎原则，尤其是对据以推定的基础事实的证明标准，要求应当更高。

《行政处罚法》第30条规定："公民、法人或者其他组织违反行政管理秩序的行为，依法应当给予行政处罚的，行政机关必须查明事实；违法事实不清的，不得给予行政处罚。"

《行政诉讼法》第69条规定："行政行为证据确凿，适用法律、法规正确，符合法定程序的，……人民法院判决驳回原告的诉讼请求。"

《内幕交易认定指引》第26条规定："内幕交易行为的认定，应当适用明显优势证明标准。"

根据上述规定，作出行政处罚的证明标准应当为"事实清楚、证据确凿"，关于如何理解"事实清楚、证据确凿"，根据证监会的规定和执法实践，一般认为应当达到"明显优势"的证明标准。

所谓"明显优势证明标准"，也称"清楚而有说服力的证明标准"，又称"高度盖然性"标准，是指审理人员在自身知识和经验的基础上，遵循职业道德、逻辑法则和经验法则，对所有证据进行综合分析和判断后，在心证上达到确信案件事实的真实性明显大于不真实性的程度。[5] 明显优势证明标准高于民事诉讼的优势证据标准，低于刑事诉讼的排除合理怀疑标准。就盖然性而言，如果用百分比来做比喻性说明的话，明显优势证明标准的优势或盖然性程度应当介于75%～99%。[6]

此外，根据《座谈会纪要》和司法实践的观点，在推定构成内幕交易的情形下，交易活动与内幕信息进展情况的吻合程度应当达到"高度吻合"的标准，也属于证明标准问题。[7]

三、行政处罚实践中推定规则的运用的问题

（一）存在反推基础事实的可能

《行政处罚法》规定，行政机关必须全面、客观、公正地调查、收集有关证据。

---

〔5〕 参见高基生：《证券行政处罚证明标准探讨》，载《证券市场导报》2007年第1期，第20～21页。

〔6〕 参见欧阳振远：《行政处罚证明标准研究》，载《证券法苑》2013年第9卷第2期，第111页。

〔7〕 参见北京市高级人民法院行政判决书，〔2018〕京行终445号，详见北京法院审判信息网。

因此，证监会在调查过程中的法定调查义务就是要把推定的基础事实调查扎实，做到证据充分。在行政处罚中适用推定规则，基础和前提是查明基础事实。从逻辑上看，应当是首先查明内幕信息敏感期、内幕信息知情人，再对比联络接触的情况、分析交易行为与内幕信息进展情况的吻合程度。但实践中，由于“传递型”内幕交易调查过程的特殊性，在调查时，往往是先通过“大数据”系统筛选出异常账户，再寻找行为人与内幕信息知情人之间的联系。因此，在认定基础事实时，很可能忽略对内幕信息、内幕信息知情人的正向调查，而倾向于根据实际交易情况反推基础事实。

例如，在郭海交易“中文传媒”案中，证监会认定案涉内幕信息形成于 2014 年 1 月 10 日，内幕信息知情人赵某亮于 2014 年 1 月 10 日和 12 日曾发短信给郭海，而郭海集中买入中文传媒股票的时间开始于 2014 年 1 月 13 日，进而推定郭海构成内幕交易。从时间上看似乎高度吻合，但是本案行为人申辩认为，案涉内幕信息的形成不早于 2014 年 1 月 22 日，赵某亮知悉内幕信息的时间不早于 2014 年 2 月 7 日，其交易行为有其他合理理由且发生在内幕信息形成前。行为人称，证监会认定内幕信息形成于 2014 年 1 月 10 日且赵某亮知悉的证据系另一知情人吴某的证言类孤证。而从证监会的反驳理由看，仍是在强调吴某接受调查时的证言，认为行为人提供的证据不足以证明赵某亮的知悉时间，但似乎始终没有提出在对内幕信息知情人赵某亮进行调查时取得的证据，也未说明认定赵某亮知悉内幕信息时间的证据能否与其本人陈述相印证并排除矛盾。[8]

由此看来，不论该案的事实情况如何，至少可以说明证监会在调查时没有先通过对内幕信息知情人的充分调查锁定内幕信息的敏感期、内幕信息知情人的知悉时间，再对比联络情况和交易情况判断是否构成内幕交易，而是受到了交易情况的影响，对内幕信息的敏感期有了先入为主的认识，进而忽略了对内幕信息知情人本人的全面、客观调查。

（二）“高度吻合”的认定标准有待进一步明确

根据《座谈会纪要》的规定，对于没有直接证据证明知悉或非法获取内幕信息进而适用推定规则的行为人，在认定其交易行为是否构成内幕交易时，都要分

---

〔8〕 参见中国证监会行政处罚决定书（郭海），〔2019〕54 号，详见证监会网站。

析其交易活动与内幕信息的吻合情况，对于上文所述狭义的推定情形，应当达到“高度吻合”的标准。

但是《证券法》和《座谈会纪要》均未明确何为“高度吻合”。在实践中，执法机关往往结合《内幕交易司法解释》第3条列举的“交易行为明显异常”的几个角度展开分析。对于能否参照《内幕交易司法解释》进行分析，证监会事实上采取了“举重明轻”的法学方法，规避了刑事案件办案依据不能被行政执法直接适用的障碍。

根据《内幕交易司法解释》的规定，“交易行为明显异常”即从时间吻合度、交易背离程度、利益关联程度方面，考察行为人的交易活动在账户使用、资金配置、交易时间、交易习惯、基本面等方面与内幕信息的形成、变化和公开“基本一致”。需要强调的是，不能以“基本一致”和“高度吻合”的字面差异而认为刑事的标准低于行政标准，而应当从几个维度的“基本一致”去分析是否达到“高度吻合”的程度。

但即使有《内幕交易司法解释》所列举的分析角度，对于如何理解“一致”“吻合”仍有诸多标准不明之处。例如，“吻合”至少应当从交易时间上和交易方向上两个维度去理解。在时间上，交易活动与内幕信息形成、变化、公开的时间以及知情人知悉的时间、行为人与知情人联络接触的时间等具有一致性，但是，如果连续交易行为的起始时间发生在内幕信息形成前或知情人知悉前或与知情人联络接触前，能否将这部分交易与后续交易割裂开，仍认定为“高度吻合”？在交易方向上，如果在利空信息公开前以买入为主，或者在利好内幕信息刚开前以卖出为主，抑或者在内幕信息公开前不断买进卖出，能否认定为“吻合”？尤其应当考虑的是，上述问题是在推定构成内幕交易的逻辑下讨论的，与内幕信息知情人具有戒绝交易的义务不同，推定构成内幕交易的前提是没有直接证据证明行为人知悉内幕信息，上述情形往往构成行为人并非知悉并利用内幕信息进行交易的“合理理由”，在综合分析时更应当审慎对待。

（三）对行为人反驳推定的要求不明确

尽管在推定规则之下允许行为人作出合理解释或者提供证据排除其存在利用内幕信息进行交易，但什么是“合理解释”，什么是提供证据排除内幕交易的证明标准并不明确。

《内幕交易认定指引》第19条、第20条,《内幕交易司法解释》第4条虽然规定了不构成内幕交易的情形,其中能适用于推定构成内幕交易的抗辩的,似乎只有"证券买卖行为与内幕信息无关""交易具有其他正当理由或者正当信息来源的"。

在实践中,几乎很难见到以此抗辩成功的案例。例如,申启永内幕交易"绵世股份"案,行为人主张其是依据公开市场信息和自身判断进行交易,且该案穷尽了从证监会听证到最高人民法院再审的全部程序,但仍以失败告终。在行政处罚决定书中,证监会回应称,行为人所提出的买入理由不足以解释其交易的异常性。〔9〕行政复议决定书中,证监会进一步回应称,行为人提出的技术面和信息面出现买入信号的时点与其大量集中买入的时点间隔较久,以买入某只股票展示资金实力的说法也难以采信,行为人提出的理由不足以合理解释其交易动机。〔10〕在行政诉讼阶段,一审法院认为,行为人以自己对绵世股份的技术指标有着专业的分析能力以及自己有重仓交易的习惯等理由作为抗辩,不具有说服力,况且,也没有证据能够证明,行为人在交易绵世股份之前,其一贯存在如此异常的交易习惯。二审法院则认为,行为人没有提供有说服力的证据证明其不知悉内幕信息,或者其交易行为并未利用内幕信息,因此,不能排除行为人存在利用内幕信息从事相关证券交易活动的行为,关于行为人提出的其重仓操作自己看好的股票符合其一贯的交易习惯,而非因获取了内幕消息主张,在案证据不能支持其主张,故不予支持。〔11〕再审法院认为,行为人关于其对绵世公司的技术指标有专业的分析能力以及自己有重仓交易的习惯等主张,没有证据予以证明。〔12〕

但是,在推定构成内幕交易的逻辑下,某些解释真的不构成合理理由吗?例如,在某案中,上市公司A以收购的目的接触B公司,B公司实控人甲则并未打算出售公司,而是因看好A公司母公司土地储备拟进行土地方面合作的目的与A公司接洽。行为人与甲存在联络接触,了解到A公司母公司的土地储备进而

〔9〕 参见中国证监会行政处罚决定书(申启永),〔2016〕74号,详见证监会网站。

〔10〕 参见中国证监会行政复议决定书(重庆云锦广告传媒有限责任公司),〔2016〕57号,详见证监会网站。

〔11〕 参见北京市高级人民法院行政判决书,〔2017〕京行终2366号,详见北京法院审判信息网。

〔12〕 参见最高人民法院行政判决书,〔2018〕最高法行申1831号,详见中国裁判文书网。

看好A公司,并买入A公司股票。此时,行为人确实不知悉收购的内幕信息,但其交易行为确实发生在内幕信息敏感期内,且其买入A公司股票是由于与甲接触而了解到土地储备的情况,进而交易行为表现出与联络接触的高度一致性和某种程度上的异常性,此时行为人的解释能否构成合理解释?

再如,在吴学军内幕交易"太阳纸业"案中,吴学军申辩称,在当时的市场环境下案涉非公开发行的内幕信息是负面信息,行为人不可能依据非公开发行这一内幕信息买入"太阳纸业",其买入"太阳纸业"是基于全面分析研究,在其与内幕信息知情人接触前已经开始买入太阳纸业,在内幕信息公开后还在持续加仓。但证监会并未回应案涉内幕信息的指向和交易方向是否一致的问题,对于接触前已经买入、公开后仍在买入的情况,证监会回应称公开后加仓不是排除内幕交易的理由,且未将接触前的买入行为认定为内幕交易。[13] 在推定的逻辑下,本身就存在联络接触中获悉了内幕信息之外的其他促使行为人买入股票的信息的可能性,即"合理理由"。在该案中,内幕信息属于利空信息,但行为人通过接触前的研究作出了买入决策,通过联络接触获取的信息强化了买入决策,在内幕信息公开后仍然延续买入行为,显然,应当将整体的买入卖出行为与本案的"内幕信息"和行为人的"合理解释"分别对比,判断何种事实更具有"明显优势",而证监会不考虑内幕信息的性质,将接触前、公开后的买入行为割裂、排除的认定逻辑显然值得商榷。

(四)泄露内幕信息能否适用推定规则标准不一

从实践案例看,推定构成内幕交易的案件,必然没有直接证据证明内幕信息知情人泄露内幕信息。在这种情况下,大量案件只推定行为人构成内幕交易,并未推定内幕信息知情人构成泄露内幕信息,也未对内幕信息知情人进行行政处罚。

在证监会编写的《证券期货行政处罚案例解析(第一辑)》中,有文章指出,由于不能适用推定原则认定泄露内幕信息,且泄露的直接证据又难以获取,因此没有单独认定泄露内幕信息行为。[14] 还有文章指出,《座谈会纪要》和《内幕交

---

〔13〕 参见中国证监会行政处罚决定书(吴学军),〔2019〕11号,详见证监会网站。

〔14〕 参见中国证券监督管理委员会行政处罚委员会:《证券期货行政处罚案例解析(第一辑)》,法律出版社2017年版,第8页。

易司法解释》仅就传递型内幕交易规定了可以推定，对于泄露内幕信息，应该遵循行政处罚的一般证据规则，在无直接证据的情况下，不能认定行为人构成泄露内幕信息。〔15〕

但是，在证监会系统内部，对该问题似乎仍存在较大争议，适用标准并不统一。在曹玉彬等内幕交易“南山铝业”案中，处罚决定书认定，曹玉彬时任南山铝业控股股东南山集团监事，是内幕信息法定知情人，因职务便利于 2015 年 9 月 18 日获知上述内幕信息，并签署了内幕信息知情人备案登记表。曹玉彬、曹玉军、栾玲在 2015 年 9 月 18 日至 11 月 12 日期间多次电话联系，曹玉军、栾玲在此期间内大量买人南山铝业交易行为明显异常。综上所述，曹玉彬向曹玉军、栾玲泄露了内幕信息。〔16〕除此之外，在米兴平泄露内幕信息案、〔17〕江逢灿泄露内幕信息案〔18〕等案中，均系基于间接证据推定内幕信息知情人泄露内幕信息。

四、结语

应当承认，由于内幕交易案件的隐蔽性、复杂性以及直接证据搜集上的困难，执法机关能够取得直接证据证明涉案人员实际“知情”的案件越来越少，取证难度越来越大。作为一种替代方法，结合间接证据综合分析，通过推定的方式向行为人转移部分举证责任，成为内幕交易行政执法领域的普遍做法。但是，推定规则只是免除了行政机关通过直接证据证明行为人知悉内幕信息的举证责任，并不免除行政机关对于据以推定的基础事实的举证责任。在证明标准上，对据以推定的基础事实的证明标准，要求应当更高，应当要求执法机关达到“明显优势”的证明标准。

由于目前内幕交易行政处罚和行政诉讼仍缺乏真正能够作为法律依据的规范，现有规范在证明标准、推定条件、抗辩条款上仍有待明确和统一，执法实践中推定的基础事实不扎实、对据以推定的基础事实是否达到相应的证明标准不明

〔15〕 参见中国证券监督管理委员会行政处罚委员会：《证券期货行政处罚案例解析（第一辑）》，法律出版社 2017 年版，第 66 页。

〔16〕 中国证监会行政处罚决定书（曹玉彬、曹玉军、栾玲），〔2016〕117 号，详见证监会网站。

〔17〕 参见中国证监会行政处罚决定书（米兴平、冯喜利），〔2013〕79 号，详见证监会网站。

〔18〕 参见中国证监会行政处罚决定书（江逢灿、罗建荣、詹嘉绮），〔2013〕58 号，详见证监会网站。

确、对当事人反驳缺乏有效回应的情况仍时有发生。

因此,一方面,应当尽快加强规则制定,修改《内幕交易认定指引》,出台内幕交易行政处罚、行政诉讼方面的司法解释,修正当前规范逾越法律的授权范围以及法律保留原则的问题;另一方面,应当充分发挥行政诉讼的纠偏作用,通过典型标杆案件的审理,厘清推定当事人知悉内幕信息的举证责任和证明标准,明确证券监管执法程序的法定要求,规范监管机关的行政行为,促进依法行政。

(编辑:蒋净宇)

《清华金融法律评论》
第3卷第2辑
第73～93页

内幕交易在我国证券市场中的规制特征

——以2017～2018年证监会有关行政处罚和行政诉讼的情况为基点

陈家棋*

目　次

一、2017～2018年内幕交易的处罚和诉讼整体特征
二、涉内幕交易行政诉讼中的具体规制特征分析
三、内幕交易的规制反思
四、余论

摘　要：内幕交易在证券市场逐步发展中逐渐展现出隐蔽性强、违法所得金额大等特点，因此越发受到监管者的重视。本文从2017～2018年中国证券监督管理委员会（以下简称证监会）及其派出机构作出的152份行政处罚和涉及的7起行政诉讼出发，结合2016年的类似案件情况，对内幕交易的数量、主体、涉及公司特征、行政诉讼中的规制特征进行梳理。各类案件梳理结果反映出，目前我国针对内幕交易的多种特点，发展出了较为完善的推定标准，但是同时对知情人的抗辩要求稍显严苛，而在对内幕交易行为、违法所得认定的处

* 陈家棋，清华大学法学院本科生。

理上则有些粗糙、机械,反映出我国实务中对内幕交易的规制仍有待进一步的加强和细化。

关键词:内幕交易;行政处罚;行政诉讼;证监会

内幕交易被域外立法者认为是一种信息欺诈,[1]因为内幕交易者相对于公众投资者具备一定的信息优势,而这种信息优势通常被认为会使得证券市场中信息获取机会平等的期待落空,从而影响市场的效率。事实上,对于内幕交易的争论一直没有平息。一方认为内幕交易会导致公众投资者本应获取的价值被内幕交易者掠夺,且市场萎缩也会导致公众投资者遭受损失,[2]而且,噪声和挤出效应会损害长期的市场。[3] 另一方则认为,内幕交易损害的只是日内交易者,而对于日内交易者而言,这种风险完全是可以预期,而不会损害市场效率的,相反由于知情交易是极为普遍的,规制的法律本身才会阻碍市场发展。[4] 因此,在理论尚未达成一致的情况下,分析具体规制的案件,有助于了解内幕交易本身在市场中反映的一系列特征,从而有助于思考如何更加有效地对内幕交易采取规制。

本文主要对2017~2018年我国证监会的行政处罚及与其相关的行政诉讼案件进行分析。如此选取主要基于两个原因:(1)对于2016年及以前的行政处罚,目前学界已有较为充分的讨论和研究,可以参考数据进行分析;(2)从关于内幕交易的行政处罚到行政诉讼进行判决往往需要一个较长的周期,2017~2018年的行政处罚可能引发的案件,目前已经基本消化完毕,便于进行较为完整的梳理、比照和分析。

---

〔1〕 Dirks v. SEC,463 U. S. 654.

〔2〕 Jesse M. Fried,"Insider Trading Via The Corporation", *University of Pennsylvania Law Review*, March 2014, pp. 826 - 833.

〔3〕 Markus K. Brunnermeier,"Information Leakage and Market Efficiency", *The Review of Financial Studies*, Summer 2005, pp. 417 - 430.

〔4〕 John Dobson,"Who Are the Real Victims of Insider Trading? Why Current Insider-Trading Law Is Unethical", *Business & Professional Ethics Journal*, 2012, pp. 441 - 452.

一、2017～2018年内幕交易的处罚和诉讼整体特征

根据证监会网站的信息公开目录以及海南证监局公开的案例汇编，共检索到2017年73起涉及内幕交易的行政处罚，[5]2018年79起。其中仅有2017年五名当事人、2018年两名当事人选择提起诉讼，超过九成的内幕交易者都接受了处罚的结果。

以往案例中，法定内幕信息知情人是主要被规制的群体，甚至占据压倒性的优势。[6]但最近几年的统计数据显示主体存在转移的趋势。2016年的统计数据显示，法定内幕信息知情人共处罚了32人次，占比44%；非法获取内幕信息的圈外人共处罚了40人次，占比56%。[7]

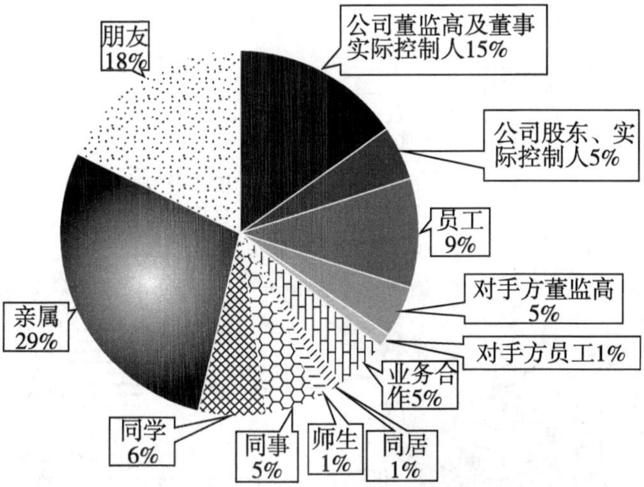

图1　2017年违法主体分布

注：处罚决定书中未具体写明关系的，均记为朋友；仅记录内幕交易者，不包括泄露方。

---

〔5〕 根据证监会《2017年证监会行政处罚情况综述》统计的数据，2017年证监会共处罚内幕交易案件60起，但根据案例汇编检索出的处罚共73起。考虑到案例汇编提供了具体的文本和文号，且可能因为同一公司的多起处罚仅被计算了一次等导致数量的不一致，本文仍然采用检索出的73起进行分析。2018年同。

〔6〕 参见彭志、肖土盛、赵园：《中国资本市场20年内幕交易行为案例综述》，载《财经研究》2017年第12期，第118页。

〔7〕 参见张翕：《中国证监会内幕交易行政处罚案例综述》，载北京大学金融法研究中心微信公众号：https://mp.weixin.qq.com/s/VDc2TSghXTL4XDTnLTIHig，最后访问日期：2019年6月1日。

而2017年的处罚数据中，非法获取内幕信息人的数量同样超过了法定内幕信息知情人。处罚中一共规制了84名当事人，其中28名为法定内幕知情人，56名为非法获取内幕信息的人。以上主体分布一定程度上说明了内幕交易的实施主体存在转移，内幕交易的隐蔽性加强，法定内幕消息知情人朋友和亲属成为内幕交易中占比极高的违法主体。

2018年一共处罚了92名当事人，其中34名为法定内幕信息知情人，58名为非法获取内幕信息的人，整体趋势同2017年，说明该转移或者说是内幕交易的"发展"方向较为稳定，非法获取内幕信息的人将成为内幕交易中今后重点规制的对象。从主体分布中可以看出，朋友和亲属仍然是非法获取内幕信息的人中的主要组成部分，此外，公司的董监高、股东、对手方及其董监高等，也仍然是内幕交易容易涉及的主体。

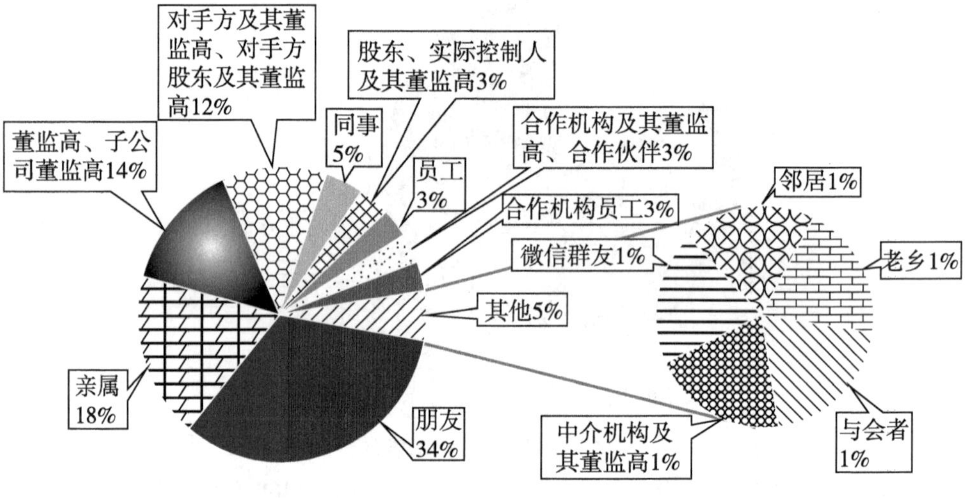

图2　2018年违法主体分布

注：处罚决定书中未具体写明关系的，均记为朋友；仅记录内幕交易者，不包括泄露方；微信群友为泄露方发送至朋友圈，第三方转发到微信群中，被交易者知晓。93人中有一人同时具备董监高和股东的身份，且均在处罚中起到作用，因此重复计入两类主体。

而从涉及的内幕信息内容来看，重点较为突出。在2017～2018年的全部处罚中，除陕西〔2017〕1号行政处罚、江苏〔2018〕8号行政处罚直接援引的是《证券法》(2014年修订)第75条第1款外，其余决定书均能明确界定相应内幕信息的适用条款。两年的行政处罚分别涉及78、81次法条适用,其中,绝大多数内幕信息都涉及公司的重大投资行为和重大的购置财产的决定,且以并购重组为重点,反映出内幕交易中交易者对具备相应投资价值的投资信息的偏好,且上升趋势明显。绝大多数内幕交易都是获得收益型内幕交易,规避损失型内幕交易在实务中出现的概率较小。

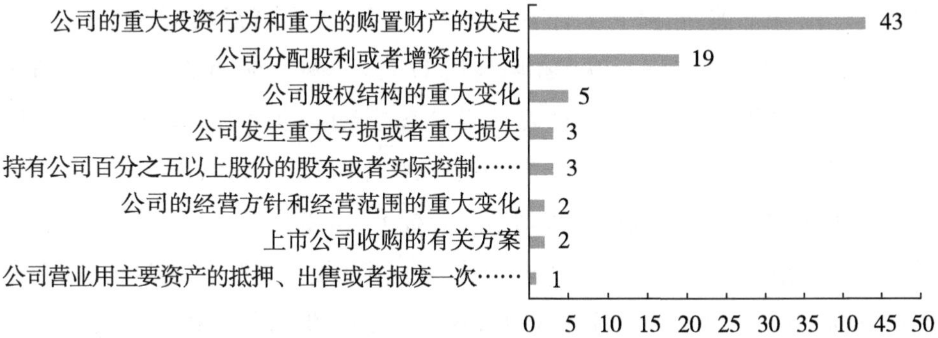

图3　2017年内幕交易发生的场景

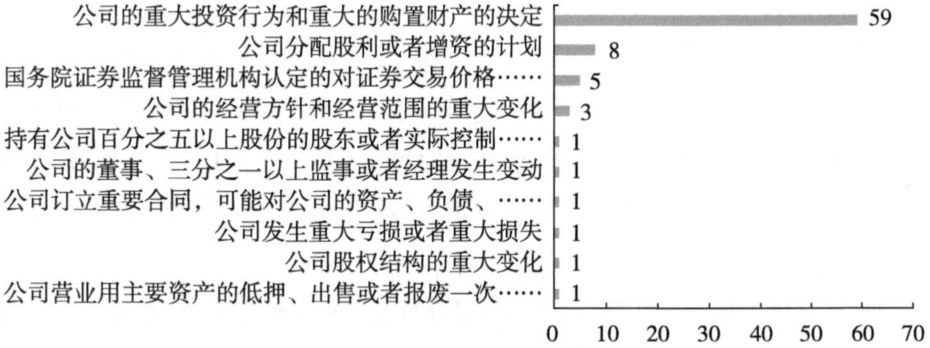

图4　2018年内幕交易发生的场景

在行业分布方面,发生内幕交易的公司没有因行业而产生显著的差异。内幕交易所涉及的公司,2017年60%发生在制造业,[8]2018年则是76%。而根据上海证券交易所和深圳证券交易所的行业数据,制造业在全部行业中的占比为62%,与2017年的比例差距并不大。值得注意的是,尽管2018年处罚的次数

[8] 本文的行业均以CSRC行业分类为准。2017年55个涉及的公司中,33个为制造业公司;2018年54个公司中,41个为制造业公司。

较2017年增多,但是涉及的公司数却反而下降,其中制造业公司的数量、占比均有较为明显的上升。

而在内幕交易的违法所得方面,2017年的处罚中,有16起案件行为人并没有从内幕收益中获益,1起行为人规避损失被认为规避失败,其余则呈现了一个金额上较以往的激增;2018年也保持了相似的趋势,39起案件行为人没有违法所得。2017年之前,扣除光大证券案件的巨额违法所得后均值为169.13万元,[9]而2017年的违法所得在扣除前述17起后,剩余56起案件获利均值为435万元,且如果参照最高人民法院、最高人民检察院《关于办理内幕交易、泄露内幕信息刑事案件具体应用法律若干问题的解释》(以下简称《内幕交易司法解释》)中有关内幕交易获利的相关情节认定标准,14起案件达到"情节严重"的标准,22起案件达到"情节特别严重"的标准。其中更有6起案件违法所得超过1000万元,超过有获利的案件总数的10%。同以往的数据[10]相比,大案数量上升明显。2018年在金额上呈现了回落的趋势,40起获利案件,违法所得均值为147万元,同2017年前的均值较为一致。14起达到"情节严重",11起达到"情节特别严重"。可以看出,2017年的均值较高,很大程度上与当年的多起1000万元以上的大案有关。2018年在仅有1起案件违法所得超过1000万元、近半案件内幕交易无获利的情况下,均值就回落到与往常较为一致的水平,同时,2018年均值回落的情况,也可能同当年股市整体的低迷有关。内幕交易在获利方面的具体发展还有待后续数据的观察。

但与操纵市场等案件相比,内幕信息在现有的认定标准上,更容易具备一定的经济价值;预期获利的可能性更大,从而内幕交易者也更有动力进行相应的内幕交易,甚至动用较大的资金。相应地在罚款方面,56起有获利的处罚中,有29起证监会及其派出机构选择了三倍处罚,3起选择了二倍处罚,19起选择了一倍处罚,剩余的主要是考虑到非法获利的金额,分别处以了3万元或4万元罚款。而在未获利的案件中,有3起案件被处以了60万元的顶格罚款。而2018

---

〔9〕 参见李寿喜、汤鸯平:《我国内幕交易案件特征与监管缺陷——基于1998至2016年执法案件的思考》,载《上海大学学报》(社会科学版)2018年第1期,第112页。

〔10〕 参见蔡奕:《我国证券市场内幕交易的法学实证分析——来自31起内幕交易成案的统计分析》,载《证券市场导报》2011年第7期,第16页。

年也保持了大致的处罚思路,40 起获利中,21 起证监会及其派出机构选择了三倍处罚,当年唯一一起获利超过 1000 万元则被处以五倍罚款,10 起未获利案件被处以 60 万元罚款,整体来看在处罚方面稍有加严。

在行政诉讼方面,2017 ~ 2018 年的诉讼案件反映出了许多特征:

第一,行业分布。在 2017 年的 5 起诉讼中,3 起交易对象为制造业公司,且证监会信息公开目录网站中可供检索的提起复议的当事人所涉及的交易对象则全部为制造业公司。而在 2016 年可供检索的 5 起案件中,[11]仅马祥峰案[12]涉及的内幕交易对象为制造业公司,此处发生了一个较大的转变。这种趋势在 2018 年的诉讼中体现更为明显,2 起诉讼案件涉及交易的公司均为制造业公司。

第二,主体分布。两年共 7 起诉讼案件最大的相似之处在于其中多数并非通常意义上的最直接法定内幕知情人。在第一节的分析中,传统观点认为内幕交易最集中的主体为该公司的董监高、股东、实际控制人。但是在实务中,2017 年四名原告分别是以同学、同事关系非法获取内幕信息的知情人,还有一位为负责抄送相关资料标题的员工,而 2018 年的两名原告分别是法定内幕消息知情人的朋友和亲属。这一点与 2016 年较为一致。2016 年的诉讼案件中,原告全部为非法获取内幕信息的知情人,而没有法定内幕消息知情人。从抗辩理由来看,提起诉讼的主体分布较处罚有所区别的主要原因可能在于,证监会对异常行为的认定较为简单,以合理推定为主,而法定内幕信息知情人往往很难以市场分析、计划等理由说服证监会和法院,因此行为人是否知悉、信息传递是否应当被认定就成了可供选择的争点,非法获取的知情人因此更有"胜算",也更可能提起诉讼。

第三,事项分布。2017 年 5 起案件中,3 起证监会处罚的均为有关"涉及公司的重大投资行为和重大的购置财产的决定"的内幕交易,2 起地方证监局处罚的为有关"公司分配股利或者增资的计划"的内幕交易。这一点同样与 2016 年的诉讼情况较为一致。2016 年 5 起案件均为有关"涉及公司的重大投资行为和

---

〔11〕 分别为颜玲明案、马祥峰案、黄芝颢案、申启永案、张海光案、周继和案。苏嘉鸿案目前仅能检索到新闻报道,称法院支持了其诉求,但由于可能还在诉讼程序中,其文书并未上网,因此本文分析时姑且不加以考虑。

〔12〕 参见马祥峰与中国证券监督管理委员会二审行政判决书,(2017)京行终 4109 号。

重大的购置财产的决定”的内幕交易,反映该事项的内幕信息可能在交易认定中具备一定的复杂性,因此行为人认为存在抗辩的可能。这主要是因为,例如并购重组类的重大投资行为,具有较强的阶段性特征,确定敏感期和消息传递较为困难。2018年的两起诉讼案件分别涉及的则是“公司的董事、三分之一以上监事或者经理发生变动”“国务院证券监督管理机构认定的对证券交易价格有显著影响的其他重要信息”“公司发生重大亏损或者重大损失”“公司的重大投资行为和重大的购置财产的决定”,与前两年的情况较不一致,但是从具体的争点来看,仍然集中在敏感期和信息传递的认定之上。

第四,金额分布。2017~2018年提起诉讼的案件,除李琳案非法所得仅8万元外,均超过百万元,与2016年的5起案件涉案金额门槛一致。反映出在诉讼方面,处罚金额较少的行为人很可能并没有足够的动力提起诉讼,特别在证监会败诉率几近为零的情况下,行政处罚往往已经是“盖棺定论”。

基于以上特征,有必要对诉讼的具体案情进行分析,考察个案中行为人提起诉讼的具体考量因素,从而更好地分析我国内幕交易的特征。

二、涉内幕交易行政诉讼中的具体规制特征分析

出于案件数量的考虑,在分析时我们将2016年的案件纳入其中,从而更好地分析涉内幕交易行政诉讼的相应特征。

通过对2016~2018年的相应诉讼案件的分析,对于内幕交易的争点主要集中在五个方面:(1)证监会对内幕信息形成时点的认定是否正确;(2)证监会对内幕信息传递过程的认定是否正确;(3)知情人交易行为是否构成内幕交易;(4)证监会对违法所得的认定是否正确;(5)被诉处罚决定的行政程序是否合法。由于第五点通常并不涉及内幕交易的特征判断,本文不赘。

(一)证监会对内幕信息形成时点的认定是否正确

对于内幕信息形成时点的认定往往是行政诉讼中的关键之处,因为这直接涉及对交易行为是否构成内幕交易以及违法所得具体金额的认定。根据《内幕交易司法解释》第5条,2014年《证券法》第67条第2款所列“重大事件”的发生时间,2014年《证券法》第75条规定的“计划”、“方案”以及《期货交易管理条例》第85条第11项规定的“政策”“决定”等的形成时间,应当认定为内幕信息

的形成之时。影响内幕信息形成的动议、筹划、决策或者执行人员，其动议、筹划、决策或者执行初始时间，应当认定为内幕信息的形成之时。

蔡哲民案[13]中，证监会将收购双方第一次见面考察项目情况作为内幕信息形成的时点，尽管之后在第二次会面的时候双方高管才谈及了具体的股权事项，但是由于第一次见面已经谈及了有关收购的内容，认定此时已经形成了相应的内幕信息。苏建朝案[14]中，双方商谈报价的时间被认定为内幕消息形成，尽管之后多次联系才谈论到具体事项。而在王国祥案[15]，尽管之前进行了一定的洽谈，但是证监会却还是以双方签订收购协议，并开始沟通其他具体事项作为内幕消息的形成时间，与前述两例案件有一定的区别。

仅从司法解释的条文来看，对于内幕信息的认定依决议等形成时间为准，而该形成时间在相应影响人员的动议、执行在有足够影响力时可以提前到该人员相应动议等形成时间确定，其原因可能便如潘勇案[16]中法院所表述，"唐新林作为银河生物董事长，谭昕作为汉麻集团总经理兼汉素生物法定代表人，对收购事项具有足够的影响力。虽尚未确定具体收购细节，但谈判已经开始，如向社会披露该信息，势必会影响'银河生物'的市场价格"。但在法院实际判决中，并未直接按照字义进行判断，而是采取了"实质可能性标准"，即并不要求某个确定的决议，而是在其进入实质操作，存在较大实现可能性时便认定此时存在内幕信息。北京市高级人民法院在张海光案中的说理是该院在审理同类案件中较为完整的一次表述："由于案情的多样化、复杂性，不同案件内幕信息形成之时的认定必然存在差异。并购重组型内幕信息从形成到公开，是一个动态、连续、有机关联的发展过程，在此过程中针对不同对象所展开的商谈事项既有成功的，也有失败的，并非均能构成内幕信息。当某事实的发生能够表明相关重大事项已经进入实质操作阶段并具有很大的实现可能性时，即便该事项最终结果以失败告终，该事实的发生时点亦为内幕信息的形成时点"。[17]因此，法院如何理解实质

---

〔13〕 蔡哲民与中国证券监督管理委员会一审行政判决书，(2017)京01行初737号。
〔14〕 苏建朝与中国证券监督管理委员会二审行政判决书，(2018)京行终4658号。
〔15〕 王国祥与中国证券监督管理委员会等一审行政裁定书，(2018)京01行初1139号。
〔16〕 潘勇与中国证券监督管理委员会其他二审行政判决书，(2019)京行终6383号。
〔17〕 张海光与中国证券监督管理委员会二审行政判决书，(2017)京行终2185号。

可能性的存在,就直接影响对于时点的认定。例如,潘园根案〔18〕中,一审法院就认为,股权激励计划相比于并购重组型信息,阶段性不明显,单方主导便可完成,因此只需要实际控制人的咨询,便可认定其积极推进该计划的发展,可以认定内幕信息已经形成。

在蔡哲民案中,原告认为应认定在并购双方达成一致交易意见时内幕消息才形成的观点并没有得到法院的支持。但是法院也没有以第二次较为正式的会谈作为认定时点,而是认为相关决策人员在第一次初步考察后“形成了初步判断”,便认为此时已经具备一定的确定性。而原告的时点“可表明本案内幕信息在之后的发展过程中更具确定性,但并不足以否定被告的认定意见”。法院在本案中认为初步尽职调查等事项均是在一个有了初步判断后的后续行为,而不是辅助进行决策的事项,也就是说,“相关重大事项已经进入实质操作阶段并具有很大的实现可能性”在法院的判断中,应该只要双方有交流并初步有合作意向便可以满足。考察其背后的取舍,大概是一种假想测试,考虑内幕信息的确定性是否能够让一个理性投资者影响其投资决策,当投资者能够被影响而采取不同的交易策略时,这个信息就具备了相应的经济价值,从而应当被认定为内幕信息。这个观点同样在2016年的颜玲明〔19〕等案中有所体现,前后较为一致。

而苏建朝案中,法院则认为,沟通商议的第一天便可以作为内幕信息形成的时点,这实际上与我们上面的总结相类似。尽管法院强调内幕消息的明确性不等于最终确定性,但是其内涵是一致的,即这样的沟通已经可以让理性投资者改变交易策略。但是问题在于法院用了这样的表述:“之后高某与曾某的多次联系是对收购具体问题的进一步商谈,本次收购股权事项的整体框架并未变化”。这段表述似乎意味着如果后来整体框架发生了变化,内幕交易的时点就可能发生变化,存在一定的困惑之处。但是结合多起案例的表述来看,此处想要表明的是特定的某个内幕信息敏感期的计算,若是之后框架发生变化,应该就认定是另一个敏感期的始点。

2017年案件由于集中在并购重组领域,对于认定时点的讨论较多,因为并

〔18〕 潘园根与中国证券监督管理委员会二审行政判决书,(2019)京行终7590号。

〔19〕 参见颜玲明与中国证券监督管理委员会二审行政判决书,(2017)京行终4554号。

购往往存在寻找对象、初步接触、商谈、交换信息等多个步骤,何时存在“实质的确定性”是存在争议的。因此,法院会用一定的篇幅对这个问题进行论证,而实务中,一个双方进行的以并购为目标的初步交流就可以满足要求。在周继和案[20]中,虽然行为人主张对重组的对手方并无认识,但是法院认为并购重组具有阶段性的特点,而对手方是谁并不影响对该公司的并购预期,再结合交易行为的异常,进而认定周继和知悉内幕信息“亦不违背常理”。这里的常理,实际上就说明了对内幕信息的形成的推定的实质性内容要求较低。

(二)证监会对内幕信息传递过程的认定是否正确

在非法知情的情况下,法院一方面要求证监会证明其与法定知情人存在联系,另一方面也要证明存在相应的交易活动。在实务中,通常情况下会分三个步骤进行推定。

首先,说明非法知情人与法定知情人之间在敏感期内有较为密切的联络。由于内幕交易的隐蔽性逐渐加强,出于监管成本的考虑,法院并不会要求证监会提出直接的证据证明,而只要其能证明双方之间存在较为频繁的通话、会面即可,其沟通内容的合法性由行为人举证说明。例如苏建朝案中,法院便认为原告将通话解释为业务联系由于没有证据支持,不被法院采纳。也就是说,法院对于内幕交易中的信息传递,仅要求执法者证明存在获知的可能性即可,如两人关系、通话频率和时长等都可能是可能性中考察的因素。

其次,说明行为人实际控制存在异常交易活动的账户,以便进行之后的关于交易活动的异常性的判断。

最后,就是考察是否在这个时点进行了较为异常的交易。关于行为的具体特征我们在下一部分进行详细讨论。法院在论证信息传递时,通常考虑以下几个因素:买入的时间、买入的“坚决性”、“突击性”、是否有异常大量资金进出等。如蔡哲民案中,法院认为存在在沟通后进行集中、单向买入的行为,从而反向推定之前的沟通中行为人已经获知了相应的内幕信息。从法院的表述来看,这里需要行为人举出的是“本案存在小概率事件”的充分证据,而通常行为人表述的基于本人对股票的相应技术分析不会被法院认可,因为“异常交易”往往意味着

[20] 参见周继和与中华人民共和国证券监督委员会二审行政判决书,(2017)京行终2804号。

有较大的资金量,在没有一个确切的信息存在的时候,其异常性无法被"技术分析"所解释。如马祥峰案中,法院认为在没有直接证据的情况下,重仓、坚决买入"明显能够指向内幕交易行为的一般形态",因此认定其已经知悉该内幕信息。

因此,在目前法院"知晓推定"的情况下,行为人想提出一个足够证明力的证据以切断内幕信息和异常交易行为的关联性是极为困难的,这一点我们在讨论异常行为时会详细阐述。基本上,只要法院认定了交易行为量大、时点特殊,就会认定信息传递已然达成。

(三)知情人交易行为是否构成内幕交易

颜玲明案中,北京市高级人民法院认为,内幕信息公开前即在内幕信息敏感期内利用内幕信息进行的买入及卖出行为均应构成内幕交易。

行为人如果被法院认定与法定知情人直接存在信息传递,由于信息传递建立在对异常行为的反向推定上,因此在行为人被推定知悉内幕信息时其行为已然被认定为"异常"。因此,其进行的买入及卖出行为均会被法院认定为构成内幕交易,"利用内幕信息"实际上是一个空架子。

根据《内幕交易司法解释》第3条的规定,异常的交易需要从时点、背离程度和利益关联方面加以具体的认定,而通常情况下,在不符合法定知情人、亲戚等传统认定下的传递时,法院会按照《关于审理证券行政处罚案件证据若干问题的座谈会纪要》第五点中最后一项的要求来进行推定,即"内幕信息公开前与内幕信息知情人或知晓该内幕信息的人联络、接触,其证券交易活动与内幕信息高度吻合"。

所谓"高度吻合",法院考察的主要是时间、坚决性、交易量、单向、集中等。在存在联络后的一段时间内,大量买入或者卖出同一标的,态度坚决,便属法院认定的典型内幕交易,而是否亏损卖出别的股票、是否通过加杠杆等方式,都可能使法院认定该交易基于的是由特定内幕消息产生的可靠预期,背离了在没有该信息下的正常交易习惯,从而认定交易异常。是否在公开后特定时点卖出或买入,则不是法院考查的重点。例如,在蔡哲民案中,法院认为投资者卖出股票获利的时点需要考查诸多因素,因此哪怕在内幕消息公开后继续持有一段时间,仍然因之前敏感期内的买入直接构成内幕交易。而颜玲明案中的法院观点更加令人困惑,行为人在敏感期内公开前卖出了原本大量买入的股票,仍然由于其已经满足了在敏感期采取了买入或者卖出证券的行为,而被法院认为构成内幕交易。这明显与我们认为内幕交易是信息欺诈的理念不甚吻合,我们在违法所得里会详细讨论该问题。

在马祥峰、颜玲明等案中,法院对认定交易行为构成内幕交易的标准表述为"清楚而有说服力的证明标准",但事实上,法院对这种排除异常交易的证据要求较高。申启永案[21]和马祥峰案中,行为人都尝试用其他的信息(如新闻报道等)以及自己的技术分析进行论证,但都被法院认为"显然不具有说服力"。而颜玲明案中,行为人对交易行为的解释是该公司披露了政府对土地收储的审议,而其董事长之后通过其协调土地收储事宜,从而依赖该信息进行交易。但即使是这样的理由,法院也以"一般投资者基于公开信息进行二级市场操作的交易习惯相背离"等理由否决。蔡哲民案中,行为人主张其交易基于对该公司的定增再融资计划的研究,但是法院认为该定增计划仅由董事会通过,而未经过股东大会决议、监管部门通过,存在较大不确定性,因此行为人的交易行为"不符合一个职业投资者基本的谨慎投资原则"。

然而问题在于,法院对于认定内幕信息敏感期和行为异常的反驳证据的标准似乎存在内在的冲突。内幕信息的形成的实务标准,是在双方会面后,交换对于并购重组的意见后便认为存在影响投资者交易策略时,认定该内幕交易形成。但是同样对于一个定增再融资计划,董事会批准后却被法院认为存在较大不确定性,从而加以否定。董事会批准的事项和双方初次会面,究竟哪一个更加具备确定性呢?同时,法院也并未很好地说明,对于风险偏好各不相同的投资者而言,什么是"谨慎投资"的基本原则,因此,是否真的达到了"清楚而有说服力"的标准才会被认定为内幕交易,还是说只需要交易有"合理怀疑"即可,实际上并不确定。

(四)证监会对违法所得的认定是否正确

内幕交易的违法所得,是指2014年《证券法》第202条规定"证券交易内幕信息的知情人或者非法获取内幕信息的人,在涉及证券的发行、交易或者其他对

---

〔21〕 参见申启永与中国证券监督管理委员会二审行政判决书,(2017)京行终2366号。

证券的价格有重大影响的信息公开前,买卖该证券,或者泄露该信息,或者建议他人买卖该证券的,责令依法处理非法持有的证券,没收违法所得,并处以违法所得一倍以上五倍以下的罚款;没有违法所得或者违法所得不足三万元的,处以三万元以上六十万元以下的罚款”中的违法所得。从字面意思上来看,违法所得也就是对因内幕消息而买卖证券导致的获利,较为简单明确,但是实务中,对违法所得的认定往往存在争议。

首先,对于敏感期的认定会直接影响哪些笔买卖属于此处在公开前的买卖,既而直接影响对违法所得的认定。关于敏感期的讨论前文已经提及,此处不赘。

而在典型的内幕交易模型中,对违法所得的计算以盈利金额 = 对应卖出金额 + 余股市值 - 期间买入金额 + 派息金额 - 交易费用(印花税、手续费等)进行计算,[22]而对于规避损失型的内幕交易,则是将卖出金额与公告日的虚拟市值进行相减。在证监会《证券市场内幕交易行为认定指引(试行)》中提供了两种参考的公式:违法所得(获得的收益) = 基准日持有证券市值 + 累计卖出金额 + 累计派现金额 - 累计买入金额 - 配股金额 - 交易费用;违法所得(规避的损失) = 累计卖出金额 - 卖出证券在基准日的虚拟市值 - 交易费用。不同日期的交易分开计算获利,买入金额从首次首账户买入之日开始计算。这此处所说的实时,一般以证监会向交易所发函日为时点。这样的计算方式是较符合直观上的感受的,因此也被法院所沿用。

在计算违法所得时,需要注意的是法院对违法所得的认定。苏建朝案中,法院认为一般情况下,违法所得指通过实施违法行为直接或者间接产生、获得的任何财产或财产性收益。违法行为则是在敏感期内利用内幕信息进行的买入或者卖出证券的行为,因其构成内幕交易。

这样的定义看似并无不妥,因其是与2014年《证券法》第202条的规定相符合的:该条中对违法行为的认定停留在公开前的泄密和交易行为。但是在实际运用中并非不存在问题。

例如,马祥峰案中,在计算违法所得时,法院认为,交易税费等不应算入违法所得,可以予以扣除,但是融资买入的资金利息支出却不应当扣除,因为其建立

---

〔22〕 参见张海光案法院意见。

在内幕交易行为的基础上。从《内幕交易司法解释》的定义来看，违法所得，是指通过内幕交易行为所获利益或者避免的损失，字面上解释，利息支出本身并非其所获利益，为何不能进行扣除呢？法院的观点是其建立在内幕交易的基础上，但是既然大笔的交易是内幕交易的“典型”，因大量交易产生的税费，与因融资买入产生的利息支出，区别就似乎并不在是否建立在内幕交易的基础上。因此，不妨参照《工商行政管理机关行政处罚案件违法所得认定办法》的定义来看。法条中规定，“以行为人违法生产、销售商品或者提供服务所获得的全部收入扣除行为人直接用于经营活动的适当的合理支出，为违法所得”，因此需要考察“直接用于经营活动”以及“适当的合理支出”两点。行为人在进行交易时，缴纳税费是必不可少的步骤，而融资买入进行交易由于其是一种具体的金融方法，显得并非那么“直接”和“适当”。另外，也可以考虑税费该部分的价值最终流入国库，从行为人的违法所得中扣除较为妥当，而融资买入的利息，实际上流入市场，因此有必要加以管控。但无论从哪个角度来说，以“建立在内幕交易的基础上”为理由来进行认定，从逻辑上似乎并不是很站得住脚。

而另外一个问题则在颜玲明案中有所体现。在该案中，行为人虽在敏感期内大量买入该公司股票，但是在公开前已经将其中大部分股票卖出。哪怕在这种情况下，法院认为，由于在内幕消息公开前买卖该证券均属于证券法所规制的行为，因此其仍然构成内幕交易，既而其在敏感期间卖出的金额仍然需要通过前文所述公式计算违法所得。法院的认定方式基于的是，由于在敏感期内买入或者卖出本身已然违法，从而被认定为内幕交易，那么违法所得就应当被认定为包括该部分后卖出的股票。

然而问题在于，这里的因内幕交易而产生的违法所得究竟该如何理解？法院在此似乎机械地认为，违法所得是实施违法行为直接或者间接产生、获得的任何财产或财产性收益，因此卖出自然不应被排除。但是其并没有解释这样一个问题，即在公开前抛售原本异常买入的股票，其获利与内幕交易，或者违法行为的实施之间究竟有何联系。

如开篇所述，内幕交易的实质是一种欺诈，独占性信息能够导致投资收益获得显著提高，因为可以在预期到相应价格走势的情况下，提前进行交易买入或者卖出大量证券，在内幕消息被市场消化时凭借先发的数量优势来获取利益。如果我们认为内幕交易具备违法性,其法理基础应当来自其破坏了投资者对信息获取均等机会的公平原则。而事实上,在颜玲明案中,行为人虽然大量买入证券,但其卖出证券在公开日之前,证券的价格并未受到该内幕信息的影响,也不违背信息公开原则,无论其控制的账户是否获利或者获利多寡,均不是基于该内幕信息的信息不平等而获得的,对其进行规制从学理上看并无理由。

立法上之所以认为,在敏感期的单一的买入或者卖出就构成内幕交易,其原因主要在于,行为人如果借由信息优势提前买入大量证券,即使在公开后没有卖出,也不当地剥夺了其他人通过该信息而产生的交易机会,并且继续持有本身有很大的可能可以转化为实际的利益。例如,潘园根案中,行为人部分股票长期持有而没有卖出,法院便认为其于内幕信息敏感期内的买入行为系涉案账户盈利的根本原因,从而应当计入违法所得,这种判决思路便体现了上述的法理逻辑,也因此,在实务中才会对该持有的证券以发函日来计算相应的价值。但是这样的理由面对卖出在公开日之前的情况,就不具有说服力,因为该利益是来自其他信息或者是市场的波动,而不是违法知情的内幕信息。因此,该部分卖出的获利,不应被认定为内幕交易的违法所得,至于是否构成操纵市场或短线交易,则是另外的考量了。

三、内幕交易的规制反思

(一)敏感期认定标准宽松

如前所述,法院倾向于认为当双方初次接触而存在合作意向时,产生的预期就足以认定此时形成内幕信息。如此宽松的标准的确有利于打击较为隐蔽的内幕交易,防止在交易实际很可能确定,但是程序上故意拖延,从而利用时间差进行内幕交易的行为。宽松是一定程度上是为了确定内幕交易进行的妥协。

但是宽松的认定标准在很大程度上也并非没有问题,因为过于宽松的标准会导致信息传递的认定变得过分主观。周继和案中,由于认知到公司并购的预期较为明显,认定结果尚非十分畸形,但是如果将问题转化成对一个假消息或者失灵消息的信赖而大量购入,但是实际上影响市场波动的是另一个其并不知道的消息,那么对其的规制究竟是基于内幕交易本身对投资者机会的剥夺还是交易行为本身的违法性就并不是那么清楚了。而不同的认定会影响对违法所得的认定,从而改变整个行政处罚的结果。

由于《证券市场内幕交易行为认定指引(试行)》的规定在某种意义上已经扩张了证券法对内幕交易的解释,将"证明自己不知悉"的责任加之于行为人,〔23〕而其本身作为内部指引,在司法中的效力又值得怀疑,因此法院在诉讼中对敏感期的认定以简单说理为主,尽管提出了"实质可能性标准",但是"联络即知悉、知悉即利用"仍然是常态。司法实务中并没有回答的问题是,在多大程度上内幕信息可以被确认为知悉。例如,一个基层工作人员因为筹办会议场地,知晓双方董事长会会面议事,但是不知道商议的内容,出于大胆的猜想认为会有利好行为的产生,因此进行大量的买入,是否构成对内幕信息的知悉? 对这个问题的回答,如果根据法院已有的认定理由,似乎需要达到知晓双方高层会面(实质性操作)与具体事项的沟通(较大可能性)的程度。但是不同风险偏好的人对指导他行为的消息清晰度的需求也是不同的,行为人的交易行为本身是有可能基于一个未达到"实质可能性标准"的内幕信息而作出的,却可能被推定为其知晓一个已经达到标准的信息,这时候过分宽松的认定可能就不是特别妥当。我们目前采取的以行为异常反推消息的知悉的标准,可能会因为当事人对消息的敏感程度和风险偏好不同而有所扭曲。

并且,依照目前实务的观点来看,"实质可能性标准"对《内幕交易司法解释》中的认定原则进行了较大的放宽。《内幕交易司法解释》第 5 条第 2 款所要求的重大事件或者计划、方案的形成时间为内幕消息形成时间这一款的规定,实际上已经被标准架空,因为按照现有标准来认定,均会按照第 3 款依照影响内幕信息形成的动议、筹划、决策或者执行人员的行为时间进行认定,也就是前文所述"初次会面"。这显然是存在困惑的。

因此,在适用"实质可能性标准"时,仍然需要进行个案分析,才能够达成原本形成标准时对于理性投资者的合理预期进行衡量的目的。一方面,对于不同的主体,要依据其关系的亲疏远近调整证监会处罚时的举证责任大小;另一方面,对于不同的事项,也要形成类型化、区别化的认定标准,不能简单地以初次会

〔23〕 参见陈洁:《内幕交易事实认定中自由裁量权的适用及其规制——以内幕交易"知悉"要件的推定为视角》,载《清华法学》2018 年第 6 期,第 10 ~ 11 页。

面作为确定性的依据,而需要考虑该事件在阶段发展中,究竟何时产生了明确的重大性。例如,同样是并购交易,在成熟市场与在A股市场中,不同市场之间、不同阶段的并购消息所起到的作用可能是完全不同的走向,〔24〕因此,当事人在何时产生预期就不应该一概而论。而例如A股与H股不同投资者和交易制度对股价的差异影响使得交易信息的确定性需要通过个案中公司的行业、市场、信息的发展阶段进行判断。

(二)异常交易行为抗辩困难

目前,在"联络即知悉,知悉即利用"的推定逻辑下,异常交易结果往往会成为以结果推过程的主要手段,这也就导致对于行为的抗辩,哪怕是可能自圆其说的抗辩也很难被法院所接受。证监会认定交易行为异常,时间、资金量等几点的举证均较容易证明,因此也很容易被法院引以认定;但是对于行为人而言,想要证明自己的行为不异常,需要举证的交易理由是较为困难的。当然,这一点在内幕交易中存在有一定的正当理由,因为被处罚的主体常常行为异常十分明显,难以抗辩是幸存者偏差的缘故。

实务中存在对内幕消息的"较为吻合""高度吻合"等多种表述,并不统一,但是显然其中有一定的区别,对行为人举证抗辩的要求也并不一致。如前文所述,在判断交易行为是否异常时,需要充分考虑当事人在技术分析、交易习惯、投资计划、其他公开信息方面的行为。问题是,在判断行为人抗辩是否合理时,至少应当保持与判断内幕消息形成时的一致标准。

在考虑重大性和确定性时,要选择与形成内幕消息一致的标准。例如,在前文所提及的公司的定增再融资计划,若其本身可以达到"实质可能性标准"时,就应该认定其进行交易存在正当理由,从而切断内幕信息与交易之间的联系,而不能以内幕消息可能导致交易这一点否定其他合理的抗辩理由,否则是与规制内幕交易的目的即防止欺诈并不符合的。也就是说,当行为人有两个信息,分别都可能导致他的异常交易时,应当推定其并没有进行内幕交易。考究其背后的法理,是因为内幕信息并未引导该行为人的交易,而为其创造更多的价值。既然

〔24〕 参见熊锦秋:《A股为何对并购消息作出暴涨反应?》,载新浪专栏:http://finance.sina.com.cn/zl/stock/20140415/101718801511.shtml,最后访问日期:2019年6月2日。

没有价值的创造,那么就不存在价值的掠夺,这样也才不会使得《内幕交易司法解释》中“交易具有其他正当理由或者正当信息来源的”的安全港规则落空。

当然,由于市场上的信息具备多元、复杂性,要求内幕信息是交易行为的唯一影响要素是不现实的,如何去辨别内幕信息是否在其他消息的基础上进一步促进或者加大了行为人异常交易的程度十分困难。之所以司法实践中仅“投资计划”具备较大的抗辩可能,其原因就在于较容易根据其判断内幕信息是否起到了额外的作用。由于非法知情人对内幕消息的知情本身就不具有正当性,因此其抗辩理由要更多参考个人的交易习惯,在其量较正常情况要更高的时候,可以认为其存在异常交易行为,但是对于法定知情人而言应当更为谨慎,至少应考虑买入日、公开日前后的波动幅度来进行评估,否则实际上有可能剥夺其根据正常的信息来获取正当利益的可能。

(三)违法所得认定较为僵化

计算违法所得依靠对于违法行为的认定,但是并非行为被认定为内幕交易后,其所有获利都应当被认定为违法所得。现有法律规定,在公开日前其单向买入或者卖出的行为均为违法,但其违法性应体现于罚款之中,而不是过度扩张对于违法所得的认定。也就是说,行为人仅应当对其违法行为导致的违法后果的部分负责,而无须对市场波动导致的部分负责。

例如在颜玲明案中我们所讨论的,在公开日前卖出的股票,无论是从内幕交易是否创造价值来看,或者是用市场吸收原则进行解释,都不应将其理解为违法所得,因为该信息并未产生任何提前于其他人的优势和价值。仅仅因为其行为违法就将其行为后的市场差额都认定为违法所得,不仅不符合《证券法》和《内幕交易司法解释》对获利的定义,也实际上更不利于减少内幕交易的产生,因为原本行为人是有可能减少内幕消息造成的影响的。

如果我们充分认识到内幕交易及其规制原因,就能理解美国为什么对内幕交易者长期持有而未卖出的股份采取对违法所得以公开日三天内的实际收益进行计算的方法,而不是选择证监会的做法,以发函日来确定所得。这是因为内幕消息同样有一个被吸收的过程,当市场消化了这个消息,其价格就逐渐回归市场应有的波动情况,那么之后的收益便不是内幕交易使得该行为人不当所获的。这并不是一种偏袒行为人的做法,因为完全有可能出现在某个“吸收期”后,市场向下波动而按照原本的方法会认定行为人亏损,但是其亏损实际上不是因为内幕交易未使其获利,而是其在获利后选择了继续持有,既而市场导致损失,因此在认定违法所得时,仍然需要还原到吸收完毕时的价格计算。

同样,秉承这种内幕交易违法所得的认定原则,在类如马祥峰案中,计算公式就需要进行一定的说明。正如前文所述,融资的利息支出,与进行内幕交易时的税费,在性质上并无二样,都是建立在内幕交易的基础之上的。如果没有内幕交易,税费和利息支出都并不会发生。这并不是一个"必要支出"与"非必要支出"的问题,因为这两项支出都是因为交易行为的产生而产生的,如果没有交易行为,自然这两项都是可以不必支出的。依法纳税固然合法,融资也并未违反强制性法规,认定其作为违法所得的一部分,实际上并不合理。因此,当解释其不予扣除的原理时,我们可以试想这样一种情景。行为人内幕交易,在公开日后卖出股票,但其差额仅仅能够填补其借用杠杆的利息支出。在这种情况下,内幕交易实际上并没有给他带来收益,而是给其融资的对象带来了收益。如果从剥夺投资者利益来看,其可以被视为是一种利益的"转赠",因为无论是谁获得了利益,一般投资者因消息本可获得的利益都是被减损的,这类似对于泄密型内幕交易进行规制。这固然有道理,但是交易费用也同样能满足以上逻辑,只是此时获益者变成了国家。那么,仍要解决的问题是,为什么能够将这两种支出区分对待呢?这是因为,如果行为人没有进行内幕交易,当消息被公开而一般投资者买入时,其仍需要向国家支付相应的税费,因此这部分价值的流向没有被打断,也并非一般投资者本能获得的价值。但是融资则并不一样,一般投资者数量众多,可以根据自己的情况进行投入来吸收该消息,而并不一定需要通过融资的方式。因此,尽管这部分利息的支出并未让行为人获利,但是对于投资者来说是其被掠夺的市场本能提供给他的价值。

这样的支出,从认定原则上来看,是应该被包括在违法所得当中的,本文也并非主张将其剔除的逻辑。本文试图强调的是,将其认定在违法所得中,其背后的逻辑需要更加严密的推理,与交易费用进行更加严格的区分,以避免逻辑上不自洽的情况。这就要求在认定违法所得时,更加灵活,更关注投资者利益的转移方向。

四、余论

内幕交易的理论纷争导致对其的认定处于一种理论复杂、认定直接的处境之中。基于现实中内幕交易的隐蔽性,在一定程度上进行举证责任的转移是必要的,但是,这并不意味着可以以过分简单的推定来实际上剥夺行为人进行正当抗辩的理由。同样,“知悉即利用”等标准的适用,并不意味着违法行为及违法所得可以不建立在内幕交易本身的规制理论之上。因此,它仍然需要更加精细、更加个案化的推导,而不是一个公式化的简单的推定。

(编辑:蒋净宇)

《清华金融法律评论》
第3卷第2辑
第94～110页

内幕交易违法所得算定之分析

韩　维*

目　次

一、内幕交易的规制目的
二、内幕交易违法所得算定的理论与实践
三、违法所得算定的流程梳理
四、总结

摘　要：对内幕交易行为的规制是对于市场交易者公平交易权的维护，应当根据内幕交易者的实际违法所得、主观恶性、社会危害性等对其进行惩罚。首先本文通过对内幕交易行为之溯源探寻内幕交易的违法性特征，以此作为是否将内幕人所获利益作为违法所得的丈量基准；其次本文通过明确内幕交易行为各时点、区分内幕交易类型、区分没收程序与罚款程序、结合具体账户交易情况等对内幕交易违法所得的算定进行标准方法的构建，对于基准日、基准价格的择取等均进行了分析；最后本文就是否应当引入复杂金融分析方法剔除市场因素的影响进行了探讨。同时本文对于证监会在行政执法过程中以及法院在司法实践中处理关涉内幕交易案件时的一些不合理之处进行了一定的批评与纠正。

* 韩维，清华大学法律硕士。

关键词：内幕交易；违法所得；基准日；基准价格

一、内幕交易的规制目的

内幕交易的本质是内幕人员利用内幕信息从事证券交易，获得额外利益或者避免损失。〔1〕在 1947 年的 Kardon v. National Cypsum Co. 案〔2〕中，美国法院指出："因特定身份而获知内幕信息之人，在买进或卖出证券时，如果未将信息披露，对于不知道该项信息的交易相对人构成欺诈。"按照此种逻辑，内幕交易构成证券欺诈的根本原因在于，内幕人违反了基于交易前既已存在的信义关系而产生的信息披露义务。〔3〕根据传统理论，公司固有内部人、临时内部人作为受信人，在利用其因职务而获得的内幕信息与作为委托人的股东进行证券交易之前，应当向对方进行完全披露，否则将构成对股东的欺诈。但是理论上公司内部人信义义务所指对象应当是公司而非股东，因此内部人对股东承担信义义务的正当性并不充分。根据盗用理论，基于委托人的信任而获知重大未公开信息的受托人，未经披露而为私利目的使用信息，违反了对委托人的忠实和保密义务。但是对于信息来源并不存在任何信义义务的内幕人，盗用理论似乎无用武之地。可见，通过传统理论和盗用理论构建的"反欺诈"体系并不足以规制内幕交易，因此对于内幕交易究竟是否属于"证券欺诈"亦逐渐引起理论界和实务界的反思。英美普通法认为，欺诈须具备以下要件：(1)存在不真实陈述；(2)该陈述涉及的事实具有重大性；(3)陈述人明知陈述不真实而引诱接受陈述人信赖其陈述；(4)受陈述人信赖陈述并因此遭受损失。而在内幕交易中，内幕人在交易时未披露或"隐瞒"内幕信息的行为并不构成不作为的欺诈。一是由于对于属于公司财产或商业机密的重大未公开信息，在法定披露条件及期限满足前，投资者无权获悉；〔4〕二是由于现代证券法已将信息披露义务强制性地施加于上市公司本身，因此内幕信息的知情人并不具备披露该信息的法律上的能力，也不负担此义务；〔5〕三是由于内幕交易与虚假陈述、

---

〔1〕 参见叶林：《证券法》(第 3 版)，中国人民大学出版社 2008 年版，第 219 页。

〔2〕 Kardon v. National Cypsum Co. ,83 F. Supp. 613,614(E. D. Pa. 1947).

〔3〕 参见王林清：《公平交易理论下内幕交易受害投资者司法救济》，载《中外法学》2017 年第 29 卷第 3 期，第 760 页。

〔4〕 同上。

〔5〕 参见曾洋：《内幕交易侵权责任的因果关系》，载《法学研究》2014 年第 6 期。

操纵市场不同,内幕交易者并未欺骗、引诱、误导投资者作出错误判断,交易相对方对于投资判断和交易决策的自主选择并未受到影响。因此,将内幕交易纳入"证券欺诈"是一种错误定性。

对于内幕交易的违法性特征应当进一步明晰。根据公平原则,投资者享有获得和利用信息的均等机会,而内幕交易扰乱了正常市场秩序,使信息和机会的天平向内幕信息利用者倾斜。〔6〕因此,(1)内幕交易本质上属于不公平交易行为,危害实质在于内幕人使用了公众投资者无法通过合法方式获得的信息优势,违反了公平博弈的交易规则。由于证券市场为零和博弈,允许内幕信息利用者从中获利,相当于听凭其他投资者利益受损。(2)内幕交易侵害了投资者的公平交易权。投资者的公平交易权在于确保投资者能够在公平竞争、机会均等、合理均衡的市场环境中进行交易,〔7〕而内幕交易则破坏了证券市场盈亏概率的均等性。内幕交易者借助内幕信息这一"比较优势"预测公司股票未来价格走势,由此得出的交易决策必然在相当程度上降低盈亏的不确定性,这也意味着内幕交易者将亏损风险转移给了不知情交易者,加大了善意交易者的风险。(3)内幕交易侵害的对象为内幕交易的善意同时交易者,包括同向与反向。①对于反向交易者而言,由于交易方不可能知道其在与内幕信息知情人进行交易,因此其是基于自由选择的投资决策进行股票买卖,在这种情况下,投资者的实际境遇并没有变差,仅仅是交易对象发生变化。所以有观点认为决策失误的投资者无论如何都会亏损,这与内幕交易是否侵犯其公平交易权益之间并无直接关联。然而,股票市场中的买卖机制是撮合机制,就内幕交易者看好而可能整个市场均持保留态度的股票而言,如果没有内幕交易者的介入,大量反向交易者即便市价挂单也难以成交,因此内幕交易者的交易实质上提高了成交的概率,也意味着推动了交易对手方错误决策的进程。②对于同向交易者而言,由于股票市场交易的商品为有价证券,同样受供给和需求变动的影响,当内幕交易者买入看涨股票时,将导致需求上升。在供给不变的情况下,股票市价将上涨,因此同向交易者不得不以更高的价格买入,因而遭受损失。正是因为内幕交易破坏了证券市场的公平交易,

〔6〕 参见叶林:《证券法》(第3版),中国人民大学出版社2008年版。

〔7〕 参见王林清:《公平交易理论下内幕交易受害投资者司法救济》,载《中外法学》2017年第29卷第3期。

导致市场风险的倾斜,造成了其他善意投资者的损失,因此应当对内幕交易采取禁止、取缔的立场,对于内幕交易者凭借不正当信息优势地位所获得的利益应当处以没收,对于内幕交易者扰乱证券市场秩序的行为应当予以惩罚。

二、内幕交易违法所得算定的理论与实践

在中国证券监督管理委员会(以下简称证监会)内部文件《证券市场内幕交易行为认定指引(试行)》(以下简称《认定指引》)中,第21条前段定义了内幕交易违法所得,"……是指行为人实施内幕交易行为获取的不正当利益,即行为人买卖证券获得的收益或规避的损失"。第23条规定了违法所得计算的参考公式:获利型内幕交易违法所得=基准日持有证券市值+累计卖出金额+累计派现金额-累计买入金额-配股金额-交易费用;避损型违法所得=累计卖出金额-卖出证券在基准日的虚拟市值-交易费用;也可参考专家委员会建议的其他公式。对于"虚拟市值"是基准日的开盘价、收盘价还是平均价,证监会亦可选取其认为"适当"的价格。除《认定指引》外,我国关于内幕交易的规范性文件中均仅简单规定违法所得,对于违法所得计算方法与使用条件并未作出系统规范,因此违法所得计算时依据的基准日与虚拟市值均具有较大的不确定性。也正因为从法律规范到执法、司法实践均无法明晰对于内幕交易违法所得的认定、计算和判罚,证监会进行内幕交易行政处罚时具有高度自由裁量空间、处罚结果与行为人合法利益产生巨大冲突、法院在司法过程中亦往往采取回避态度,可想而知,违法所得核定结果往往难以达到对内幕交易的规制目的,甚或引起社会对于结果公允性的质疑。

(一)对于内幕交易股价基准日的确定

《认定指引》第22条规定:"违法所得的计算,应以内幕交易行为终止日、内幕信息公开日、行政调查终结日或其他适当时点为基准日期。"经统计,2018年证监会共查处46起内幕交易案,其中27起案件中,内幕交易者部分或全部平仓股票,因此证监会直接根据行为人在内幕交易行为终止日的实际盈亏计算违法所得。而对于持续持有股票的行为人而言,证监会一般根据某一基准日计算"名义所得",除"郭玮内幕交易'凯盛科技'"案[(2018)38号]中明确表明以复牌后第一个交易日收盘价计算其账面盈亏,其余案件中证监会或仅说明算定日

期而不阐明缘由,或连算定日期都不披露。证券市场变幻莫测,选取的基准日不同,将直接导致算定的违法所得大相径庭,不仅影响到具体罚款幅度,更影响到内幕交易行为是否构成犯罪及刑罚的判处,因此应当结合内幕交易的类型、内幕交易者实施的是利得型还是损避型的交易、内幕交易者的持仓情况对基准日进行更为精确的选择。

1. 获得利益型内幕交易

(1)全部或部分平仓

对于违法所得的计算,主要采用"实际获利法"与"市场吸收法"。"实际获利法"原则上以金融商品买卖的建仓成本与平仓收入之间的差额认定内幕交易违法所得;"市场吸收法"以建仓成本与内幕信息公布后一段合理时间(相关信息被市场充分吸收)内金融商品的评估价之间的差额即名义所得作为违法所得。

实务中,证监会涉及内幕交易账户实际交易部分基本采用"实际获利法"计算行为人的违法所得。如图1所示,内幕信息公开后,大部分行为人在3～6个月内对受影响的股票进行了交易,但有部分行为人直至信息公开9个月甚至15个月后才进行买卖操作。对于行为人长期持有后再卖出的情况,买卖差价中必然存在除内幕信息外其他市场因素对于股价的拉升或压迫作用,因此"实际获利法"对于违法所得的认定存在过轻或过重、很大程度上内含市场趋势的问题。

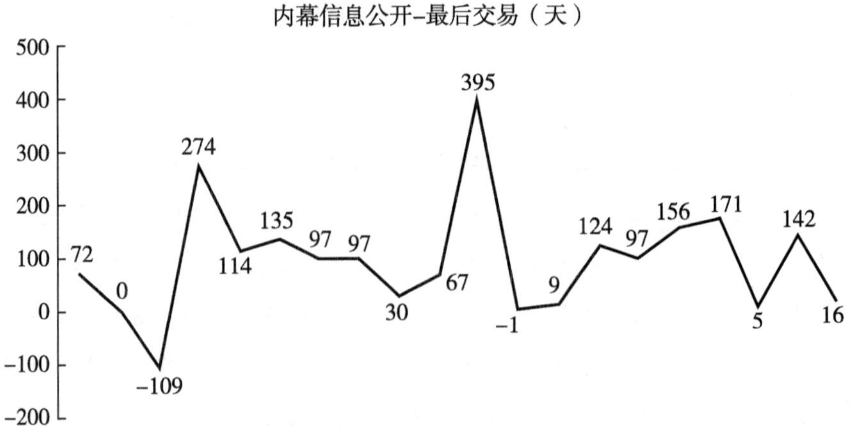

图1　2018年内幕交易行政处罚案件中行为人自内幕信息公开至最后交易日间隔

司法实践中,在蔡哲民诉证监会一案[(2017)京01行初737号]中,原告蔡哲民便提出证监会在行政处罚决定书中不以股票复牌当日的收盘价计算卖出的获利数额,而是以复牌数月后根本不再受内幕信息影响的卖出价格计算获利数额,法院经审理后以“原告卖出股票获益的根本原因在于其于内幕信息敏感期内的买入行为,其获益与本案内幕信息具有关联性”而认定原告的主张不足采,事实上法院在本案中并未明确回应原告关于基准日认定错误的主张。刘宪权教授认为内幕交易违法所得的认定原则上应当采用实际成交差额规则,因为无论是在经济关系还是法律判断上,信息价值、内幕交易行为、经济利益之间都形成了层层推进、紧密连接的条件因果,因此既然信息价值滥用是违法的,内幕交易构成不法,那么相关交易行为所得到的经济收入扣除其交易成本就都具备明确的非法性,均应当认定为内幕交易违法所得。[8]尽管内幕交易应当是从购入看好的股票直至出卖的完整的交易行为,行为人所持有的股票在内幕信息的影响消失后的价格的变化、账户的盈亏正是由于行为人依据内幕信息购入股票的初始行为,但是对于内幕交易进行规制的正当性在于任何人不得以非正当信息优势地位将亏损风险转移给市场上善意交易者,当行为人在内幕信息完全被市场吸收后未抛售股票而选择持股,是行为人基于对市场的判断而非内幕信息原因而做出的选择,后续的获利与内幕信息缺乏法律因果关系。换言之,在这一阶段,行为人相当于是基于个人投资决策购入股票。对于该阶段的受益是否可以“违法所得投资产生的受益”为由加以没收,通过两种不同的情况加以对比说明(见表1):

表1 内幕交易获利情况示例

内幕交易者	内幕交易敏感期初购入	内幕交易敏感期后马上卖出	内幕交易敏感期一年后卖出
甲	2元/股,500股	4元/股,500股	—
乙	2元/股,500股	—	8元/股,500股

〔8〕 参见刘宪权:《内幕交易违法所得司法判断规则研究》,载《中国法学》2015年第6期。

假定存在内幕交易者甲和乙，交易情况如表所示，就乙而言，乙的初始投资金额为1000元，为乙的合法收入，当股票价格由于内幕信息公开而上涨至4元/股时，如果在此时买入500股股票，应当投资2000元。因此当乙以1000元的初始资本金在内幕信息披露后拥有市场价值为2000元的股票，可以认为，乙对于这500股的股票的投资中有1000元的资金为违法所得，因此当股价上涨至8元/股时，该阶段获利的2000元中的一半应当属于违法所得投资产生的收益。但这实际上是不合理的，因为其一，采用“实际收入法”，对于甲而言，违法所得仅计算为(4元/股－2元/股)×500股＝1000元，并不考虑甲其后利用违法所得的1000元进行了何种投资活动、又收益如何。其二，如果持续持股阶段并未盈利，而是由盈转亏，此时采用“实际获利法”，相当于允许行为人利用违法所得进行投资，并且不必承担风险和损失，显然存在问题。因此，对于完全平仓和部分平仓金融商品的内幕交易而言，应当区分交易时点进行违法所得的算定。

涉及内幕交易的关键时点如图2所示。第一，内幕信息形成日为影响内幕信息形成的动议、筹划、决策或者执行人员的动议、筹划、决策或执行时间或能够表明相关重大事项已经进入实质操作阶段并具有很大实现可能性的事件发生之时。第二，依据《认定指引》第11条的规定，内幕信息公开日指内幕信息在证监会指定的报刊、网站等媒体披露，或者被一般投资者能够接触到的全国性报刊、网站等媒体揭露，或者被一般投资者广泛知悉和理解之日。由于我国证券交易过程中，内幕信息依法定形式披露后，所涉证券应当在交易所停牌一定时间，因此内幕信息公开日往往与股票停牌之日相一致，除非内幕信息被提前泄露。因此一般而言可以将内幕信息形成日至内幕信息公开日作为内幕信息敏感期。第三，在股票停牌期间，交易者不得进行股票的投资。

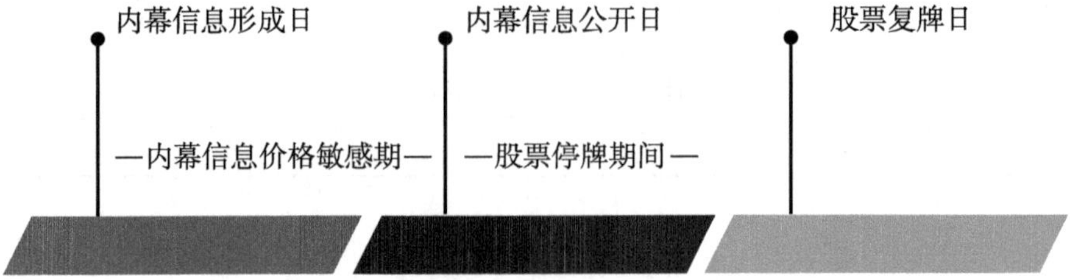

图2　内幕交易关键时点示意图

①内幕信息价格敏感期间的买卖交易所得不应计入违法所得

由于我国证券市场并非半强或强有效市场，股票价格并未蕴含一切信息价值，因此在内幕信息敏感期股价的波动应当是其他市场因素的驱动，与内幕信息无关。除非在满足特定条件下，行为人利用内幕信息所进行的交易已被市场其他投资者识破，而足以影响证券价格的波动，[9]但在客观上此种情况并不多见，因为行为人为获得内幕信息公布后股价抬升带来的价差收益，在行为时通常十分谨慎，采取小量多次的交易方式，避免对证券的交易价格造成较为明显的影响。因此原则上内幕信息敏感期内买入和卖出股票所得收益不应计入违法所得，而在下表所列行政处罚中，证监会或是将在内幕信息敏感期内已全部平仓(看好型交易)的行为认定为内幕交易，或是将在敏感期内部分买卖股票的盈亏计入违法所得，对于此种做法应当予以修正。

表2　2018年内幕交易行政处罚中对于内幕信息敏感期内违法所得认定不当案件

上市公司—交易股票	行为人	内幕信息公开日	交易时点	账户实际盈亏	评述
中牧股份	徐某坤	2015.9.2	2015.7.6	亏损	证监会意见：“在内幕信息敏感期内买入‘中牧股份’，即已构成利用内幕信息进行股票交易，即使在内幕信息公开前卖出股票也不影响其交易行为已构成违法的认定。而且2015年6月、7月，股市发生异常波动，当事人7月6日不惜亏损卖出股票，不排除是为规避风险，而不能必然得出是当事人所称的体现了主动放弃、避免内幕交易的主观态度，并且此卖出行为如上所述也不影响内幕交易的构成。我会对当事人相关申辩意见不予采纳。”事实上，行为人在内幕交易敏感期内买入股票，后在内幕信息公开日前两个月将所有股票卖出，该行为不构成内幕交易

〔9〕　参见刘宪权：《内幕交易违法所得司法判断规则研究》，载《中国法学》2015年第6期。

续表

上市公司—交易股票	行为人	内幕信息公开日	交易时点	账户实际盈亏	评述
赤峰黄金	王某武	2015.12.15	2015.8.28 - 174000 股、20000 股	盈利	行为人在 8 月 28 日卖出股票 174000 股,在 8 月 20 日卖出 20000 股,实际上应当不能算作是内幕交易所得。但是证监会对此没有说明,当事人也没有对此进行抗辩;此外,经计算,按照证监会的计算方法亦无法得到“603,684.93”的违法所得结果
凯盛科技	汤某炜	2016.11.8	2016.9.1 - 1200 股、2017.2.13 - 61200 股	亏损	部分股票在内幕信息敏感期内完成买卖交易,也被算入违法所得,证监会未对此进行说明,当事人亦没有进行抗辩
摩恩电气	边某	2014.8.14	2014.8.14、2014.8.11 - 2014.10.20 - 621943 股	盈利	
神州数码	许某霞	2017.3.21	2017.3.20 - 1500 股	亏损	
维格娜丝	胡某权	2016.9.3	2017.8.24 - 全部卖出;2017.12.22 - 10000 股;2017.1.5 - 5800 股	盈利	

②内幕信息公开后合理期间外平仓应当以“市场吸收法”计算违法所得

在 SEC v. MacDonald 案中,法院认为确认违法所得的时点以内幕信息被公开后的一段合理时间来计算,参考价格需要以信息已被市场广泛吸收的时点作为计算标准。由于内幕信息公开后,对于特定金融商品市场价格的影响在客观上需要一定时间,因此确定合理期间的基准日一是有助于完全评估内幕信息经济价值,二是令其他市场介入因素对于价格的影响程度限于合理限度。因此对于长期持仓并在内幕信息公开数月后进行的交易而言,正如上文例 1 之甲,应当将其违法所得限定于内幕信息影响期内,将“内幕信息被公开后一段合理时间”作为基准日。

关于合理时间的确定,比较法上,中国台湾地区在“证券交易法”第157条之一对内幕交易民事赔偿的违法所得计算作出规定,行为人“对于当日善意从事相反买卖之人买入或卖出该证券之价格,与消息公开后10个营业日收盘平均价格之差额,负损害赔偿责任”。加拿大直接规定了违法所得的计算公式,将基准日定为“内幕信息一般披露后20个交易日”。日本在《证券交易法》(《证券取引法》)第175条规定违法所得的计算方法为:a. 行为人买入证券的,违法所得=(内幕信息公开后2周内的最高价-买入价)×买入数量;b. 行为人卖出证券的,违法所得=(卖出价-内幕信息公开后2周内的最低价)×卖出数量,即日本选取内幕信息公开后两周内行为人收益最高的时点。[10]对于我国证券市场内幕交易究竟对证券价格产生多少影响及该影响在多长时间内被市场消化理论上可以通过量化手段,采取传统或经过修正的CAPM模型将内幕信息公开后股票不存在超额收益率的时点作为“基准日”。然而,由于公司规模大小不同、公司知名度高低不同、内幕信息类型不同(包括上市公司收购方案、公司股权结构的重大变化等)、内幕信息知情人数量不同,因此内幕信息对于股票价格的影响时间存在个案的差别,是否能确定一个单一的合理期间仍未可知。正因如此,考虑到为保证拟制违法所得司法核定的便捷性与可操作性,刘宪权教授[11]认为应以内幕信息公开后10个交易日为基准日。汤欣教授等[12]认为原则上应以内幕信息公开后涨跌停板日为交易日。由于我国内幕信息公开伴随着停牌制度,部分公司停牌期间长达数月,因此证券市场在股票复牌前有充足时间对内幕信息进行识别和判断,只等复牌之日进行交易,由此可以参照比较法上的做法给予投资者和市场“十个交易日”的长度,以将投资决策充分落实、将内幕信息完全吸收。

③内幕信息公开后合理期间内平仓应当以“实际获利法”计算没收程序违法所得、以“市场吸收法”计算罚款程序违法所得

对于在内幕信息公开后合理期间内平仓的交易而言,应当区分没收程序和

---

〔10〕 参见吴任桓:《内幕交易违法所得计算中对市场因素的处理》,载《金融理论探索》2017年第4期,第51页。

〔11〕 参见刘宪权:《内幕交易违法所得司法判断规则研究》,载《中国法学》2015年第6期,第258页。

〔12〕 参见汤欣、高海涛:《我国内幕交易案件中违法所得的算定及判罚——兼论域外法律实践及其启示》,载《证券法律评论》2015年卷,第66~67页。

罚款程序分别计算违法所得。肖泽晟教授[13]认为由于没收违法所得旨在对违法行为人持有的不受法律保护的利益予以剥夺,从而实现恢复原状、消除违法行为带来的不利后果,因此没收程序中的“违法所得”应当是违法行为人实际因实施损害公共利益的违法行为而直接或间接获得的利益,而非潜在所得或预期利益,应当以“实际获利法”进行算定。罚款的目的在于制裁,依据违法行为的事实、性质、情节和社会危害程度剥夺违法行为人一定数额的合法财产,因此,罚款程序中的“违法所得”应当为理论上可通过违法行为增加的利益或规避的损失,因此应当采用“市场吸收法”算定。试举下例进行说明(见表3):

表3　违法所得示例

内幕交易者	内幕交易敏感期初购入	内幕信息公开后合理期间内卖出	内幕信息被市场广泛吸收时点基准价格	内幕交易敏感期一年后卖出
甲	2元/股,500股	4元/股,500股	6元/股	—
乙	2元/股,500股	—	6元/股	8元/股,500股

注:基准价格×股数=虚拟市值,对于基准价格的确定将在后文阐明。

一般而言,完全反映内幕信息的股价于部分反映内幕信息的股价应当有所不同。本例假定在基准日采用的基准股价高于内幕信息公开后合理期间内某一天的股价。本例中,行为人甲于内幕信息公开后合理期间内以4元/股的价格全部平仓500股股票,收益为2000元,而乙由于在内幕交易敏感期一年后卖出,因此应当以内幕信息被市场广泛吸收时点作为基准日,计算虚拟收益为6元/股×500股=3000元。由于乙的违法所得高于甲的违法所得,因此对乙所处罚款应当高于甲。然而,甲和乙利用了同一内幕信息、购入了相同数量的股票,在主观恶性和社会危害性层面并无实质性差别,因此对于甲乙之间的惩治力度理论上应当相同,由此,对于罚款程序中的违法所得应当为理论上行为人可通过内幕信息获得的利益或规避的损失,即使行为人由于自身原因或者第三人原因导致未能从违法行为中获得全部收益,也不影响违法行为的社会危害性,因此应当以内幕信息被市场广泛吸收时点作为基准日计算违法所得。

---

[13]　参见肖泽晟:《违法所得的构成要件与数额认定——以内幕交易为例》,载《行政法学研究》2013年第4期,第53页。

而对于没收程序中的违法所得，如果以“市场吸收法”进行计算，在甲实际获利为2000元的情况下，却要没收其3000元的资产，意味着同时对于甲的合法财产进行了处分，不具有正当性。并且，对于甲实际获利2000元与甲本可以获利3000元之间的1000元不做处理，是因为该部分利益由于甲未在内幕信息被完全吸收时出售股票而最终回归到了市场投资者手中，已然受到了市场的惩罚，因此此时应当采用“实际获利法”。

(2)持续持有

对于行为人基于利好内幕信息买入股票后持续持有的，同样应当区分没收程序和罚款程序分别计算违法所得。就没收程序而言，由于行为人并未卖出股票，客观上本可以通过内幕交易获得的收益仍保留于证券市场中，按照“实际获利法”，行为人不存在实际所得，因此无违法所得可被没收。就罚款程序而言，行为人未实际获利并不代表其未对公共利益造成损害，只要行为人利用内幕信息建仓，并令所持股票获得内幕信息经济价值，行为人就构成对于正常市场秩序的扰乱，因此对于行为人的罚款应当以情节轻重为依据，如上例2，应当采用“市场吸收法”计算行为人在内幕信息为市场广泛吸收时点应当获得的收益，根据该收益对行为人处以罚款。司法实践中，在张海光诉证监会一案[(2017)京行终2185号]中，内幕信息公开日为2014年5月15日，而证监会在计算行为人张某光所持余股的账面价值时采用的基准日为2015年1月28日，距信息公开足有8个月之久，对于此种做法应当予以纠正。

2. 避免损失型内幕交易

对于避免损失型内幕交易，在利空情况下，如果行为人没有实际抛售股票以避免损失，根本不成立“交易”，不存在需要核定的规避风险的利益；只有行为人在利空信息公布前进行平仓，才成立内幕交易。由于行为人只进行一次出卖股票的交易，因此无法直接根据买入和卖出的差价来计算所避免的损失，必须通过拟制内幕信息经济价值与内幕交易利益之间的对应性关系。证监会应当按照《认定指引》以行为人实际平仓时的金额减去卖出股票在计算基准日的虚拟市值计算违法所得，此种方法属于“市场吸收法”。由于市场对于利好消息与利空消息的反应并不完全一致，因此“合理期间”存在不同，我国证券相关部门已经确定,内幕信息公开后股票复牌当日,市场即可以对相关信息完全吸收。[14]此外,在利空消息的作用下,股票价格一般在复盘后第一个交易日大幅下跌,一般投资者均会选择在该日抛售股票以及时止损,因此应当以股票复牌当日作为基准日。

(二)内幕交易基准价格的确定

比较法上,中国台湾地区以内幕信息公开后10个营业日收盘平均价格为基准价格;加拿大以内幕信息披露后20个交易日的平均收盘价格为基准价格;日本计算获利型违法所得时以内幕信息公开后2周内的最高价作为基准价格、计算避损型违法所得时以内幕信息公开后2周内的最低价作为基准价格。国内学者刘宪权教授[15]认为应当以内幕信息公开后10个交易日证券市场平均价格作为基准价格。汤欣教授等[16]认为应当以内幕信息公开后打开涨跌停板日的收盘价或期间加权平均价作为基准价格。段磊[17]认为应当选择内幕信息公开后一个合理时间段内的最高价或最低价作为基准价格。实务中,在郭玮内幕交易"凯盛科技"案[(2018)38号]、张海光内幕交易"任子行"案[(2017)京行终2185号]中,证监会对于行为人所持余股账面价值的计算均采用其选定的基准日的收盘价。综上,学界与实务界对于基准价格的选择主要集中于基准日的收盘价、内幕信息公开后合理期间的平均价(一般为平均收盘价)和内幕信息公开后合理期间的最高价或最低价。

我国收盘价或是以当日该证券最后一笔交易前一分钟所有交易的成交量加权平均,或是采取集合竞价机制,即间隔性价格生成机制产生,因此开盘后的供需不平衡信息得以完全地公开披露、参与交易者有相对充裕的时间获得更多的信息,价格更能反映真实价值;最高价与最低价是当日价格的极限,并非一个常态,因此在最高价与最低价交易的投资者并不多。就理性人角度而言,一般人不可能在最低价时将股票抛售,而期望在最高价时抛售又仅仅是一种可能。因此在利好型交

---

[14] 参见万志尧:《内幕交易刑事案件"违法所得"的司法认定》,载《政治与法律》2014年第2期。

[15] 参见刘宪权:《内幕交易违法所得司法判断规则研究》,载《中国法学》2015年第6期。

[16] 参见汤欣、高海涛:《我国内幕交易案件中违法所得的算定及判罚——兼论域外法律实践及其启示》,载郭锋主编:《证券法律评论》(2015年卷),中国法制出版社2015年版。

[17] 参见段磊:《内幕信息传递和交易推荐的构成要件及违法所得计算的重构——2013年日本〈证券交易法〉修改及对中国法的借鉴意义》,载张育军、徐明:《证券法苑》(第九卷下),法律出版社2013年版。

易中，以最高价计算偏高，以最低价计算则偏低，采取收盘价计算比较合理。就交易规律而言，行为人一般不会选择在内幕信息被广泛吸收时日进行交易，一是由于行为人难以判断内幕信息对市场的影响持续到何时，二是由于股票市场存在"追涨杀跌"的羊群效应，投资者容易在利好信息一公开时迅速、大量买入股票，因此完全反映内幕信息的股价并不一定高于部分反映下的股价。可见，采用基准日的收盘价作为基准价格并不合理，而采用平均收盘价建立在投资者于内幕信息公开后合理期间内任意一天交易概率均等的基础上，既不是对一般投资者的投资决策过分简化，又使得司法核定具有可操作性，因此应当采用平均股票收盘价。

（三）内幕交易违法所得中市场因素的剔除

市场因素应当限定于市场外部信息，即"外部宏观因素"，主要是指足以影响证券价格的国家政治或经济因素的变动，如美联储加息、人民币贬值、央行下调存款准备金率等。外部宏观因素通过影响证券市场，进而对个股产生作用，因此，可以根据大盘的走势判断市场外部因素的影响。

美国的 V. Nacchio 案巡回法庭认为"影响价格因素是复杂的"，需要考虑"外在因素的影响"对股价的实质影响，而其中最为重要的就是市场因素的影响。V. Nacchio 案使得市场因素对内幕交易违法所得计算的影响不再停留在理论分析和行为人抗辩层面，而是在司法实践中得以考量。目前，理论界和境外的监管机构正在积极探索在内幕交易违法所得计算中进一步提出市场因素影响的方法，在此基础上形成了违法所得计算的"超额收益法"，主要包括"潜在计量法"和"潜在概率法"。潜在计量法由美国证券交易委员会开发，是目前全球资本市场监管中运用较为广泛的一种违法所得测定方法。该方法以事件研究的思想为基础，认为如果没有特别信息的扰动或冲击，股价变动应遵循前一段时期即估计期的状态，由此可根据历史股价测算股票交易能够获得的正常收益。若内幕交易者基于信息优势，显著并连续地战胜市场，获得正常收益以外的利润，则这部分利润便是信息优势给内幕交易者带来的额外好处，属于违法所得。这种违法所得被称为"潜在计量违法所得"（PED）。潜在概率法由 Minenna[18] 提出，测算

---

[18] Minenna, Marcello, "Insider trading, abnormal return and preferential information: Supervising through a probabilistic model", *Journal of Banking & Finance*, 2003, 27(1), pp. 59 – 86.

指标为“潜在概率违法所得”(PPD)。潜在概率法与潜在计量法有类似之处,均是利用股价突破正常收益范围的程度以测算内幕交易者基于信息优势所获得的好处。所不同的是,潜在计量法中的正常收益由市场模型得来,而潜在概率法的正常收益范围由股价的几何布朗运动得出。[19]相比于《认定指引》中规定的对于违法所得的算定方法,PED和PPD方法通过建立模型和数据分析等方式对于市场因素的度量更为精确。但是在实证过程中,当模型的设计与数据的选取存在差异时,往往将得到不同的结果。黄素心等[20]对于PED法与PDD法进行比较,得出PPD法与PED法的效果有限,我国目前采用的计算方法更为适合;但陈莹等[21]经过实证分析得出了相反的结论,表明PPD法效果更佳。在实务中同样存在类似问题。在V. Nacchio案中,原、被告方的专家均以事件研究法对超常收益进行估算,政府专家提供的研究报告表明,排除市场因素后Qwest股票总值下降中有45%~65%与Nacchio交易时拥有的信息相关,这导致了Nacchio规避损失的数额为2300万~3200万美元,而Nacchio方的专家Daniel R. Fischel教授的结论为,市场因素是Nacchio交易期间股价波动的主要因素,Nacchio对内幕信息的使用仅仅导致了3.52%的总值下跌,因此其规避损失的数额仅为180万美元。可见,不同计算思路和方法得出的市场影响和违法所得具有非常大的差异。

不过,尽管由于证券市场对于重大信息的反应本身存在效率欠佳的问题,事件研究法不能完善地反映内幕信息对于股价的影响程度,但是当市场外部介入因素的影响显而易见时,仍然应当采用事件研究法剔除市场因素的影响。在市场整体上涨的情况下,计算违法所得时应该剔除市场上涨因素对于违法所得计算的影响,反之在市场整体下跌的情况下,尽管内含内幕信息的股票没有大幅上涨,但相对于没有内幕信息的股票而言可能会表现出抗跌甚至上涨的情况。如在张某某等内幕交易“凯诺科技”案[山西省清徐县人民法院(2011)清刑初字第30号]中,内幕信息公开后大盘涨幅达22.58%,而行为人内幕交易所涉股票涨

---

[19] 参见黄素心:《内幕交易违法所得测度方法述评》,载《商业时代》2009年第28期。

[20] 参见黄素心:《内幕交易违法所得认定问题研究》,载《技术经济》2011年第7期。

[21] 参见陈莹、李心丹、周旭媛:《内幕交易违法所得计算中对市场因素的处理——基于国内案例的实证分析》,载《证券市场导报》2014年第4期。

幅仅为 14%，该案中市场因素的作用较为明显，因此应当考虑剔除。

对于 PED 法与 PDD 法的选择而言，潜在概率法的估计期为内幕交易者的建仓期，因此该方法可以区分交易策略不同的内幕交易者的超常收益，但是应当明确的是，采用事件研究法的目的仅为剔除市场因素，本就不应剔除行为人根据自身投资决策所带来的超额收益。在计算违法所得时，如果将一部分超额收益归功于具有高度市场敏感性和良好投资策略的行为人的“脑力劳动”是显然不公的，因此应当采用 PED 法。

三、违法所得算定的流程梳理

根据上文对于基准日、基准价格与有关市场因素剔除的分析，总结得到关于内幕交易违法所得计算的方法如图 3 所示：

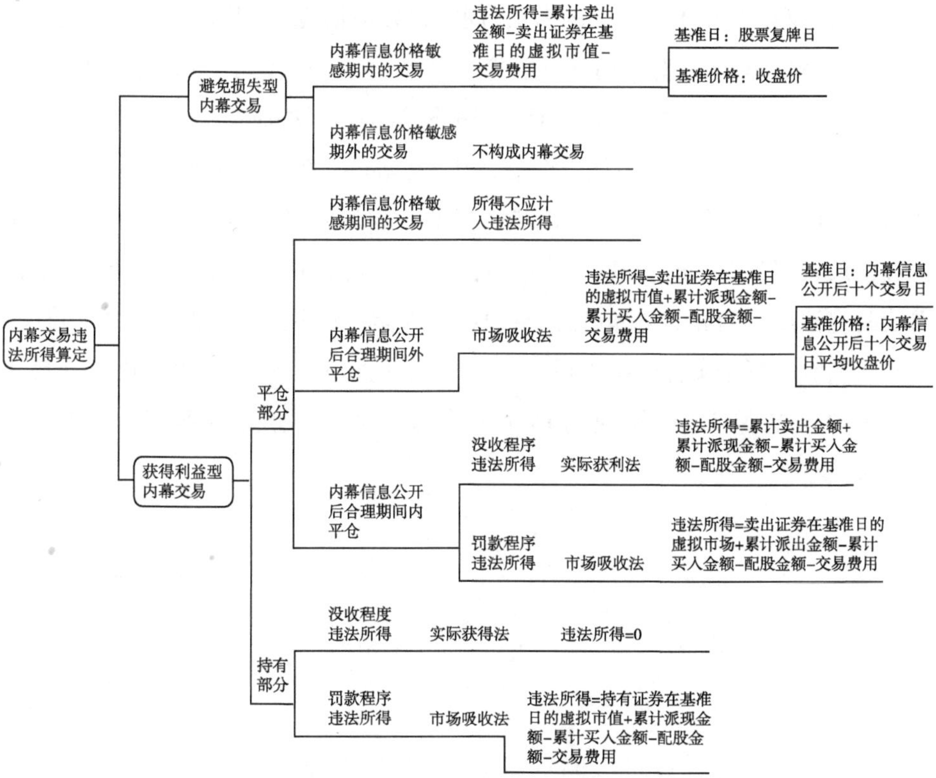

图 3 内幕交易违法所得计算方法

四、总结

内幕交易本质上属于不公平交易行为。内幕交易者借助内幕信息破坏了证券市场盈亏概率,将市场风险转嫁于其他善良交易者,因而必然要为自身扰乱证券市场秩序的行为负责。但应当注意的是,对于内幕交易者违法所得的计算,一是要明确,对于利好型内幕交易而言,只有在内幕信息敏感期内买入并且在内幕信息公开日后卖出或持仓的交易行为应当受到处罚,对于利空型内幕交易而言,只有在内幕信息敏感期内的平仓行为属于内幕交易;二是要区分没收程序违法所得与罚款程序违法所得,对于内幕交易者的个人正当财产不应予以没收,但对于主观恶性与社会危害性相同的内幕交易者,无论其是否从内幕交易中获得利益,均应对其处以罚款处罚;三是对于采用市场吸收法下内幕信息公开后合理期间的把握,可以借鉴比较法上的做法,同时也要灵活变通,根据市场实际波动情况作出最终选择;四是对于基准日股价的择取,本文更倾向于选择合理期间内日收盘价的平均值;五是对于市场因素的剔除,从平衡司法成本和结果正义的角度出发,既不应完全舍弃一些复杂金融方法,也无必要在一些清晰、基本不受市场因素影响的案件中采用,而是在市场因素的影响较大以致通过简易方法计算出的违法所得显失公平时,择取一个或对比多个金融方法计算结果。不难发现,内幕交易违法所得的算定并未有想象中复杂,构建一套标准的计算方法并非难事,一旦证监会在每个案件中均采用统一的方式计算违法所得,不仅使内幕交易者得到程序上的保障,更易使内幕交易者接受处罚决定,达到其心中的“结果正义”。

（编辑:沈朝晖）

《清华金融法律评论》
第3卷第2辑
第111～123页

日本金融商品交易法之内幕交易规制

——兼析首起行政处罚被取消之案例

陈　宇*

目　　次

一、内幕交易规制的概要
二、内幕交易规制的对象
三、首起行政处罚被取消之案例
四、从本案看内幕交易规制的对象

摘　要：内幕交易作为证券市场规制的重要领域，日本通过《金融商品交易法》第166～167条对内幕交易的禁止作出规定，并将规制的对象归结为公司相关人员、要约收购者、信息受领者。本文结合日本首起关于内幕交易之行政处罚被取消的案例，对《金融商品交易法》中“特定人员”“传播”“传达”“得知”等概念进行探讨。

关键词：内幕交易规制；日本金融商品交易法；行政处罚

* 陈宇，名古屋商科大学副教授，日本庆应义塾大学法学博士。

一、内幕交易规制的概要

内幕交易是指可获取未公开信息的公司经营者等利用未公开的重要信息进行的证券交易。日本于1988年修改《证券交易法》时禁止进行内幕交易。禁止内幕交易的理由一般被解释为因为其不公正和有损投资者对市场的信任。2006年修改《证券交易法》时更名为《金融商品交易法》(以下简称为金商法)。该法第166条禁止进行与内部信息相关的内幕交易,即知晓重要事实的上市公司等的相关人员或信息受领者在该事实公布前禁止买卖相关证券。此外,对投资者的判断而言重要的信息还包括来源于上市公司等之外的信息(外部信息)。如果能够获得这样的外部信息的身处特定地位的人得知该信息后进行证券交易,那么也可能对投资者而言是不公正的。因此第167条规定,关于要约收购或股份收购的重要事实,禁止与要约收购者或股份收购者有特定关系者(要约收购者等的相关人员)进行证券交易。

金商法规定,对违反内幕交易相关规定者处以5年以下有期徒刑或500万日元以下罚金,或者是两者并罚(第197条之2);如果是与法人的财产或业务相关的内幕交易,对法人处以5亿日元以下的罚金(第207条)。作为附加刑,通过内幕交易获得的财产(购买的股票或售出款)属于没收的对象,无法没收时将追缴该财产的价额(第198条之2)。对违反内幕交易规定者,内阁总理大臣将命令其缴纳课征金(第175条)。罚金和课征金有可能并罚,被处以没收和追缴财产时除去该金额后决定课征金的金额(第185条之7第15款)。

课征金的金额是以重要事实的公布日之前的6个月以内自负盈亏出售相关证券的价格与重要事实公布后两周内的最低价格之间的差额,或重要事实的公布日之前的6个月以内自负盈亏购买相关证券的价格与重要事实公布后两周内的最高价格之间的差额为基准,在此基础上乘以实际交易量后计算得出(金商法第175条第1、2款)。因此,课征金的金额有可能大于违反者通过内幕交易实际获利的金额。

二、内幕交易规制的对象

(一)公司相关人员

只有处于特定地位者凭借特定的关系得知重要事实(重要的未公布的信息)时才属于“公司相关人员”而被禁止进行相关交易(金商法第166条第1款)。具体包括以下情形:(1)关于职务得知重要事实的上市公司等及其母公司、子公司的经营者等(经营者、代理人、其他员工等)(第166条第1款第1项);(2)通过行使账簿阅览权得知重要事实的股东等(若是法人则为其经营者等,第166条第1款第2项);(3)通过行使权限得知重要事实的对上市公司等拥有法定权限者(第166条第1款第3项);(4)通过与上市公司之间的合同的签署、谈判、履行得知重要事实者(若是法人则为其经营者等,第166条第1款第4项);(5)上述(2)(4)为法人时该经营者等以外关于职务得知重要事实的经营者等(第166条第1款第5项)。作为公司相关人员得知重要事实后即使辞去公司的职务,1年以内仍被禁止进行相关交易(第166条第1款本文后段)。

关于(1)的情形,经营者是指公司的董事、会计参与、监事和执行官(金商法第21条第1款第1项),并包括外部董事和外部监事。其他员工是指实际上从事该公司业务的所有人员,而不论其是否与公司存在雇佣关系或形式上的地位和称呼。只有公司的经营者等关于职务得知重要事实时才属于规制对象。例如,董事在董事会的讨论中获得信息,监事在行使《公司法》中的调查权时获得信息,或者公司员工在接到业务指示时获得信息。反而言之,若经营者等是在与履行职务无关的偶然情况下获得信息,则不属于规制对象。

关于(2)的情形,拥有账簿阅览权的股东等是指拥有3%以上表决权或股份的股东(《公司法》第433条第1款)、拥有账簿阅览权的母公司股东(《公司法》第433条第3款)。股东等通过行使账簿阅览权可能获得该公司未公布的信息,因此属于规制对象。如果股东等是在股东大会上得知重要事实,那么就不是作为公司相关人员而是作为后述的信息受领者得知该事实。

关于(3)的情形,对上市公司等拥有法定权限者是指依法拥有与上市公司等相关的审批、调查等权限的公务员以及根据《公司法》对子公司拥有调查权的母公司的监事和会计监查人。

关于(4)的情形,与上市公司等签署的合同包括商品买卖、提供服务、M&A交易等所有类型的合同。因此,规制对象的范围较广,与公司签约的客户、银行、律师等均可能成为公司相关人员。

关于(5)的情形,如果上述(2)(4)为法人,那么除了行使账簿阅览权或进行签约等行为的经营者等外,一般还存在其他经营者等。其他经营者等在履行职务时也有可能得知行使账簿阅览权或进行签约等行为的经营者等所获知的重要事实。因此,金商法将通过履行职务得知重要事实的其他经营者等也列为内幕交易规制的对象。

如上所述,金商法对公司相关人员的范围进行了限定,不是说所有职业上或者地位上能接近重要事实者都包括在内。例如,虽然新闻记者和证券分析师在职业上处于可以获得重要事实的地位,但与发行公司之间没有合同关系,因此不属于公司相关人员,而只是后述的信息受领者。

(二)要约收购者等相关人员

在要约收购等将进行时,“要约收购者等相关人员”也被禁止进行相关交易(金商法第167条第1款)。具体包括以下情形:(1)通过履行职务得知关于要约收购等的重要事实的要约收购者等的经营者等(第167条第1款第1项);(2)通过行使账簿阅览权得知重要事实的要约收购者等的股东等(若是法人则为其经营者等,第167条第1款第2项);(3)通过行使权限得知重要事实的对要约收购者等拥有法定权限者(第167条第1款第3项);(4)通过与要约收购者等之间的合同的签署、谈判、履行得知重要事实者(若是法人则为其经营者等,第167条第1款第4项);(5)作为该要约收购等的对象的上市股票等的发行公司(包括其经营者等,第167条第1款第5项);(6)上述(2)(4)为法人时该经营者等以外通过行使职务得知重要事实的经营者等(第167条第1款第6项)。虽然要约收购者或股份收购者本身知晓关于要约收购等的重要事实,但并不被禁止获得目标公司的股份。即使不再是要约收购者等相关人员,6个月以内仍被禁止进行相关交易(第167条第1款后段、第3款)。2013年金商法修改时将原规定的1年以内改为6个月以内。

关于情形(1),经营者等的概念与上述第166条第1款第1项相同。若要约收购者为法人,则通过履行职务得知重要事实的经营者和其他员工成为内幕交易规制的对象。若要约收购者不是法人,那么其代理人和受其委托者成为规制对象。情形(2)的股东等、情形(3)的拥有法定权限者、情形(4)的签约者等的概念也分别与上述第166条第1款第2项、第3项和第4项相对应。

(三)信息受领者

从公司相关人员或要约收购者等相关人员那里得到信息传达者(信息受领者)也被禁止进行相关交易;如果该信息受领者隶属于法人,该信息受领者以外的经营者等通过履行职务得知该信息,那么该经营者等也属于信息受领者(金商法第166条第3款、第167条第3款)。

如果虽然是从公司相关人员或要约收购者等相关人员那里得到信息传达,但同时也符合上述第166条第1款、第167条第1款的各项规定,那么将作为公司相关人员而不是信息受领者受到规制。例如,在A上市公司的客户B公司里,如果负责A公司的X在工作上将得知的信息告诉公司内部的Y,那么Y将作为公司相关人员成为内幕交易规制的对象(金商法第166条第1款第5项)。如果X作为友人将该信息告诉公司内部的Z,那么Z就不是公司相关人员而是信息受领者(第166条第3款)。

将信息受领者列为规制对象是为了防止公司相关人员或要约收购者等相关人员作出规避内幕交易规制的行为。因此,一般认为符合以下要件者方为信息受领者。第一,必须存在被禁止进行内幕交易的公司相关人员。第二,该公司相关人员应有向信息受领者传达重要事实的意思并实际上进行了传达的行为。若只是从餐厅的邻座那里听到重要事实,则不属于信息受领者。第三,信息受领者应对以下有所认识:(1)传达者为公司相关人员,且系通过履行职务等获知该信息;(2)所传达的信息是未公开的重要事实。信息传达者和信息受领者的关系可以是多种多样,既可以是工作上的关系(客户、同事、采访对象等),也可以是私人或其他关系(亲属、同学、朋友等)。

从信息受领者那里得到信息的传达的二次受领者并不被禁止进行相关交易。例如,从证券分析师等那里获得信息者进行交易不受处罚。这是因为金商法将信息受领者列为内幕交易规制的对象并不是为了确保投资者之间的信息平等,而是为了禁止与公司相关人员存在特别关系者利用该信息进行交易,为了防止规制对象的范围无限扩大必须对其加以明确。另一方面,如果信息受领者实质上只不过是二次受领者所利用的道具，那么即使表面上看似二次受领者，也应该认为其属于信息受领者。

三、首起行政处罚被取消之案例

(一)事实概要

X于2010年出任A咨询公司的董事长时，B是野村证券公司的机构投资者营业二部的营业员。X以前曾担任野村证券的重要客户的基金经理，当时就是B的客户之一。X辞去基金经理职务后B仍将其当作客户对待，经常通过电话等向其提供公募增资等信息。2010年A公司与美国公司C缔结了咨询合同，D是C公司的操盘手。

东京电力公司是东京证券交易所市场第一部的上市公司。东京电力于2010年9月29日召开董事会，决定以野村证券为主干事通过公募发行2亿2100万股普通股，并于当天就此通知东京证券交易所。东京证券交易所于当天下午3点50分在官网上公布了该消息。

在野村证券内部，企业调查部的证券分析师E于2010年9月15日认识到东京电力的公募增资将于近期公布；与B同属于机构投资者营业二部的公募增资等的负责人F于9月24日被登记为知晓内部信息者，得知该公募增资将于29日公布。

B于2010年9月21日向E询问东京电力及另一家公司G的公募增资的情况。关于东京电力的公募增资，从E处得到了无法否定其可能性，就算实施也不奇怪的回答；关于G公司的公募增资，得到了令B感觉E持否定态度的回答。

B在2010年9月21日前向F询问9月最后一周能否休假，G回答称届时可能较忙。B还在9月22日至24日向F询问能否于29日与客户共进晚餐，G回答称当天可能会有事情且规模可能较大。

X在与B联系后，通过网络聊天向D告知“B联系称‘证券分析师对有公募增资传言的G公司持否定态度，感觉东京电力更有可能’”“B联系称‘感觉案子可能是9月29日’”。

在东京证券交易所实施上述公布之前，X出售了200股共计44万3100日元的东京电力的股票，C出售了3万5000股共计8051万8900日元的东京电力的股票。金融厅长官以这些股票的出售违反金商法为由，分别命令 X 和 C 缴纳 6 万日元和 1468 万日元的课征金。对此只有 X 提起了取消诉讼。

一审判决称，本案从证据上无法认定 B 在公募增资公布前已经得知东京电力决定实施公募增资及其将在 2010 年 9 月 29 日公布，针对 X 的课征金缴纳命令因违法而应被取消。金融厅不服一审判决而提起了上诉。

（二）二审判决

驳回上诉、维持原判。其理由如下。

"……若要认定与上市公司等进行签约交涉的法人等的其他经营者等因关于职务得知重要事实而符合金商法第 166 条第 1 款第 5 项，则不应该只是说其关于职务认识到构成重要事实的主要事实，还需要具备可将其定位为公司相关人员的情况，也就是说不论方法和形态等，可以称得上负责签约或交涉的经营者等所得知的重要事实在法人内部向其传播（流传且知晓）的情况，在该情况下认识到构成重要事实的主要事实才算合理。"

"……虽然关于东京电力的公募增资的'无法否定其可能性，就算实施也不奇怪的回答'的回答，从其说法和文脉（前后的对话的内容）等来看，也有可能被评价为是在积极暗示东京电力已就公募增资作出决定的可能性，或是在暗中传达其可能性，但在对 E 的调查书中完全未记载其作出上述回答是出于何意（调查官甚至连这样的问题都没问），对 B 的调查书中也几乎没有记载其前后的对话内容和向 E 询问的意图以及 B 对该回答如何理解。因此，E 的上述回答只能说是对东京电力的公募增资的可能性不置可否，无法认定是在积极暗示东京电力已就公募增资作出决定的可能性，或是在暗中传达其可能性。上诉人主张称，证券分析师的工作就是理解所负责企业的事业内容和收益构造，分析事业计划并作出评论，无法作出评论属于异常情况，E 的不置可否只能说是无法作出评论。但是，在本案中如上所述，对 E 的调查书未就上述回答做任何记载，没有足够证据认定 E 的回答是上诉人所主张的无法作出评论的意思。"

"因此，无法仅凭 E 的上述回答就认定东京电力已就公募增资作出决定一事从 E 传播给了 B，也没有其他足够的证据可以认定本案重要事实从 E 传播给了 B。"

"经认定 F 在 9 月 22 日至 24 日之间被 B 询问能否于 29 日与客户共进晚餐

时,回答称当天可能会有事情且规模可能较大。因为F是在被登记为知晓内部信息者时得知本案重要事实,所以要说本案重要事实是通过上述回答传播给B,至少需要满足上述回答是在F被登记为知晓内部信息者之后作出的条件,但是没有确切证据证明二者的先后次序。据F称,因为B具体询问能否设定饭局,所以自己保持警惕以防泄露信息。因此,难以想象F会在被登记为知晓内部信息者后在知晓本案重要事实的情况下作出上述回答,故不足以认定本案重要事实是通过上述回答传播给B。其他也没有足够的证据可以认定本案重要事实从F传播给了B。"

"如上所述,因为无法认定本案重要事实是在野村证券内部传播给了B,所以不能说B关于职务得知本案重要事实。"

"因此,X不存在符合金商法第166条第3款的事实,认定存在该事实的本案命令是违法的。"

"上诉人主张称,与金商法第166条第3款不同,该条第1款只规定关于职务'得知'重要事项,'传达'并不是要件,因此即使公司相关人员是通过获取和组合公司内部的复数的断片性信息认识到重要事实,也可以说是'得知'重要事实,并且可以是并非有十分把握的认识。"

"然而,相比金商法第166条第3款是外部人员取得从公司相关人员处流传而来的内部信息的情形,该条第1款第5项是法人内部的其他经营者等取得从负责交涉的经营者等处流传而来的内部信息的情形,二者在内部信息的传播(流通、取得)这一点上并无异处,因此,以法人内部的内部信息的传播为前提对该项的关于职务'得知'的意思作出解释是合理的,这完全不违背条文的构造和宗旨等。上诉人所说的复数的断片性信息中可能包括并非来源于上市公司等的法人内部的事实或与重要事实无关的事实。营业员的主观推测取决于其对外部信息的收集能力和分析能力方面的资质,外部信息包括金融商品交易市场上的流言、该上市公司的业绩、披露的信息、股价动向、证券分析师的分析和预测等。通过对上述断片性信息进行组合而得到的认识与营业员的主观推测之间的区别模糊不清,缺乏客观性和明确性。金商法对于作为其禁止对象的内部者交易,根据内部信息的不同流通形态,对其主体和禁止行为的类型等的构成要件的细节作出了具体规定。将上述程度的认识解释为'得知'难以说得上符合条文的宗旨。"

四、从本案看内幕交易规制的对象

(一)"关于职务"的限定解释

本案因为是日本自2005年引进课征金制度后发生的首起课征金缴纳命令被取消的案例而备受关注。本案的争议在于B在公募增资公布前是否关于职务得知相关重要事实,也就是说B是否属于金商法第166条第1款第5项规定的公司相关人员。

如上所述,公司相关人员是指金商法第166条第1款各项规定的与上市公司等有一定关系的人员。在该款第1项和第5项中,公司相关人员在"关于其职务得知"重要事实时成为规制主体。职务被认为指的是与其地位相应的一切业务,不仅限于现在所负责的事务。[1]

虽然对于"关于职务"的解释存在不同意见,但是各种意见均认为因为有"关于"这样的表述,所以其并不仅限于通过职务行为自身得知的情形。[2] 但是,"关于其职务得知时"是对构成金商法第166条第1款第1项和第5项的条件进行限定的构成要件要素。若将其宽泛地解释为"包括通过与职务密切关联的行为得知的情形",则作为用于限定构成要件的标准未免过于模糊。[3] 这样可能对证券交易的自由带来不良影响。

因为金商法就"关于职务"使用了"关于"这样宽泛的表述,所以有必要回归内幕交易规制的宗旨进行思考,并根据规制宗旨对"关于"进行合理的限定解释。[4]

公司相关人员被认为是与上市公司等有特定的关系,通过其地位和职务等可以得知将对投资判断产生影响的上市公司等未公布的内部信息。若身处如此立场者关于职务得知与公司的业务等相关的未公布的信息,并在公布前进行该公司的上市股票等的交易,则对于不公布就无法得知该信息的普通投资者而言

---

〔1〕 参见横畠裕介:《逐条解说内幕交易规制与罚则》,商事法务研究会1989年版,第36页。

〔2〕 参见神田秀树、黑沼悦郎、松尾直彦编著:《金商法评论(四)》,商事法务2011年版,第119页。

〔3〕 参见服部秀一:《内幕交易规制的全部(新版)》,金融财政事情研究会2014年版,第37页。

〔4〕 参见木目田裕、上岛正道监修:《内幕交易规制的实务》(第2版),商事法务2014年版,第61页。

极不公平,这将有损投资者对证券市场的公正性和健全性的信任。这就是金商法对公司相关人员的交易进行规制的宗旨所在。[5]

关于金商法第166条第1款第5项规定的公司相关人员,因为法人作为一个组织具有一体性,一个部门所获得的信息流传到其他部门应该在预料之中,所以该项将这些部门作为整体来对待,不是将其当作单纯的信息受领者,而是作为独立的公司相关人员来进行规制。[6]

从上述规制宗旨来看,本案二审判决以法人内部的内部信息的传播为前提对金商法第166条第1款第5项的"关于职务得知"作出限定解释是值得肯定的。若只要是关于职务认识到重要事实即可,不问是在何种情况下得知重要事实,则会出现在完全从第三方处得知信息的情况下,普通人交易不受限制,而公司相关人员却无法进行交易的情形。这是对证券交易自由的过度限制。

(二)"传播"与"传达"

在本案中,金融厅主张称,与金商法第166条第3款不同,该条第1款只规定关于职务"得知"重要事实,并未将"传达"作为要件;对此二审判决指出,该条第1款第5项在内部信息的传播上与第3款并无异处。

金商法第166条第3款禁止得到重要事实的传达者(信息受领者)进行内幕交易。这里的"得到传达"不仅需要被传达者(重要事实的取得者)的行为,还需要重要事实的取得是出于传达者的主观意愿。若非如此,则即便某件事实从公司相关人员处传播而来,也不能说"从公司相关人员处得到传达"。例如,在公司经营者将记载重要事实的文件交给熟人的典型的传达的情形下,以及在第三方捡到公司经营者丢失的文件而得知重要事实的典型的非传达的情形下,虽然都存在从公司相关人员到第三方的作为重要事实的信息的传播,但因为后者公司相关人员既没有传达的意思也没有传达的行为,所以该第三方不属于"信息受领者"。[7]

本案二审判决虽然未就"传播"与金商法第166条第3款的"传达"的区

---

〔5〕 参见横畠裕介:《逐条解说内幕交易规制与罚则》,商事法务研究会1989年版,第35页。

〔6〕 同上书,第43页。

〔7〕 参见木目田裕、上岛正道监修:《内幕交易规制的实务》(第2版),商事法务2014年版,第88~89页。

别作出具体说明,但在阐述无法认定本案重要事实从E传播给B的理由时指出,"在对E的调查书中完全未记载其作出上述回答是出于何意……无法认定是在积极暗示东京电力已就公募增资作出决定的可能性,或是在暗中传达其可能性"。从该判决理由可以看出其将"传播"当作带有主观意愿的信息传达。

如果将"传播"解释为带有主观意愿的信息传达,那么要说金商法第166条第1款第5项的公司相关人员"关于职务得知重要事实",就需要其所属的法人的其他经营者等向其"传达"重要事实。

该限定解释的合理性必须回归针对公司相关人员的内幕交易规制的宗旨进行探讨。如上所述,规制的宗旨在于享有可知晓上市公司等的内部信息的特权者利用重要事实进行证券交易对于其他投资者而言极不公平。从该宗旨可以看出针对公司相关人员的内幕交易规制所关注的是特权性地位的问题。相比之下,针对信息受领者的内幕交易规制被认为是对公司相关人员的内幕交易规制的补充,其并非因为投资者之间存在信息的不平等而禁止信息受领者进行交易,而是信息受领者通常与公司相关人员存在特殊关系,信息受领者利用该关系得知特定信息并在公布前进行证券交易对于不知道该信息者而言极不公平。[8]因此,金商法第166条第3款必须存在公司相关人员的传达行为。而在第166条第1款第5项中,只要是关于职务得知即可,并不问通过何种方法得知重要事实。要符合第5项的规定并不需要得到与上市公司进行签约或交涉的负责人的直接的信息传达。即使是中间经过了好几个人,或者是在公司内部网络上关于职务得知重要事实,也属于"公司相关人员"。[9]

如上所述,金商法第166条第1款第5项只规定关于职务"得知"重要事实,并未将"传达"作为要件。将"传达"作为要件的解释并不符合规制宗旨,因此无法得到认同。在本案中无须证明E进行了带有主观意愿的"传达"。咨询证券分析师E是B作为营业员的职务行为,如果B因此"得知"重要事实,那么就应该承认本案从E传播给了B。

---

〔8〕 参见横畠裕介:《逐条解说内幕交易规制与罚则》,商事法务研究会1989年版,第121~122页。
〔9〕 参见野村宏:《证券交易等监视委员会的活动》,载《金融法务事情》第1866号,第62页。

（三）“得知”的含义

关于“得知”的含义，金融厅主张称，即使公司相关人员是通过获取和组合公司内部的复数的断片性信息认识到重要事实，也可以说是“得知”重要事实，并且可以是并非有十分把握的认识。

对此本案二审判决指出，通过对上述断片性信息进行组合而得到的认识与营业员的主观推测之间的区别模糊不清，缺乏客观性和明确性，将这样的认识解释为“得知”难以说得上符合条文的宗旨。

关于这一点，金商法第166条第1款的“得知重要事实”被认为是包括得知可影响投资者的投资判断的该事实内容的一部分的情形。因为只要公司不公布，普通投资者连这样的事实的一部分都无从得知，所以即使是重要事实的一部分，关于职务得知的公司相关人员与普通投资者相比也处于特权性的地位。因此，只要关于职务得知的重要事实的一部分是普通投资者无法得知的信息，与普通投资者相比可以说是有利和不公平的内容，就应该符合第166条第1款。若不具备这样的内容，则不符合该款。〔10〕 与此相同，即使被传达的内容仅为重要事实的一部分，若其为普通投资者所无法得知的信息，与普通投资者相比可以说是有利和不公平的内容，就应该符合第166条第3款。

即使是不属于重要事实的一部分的断片性信息，只要与其他信息综合后可以推测得知重要事实，就可以说是利用特权性地位的情形，因为与其他投资者之间也会产生信息的不平等，所以没有必要将其排除在内幕交易规制的对象之外。另一方面，若是不具备这样内容的断片性信息，则与普通投资者相比不存在有利和不公平的情况。这种情况下进行规制反而是对证券交易自由的过度限制，因为普通投资者可以通过调查和分析进行证券交易，而公司相关人员却受到限制，从相反意义而言与内幕交易一样是不公平的。

虽然本案二审判决认定通过综合法人内部的断片性信息认识重要事实不属于“得知”，但是在包括本案在内的一系列的内幕交易事件发生后，日本证券业协会制定指针要求会员除了管理法人相关信息，还应妥善管理启发性信息。（虽然其自身不属于法人相关信息，但与其他信息结合后可成为法人相关信息

---

〔10〕 参见服部秀一：《内幕交易规制的全部（新版）》，金融财政事情研究会2014年版，第43页。

的信息)〔11〕此外,各证券公司也在关于信息管理的内部规则中明确记载“法人相关信息不仅包括明示性的法人相关信息,还包括可推知的信息”。〔12〕因此,可以说本案二审判决与实务的趋势背道而驰。

(编辑:李俊琪)

---

〔11〕参见铃木正人:《何为内幕交易中的重要事实的传播:基于东京高判平29.6.29的标准》,载《金融法务事情》第2074号,第5页。

〔12〕川口恭弘、木目田裕、平田公一、松崎裕之:《内幕交易规制与防范于未然之策:交易事例与平成25年修改的要点》,经济法令研究会2014年版,第115页。

《清华金融法律评论》
第3卷第2辑
第124～137页

从恒康医疗案看通过信息披露操纵证券市场行为的认定标准

刘思远*

目　次

一、信息披露型操纵的基本要素
二、信息披露型操纵客观行为违法性标准
三、信息披露型操纵主观故意的证明标准
四、信息披露型操纵危害后果的因果关系
五、严格执行信息披露型操纵认定标准的意义

摘　要：笔者查阅相关处罚决定书、司法判例及大量背景资料，深度剖析恒康医疗案中中国证券监督管理委员会（以下简称证监会）对信息披露型操纵的认定思路及司法机关的审理思路，在此基础上分析该种认定模式涉及的问题，进而提出对于此类违法行为主观故意的证明层次、客观行为的违法性标准及危害后果因果关系的切割和估算模式，以尽可能达到公平、公正地对此类违法行为进行查处，既保护投资者信心，也避免企业家寒心。

关键词：控制信息披露；违法性标准；主观故意；因果关系

* 刘思远，北京市竞天公诚律师事务所上海分所合伙人，中国法学会案例法学研究会理事。

一、信息披露型操纵的基本要素

根据2014年《证券法》第77条〔1〕和《刑法》第182条的规定，操纵证券市场一般分为连续买卖、洗售、对敲等操纵形式，从而影响证券、期货交易价格或交易量。《证券市场操纵行为认定指引（试行）》、最高人民法院、最高人民检察院《关于办理操纵证券、期货市场刑事案件适用法律若干问题的解释》（以下简称《操纵市场刑事司法解释》）等指引文件、司法解释又补充规定了蛊惑、抢帽子、虚构重大事项、控制信息披露、虚假申报、囤积现货等操纵方式。

这其中，通过控制信息披露操纵证券市场的行为，又因为其操纵主体一般为公司控股股东、董事长，通过信息披露的渠道引发的市场影响大、股价波动明显、交易金额或获利/避损金额大而受到广泛关注。目前已有鲜言案、阜兴集团案、易所试案、上海永邦案、众益传媒案、金利华电案、徐翔案、丁福根案等包含信息披露型操纵和其他类型操纵（如叠加连续买卖型操纵）的案件，〔2〕和恒康医疗案、何思模案等单一信息披露型操纵案件结案并公开。

对于信息披露型操纵，截至目前最全面、准确的定义规定在《操纵市场刑事司法解释》第1条第1款第4项："通过控制发行人、上市公司信息的生成或者控制信息披露的内容、时点、节奏，误导投资者作出投资决策，影响证券交易价格或

---

〔1〕恒康医疗案适用2005年《证券法》，故本文主要立足于2005年《证券法》，在必要时涉及2019年《证券法》。2014年《证券法》第77条第1款规定："禁止任何人以下列手段操纵证券市场：（一）单独或者通过合谋，集中资金优势、持股优势或者利用信息优势联合或者连续买卖，操纵证券市场价格或者证券交易量；（二）与他人串通，以事先约定的时间、价格和方式相互进行证券交易，影响证券交易价格或者证券交易量；（三）在自己实际控制的账户之间……"2019年《证券法》修订为：第55条规定："禁止任何人以下列手段操纵证券市场，影响或者意图影响证券交易价格或者证券交易量：（一）单独或者通过合谋，集中资金优势、持股优势或者利用信息优势联合或者连续买卖；（二）与他人串通，以事先约定的时间、价格和方式相互进行证券交易；（三）在自己实际控制的账户之间进行证券交易；（四）不以成交为目的，频繁或者大量申报并撤销申报；（五）利用虚假或者不确定的重大信息，诱导投资者进行证券交易；（六）对证券、发行人公开作出评价、预测或者投资建议，并进行反向证券交易；（七）利用在其他相关市场的活动操纵证券市场；（八）操纵证券市场的其他手段。操纵证券市场行为给投资者造成损失的，应当依法承担赔偿责任。"笔者认为，即使按照2019年《证券法》，案涉操纵类型也属于第8项兜底条款的规定范畴。

〔2〕证监会在其中部分案件的行政处罚决定书中并未引用2014年《证券法》第77条第1款第4项"以其他手段操纵证券市场"的兜底条款，而是引用了该条第1款第1项之规定认为存在信息优势，我们理解其重点仍然在于连续买卖型操纵，但其中所涉信息披露操纵的部分与本文讨论的内容相似，故本文对该部分案例一并予以讨论。

者证券交易量,并进行相关交易或者谋取相关利益的。”据此,信息披露型操纵,主要包括以下基本要素:

1. 行为人存在操纵行为。该操纵行为体现为通过控制发行人、上市公司信息的生成或者控制信息披露的内容、时点、节奏。这里又具体分为以下几种方式:

(1)控制重大信息生成进度。比如迟延推进某利空信息的形成时间,在对外披露前减持以避损。

(2)控制信息披露的内容。需要注意的是,信息披露型操纵不一定要求披露的信息为虚假信息,对于披露虚假信息的行为,已在前项“通过策划、实施资产收购或者重组、投资新业务、股权转让、上市公司收购等虚假重大事项,误导投资者作出投资决策,影响证券交易价格或者证券交易量,并进行相关交易或者谋取相关利益的”中进行了规制,而该项并不要求通过信息披露渠道对外披露虚假重大事项,这是信息披露型操纵的特点之一。因此,在信息披露型操纵中,控制信息披露的内容,多指夸大利好程度或隐瞒、弱化利空因素以拉抬股价,或者反过来夸大利空因素以打压股价。

(3)控制信息披露的时点、节奏。此处规定的控制信息披露的时点、节奏,不包括前述通过控制信息生成进度控制时点、节奏,而是在信息已经生成的情况下,通过迟延披露、集中披露的方式,控制时点、节奏,配合交易获利或避损。

2. 行为人存在主观故意。与信息披露违法违规行为不同的是,信息披露违法行为的主观状态可以是故意,也可以是过失,即因过失导致的虚假记载、误导性陈述、重大遗漏和未按照规定披露构成信息披露违法违规行为,可以予以行政处罚。但操纵市场行为,主观状态必须是故意,即当事人希望通过操纵手段,误导投资者作出投资决策,跟风交易,进而达到影响价量的后果。

3. 对价量产生影响结果。根据目前的相关法律规定〔3〕和证监会的处罚实践,对于操纵市场行为,目前是按照结果犯而非行为犯来对待,需要在行政处罚中认定其对证券、期货交易价格、交易量的影响结果。这种结果通常是在操纵时段内将个股与大盘、行业板块指数涨跌幅进行对比从而得出是否存在操纵后果的结论。

4. 进行相关交易或者谋取相关利益。多为通过拉抬股价后减持获利,少数

---

〔3〕 根据2019年《证券法》,操纵市场行为可以是行为犯而非结果犯,存在影响价量的意图即可。

为迟延或弱化披露利空信息使股价保持高位,以达到减持避损的目的。还有其他服务机构通过提供操纵股价的方案从中收取费用的情况。

接下来,笔者将主要通过对恒康医疗案的分析,并结合目前证监会已经查处结案的其他信息披露型操纵案件,分析上述几个要素在执法实践中的认定情况和存在的问题,并在此基础上提出进一步的意见和建议。

二、信息披露型操纵客观行为违法性标准

(一)恒康医疗案中关于操纵行为的认定情况

恒康医疗案中,证监会认定,上市公司恒康医疗集团股份有限公司(以下简称恒康医疗)控股股东与某私募基金蝶彩资产管理(上海)有限公司(以下简称蝶彩资产)合谋,利用上市公司控股股东及实际控制人具有的信息优势,控制恒康医疗密集发布利好信息,人为操纵信息披露的内容和时点,未及时、真实、准确、完整披露对恒康医疗不利的信息,夸大恒康医疗研发能力,选择时点披露恒康医疗已有的重大利好信息,借"市值管理"名义,行操纵股价之实。具体来说,行为人操纵信息披露的行为有以下三项:

1. 未完整、准确披露收购三家医院对价情况。

证监会认定,案涉期间,恒康医疗发布收购蓬溪医院、资阳医院和德阳医院三家医院的公告。收购过程中除签订收购合同外,恒康医疗董事会秘书郭某曾通过电子邮件发送给本人《补偿协议》,协议显示恒康医疗关联方需向刘某均(收购项目介绍人)支付3000万元补偿款,但恒康医疗未披露《补偿协议》及补偿款的支付条件和金额等情况,表面上降低了收购成本,增强了投资者对收购事项收益的预期,对"恒康医疗"股价产生积极影响。

通过上述认定,公众所接收到的信息是,恒康医疗与收购标的介绍人之间达成了支付3000万元介绍费的协议,但恒康医疗并未公告,表面降低了收购成本,使得收购的利好程度增加(以更少的对价获取收购标的),从而影响投资者预期。但事实上,介绍人确实提出过3000万元介绍费的要求,董秘也起草了相关协议,但通过电子邮件发送给董事长后,董事长并未同意该项介绍费要求,最终协议并未签署,款项并未支付,成本并未发生。笔者认为,由于该项协议并未达成,因此支付介绍费事项本身就不应对外披露,更不存在降低收购成本的事实和

增加投资者预期的影响。

在该案所涉行政诉讼一、二审判决〔4〕(以下简称行政诉讼判决)中,审理法院也认定“关于并购医院的公告,现有证据尚不足以证明恒康医疗与刘岳均之间已经达成3000万元补偿协议,故对于中国证监会关于该则公告内容的认定意见,一审法院不予支持”,即认可了该披露行为并不构成操纵市场,证监会存在事实认定错误。

2. 未真实、准确披露“DYW101”项目研发情况。

案涉期间恒康医疗公告称其全资子公司上海独一味生物科技有限公司(以下简称上海独一味)和美国Apexigen公司等协作研发完成了“DYW101”项目第一阶段研究。经查,“DYW101”项目实际由四川恒康发展有限责任公司子公司上海津曼特生物科技有限公司进行。上海独一味不具备产品研发的条件和能力,其仅为名义参与方。该公告夸大了上海独一味的研发能力,误导投资者,有利于提升“恒康医疗”股价。

通过上述认定,公众所接收到的信息是,恒康医疗将控股股东体外公司的项目以上市公司子公司的名义对外公告,夸大了子公司的研发能力。但事实上,根据上市公司公告〔5〕和当事人提交的证据,上市公司子公司与美方签订了《许可和商业化协议》,上市公司子公司为该项目所涉专利产品在中国境内唯一被许可人,并负责商业化(将项目建成落地并向市场推广)。随后,上市公司子公司与控股股东体外公司签订委托合同,由上市公司子公司出资、委托体外公司对产品进行研发、最终知识产权仍然归属上市公司子公司所有。这种交易结构就属于知识产权法上所规定的“合作发明”,公告使用“协作研发”,并未对上市公司子公司在此项目中的地位、作用进行夸大。

在行政诉讼判决里,审理法院认定:“在案证据表明,DYW101项目实际由上海津曼特公司负责管理,由上海药明康德新药开发有限公司(以下简称上海药明康德公司)具体从事药品研发……其(恒康医疗)未能准确说明上海独一味

〔4〕 参见蝶彩资产管理(上海)股份有限公司与中国证券监督管理委员会二审行政判决书,(2019)京行终2328号;谢风华与中国证券监督管理委员会二审行政判决书,(2019)京行终2206号。

〔5〕 参见《甘肃独一味生物制药股份有限公司关于授权全资子公司上海独一味生物科技有限公司签署〈许可和商业化协议〉的公告》(证券代码:002219,公告编号:2012—005)。

在此项目之中的地位与作用,从而容易误导消费者对上海独一味的研发能力产生过高预期,客观上有利于提升恒康医疗股价”。由此可见,审理法院并未就“协作研发”的定性是否准确进行分析,也未认定公告直接夸大了上海独一味研发能力,但也基本认同了证监会观点,认为公告因未能准确说明上海独一味的地位和作用而存在误导投资者对上海独一味的研发能力产生过高预期的情形。通过这样的司法判决,传递出的是司法对上市公司公告深度的要求,且在未达到该深度的情况下,即使公告的定性、结论不存在太大偏差,也会被认定为存在操纵的情形。这使得上市公司在公告内容的深度问题上,要格外谨慎小心、如履薄冰。

3. 未及时披露独一味牙膏研发进展情况。

案涉期间恒康医疗发布公告称独一味牙膏于日前研制完毕。经查,该研发工作两年前就已完成,获得相关注册商标,并提出相关发明专利申请。该公告发布时间与实际研发时间差异较大,选择时点披露相关研发进展,增加重大利好信息披露密度,影响投资者收益预期,从而提升“恒康医疗”股价。通过上述认定,公众所接收到的信息是,恒康医疗为了拉抬股价,将早就应当公告但当时未公告的信息,在控股股东希望拉抬股价配合减持获利时集中释放。但事实上,恒康医疗虽然在2011年就已申请专利,但距离公告前三个月才通过审批获得该项专利;在距离公告前半个月才通过国家轻工业牙膏蜡制品质量检测中心的检验、符合标准化要求;在距离公告前两天才完成首批产品生产并通过客户验收,随后,恒康医疗立刻发布研发成功公告。恒康医疗以通过质量检验、成功投产并验收合格作为独一味牙膏研制成功的时点,也符合《标准化法》和行业惯例。〔6〕

到了行政诉讼阶段,行政诉讼判决相比证监会行政处罚决定书而言,增加了对取得专利时间、委托生产时间的查明,但却没有明确研发成功的标准,仍然坚持认定公告发布时间与实际研发时间差异较大,恒康医疗存在人为控制发布时点的异常情形。

---

〔6〕 参见《浙江力诺:浙江力诺流体控制科技股份有限公司关于公司大口径大压差高温高压套筒调节阀研制成功的公告2015—27号》:“近日公司自主研发的……大口径大压差高温高压套筒调节阀等系列产品已成功投产;产品经国家阀门质量监督检验中心检验产品性能指标达到国内外同类产品的先进技术水平,并成功通过西班牙客户验收。”

（二）信息披露型操纵中客观行为的违法性标准确立

通过对恒康医疗案涉三项“控制信息披露内容、时点、节奏”行为的观察，我们不难发现，单就这三个事项来说，较难直接认定其存在信息披露违法违规行为。

我们理解，本案之所以将该三个事项最终认定为控制信息披露行为，可能是因为该案中证监会查明，恒康医疗控股股东阙某彬与蝶彩资产签署了《研究顾问协议》，根据阙某彬在“恒康医疗”股价不低于 20 元/股的情况下对持有的 2000 万股“恒康医疗”进行减持的需求，约定由蝶彩资产提供减持策略报告和操作方案，蝶彩资产收取研究顾问费。在随后蝶彩资产出具的《市值管理备忘录》中，蝶彩资产提出的“市值管理”建议包括：建议恒康医疗加快战略转型；建议采取收购医院、安排行业研究员调研、安排财经公关和证券媒体采访等方式改善恒康医疗资本市场形象；建议恒康医疗“加强”信息披露，将恒康医疗正在做的对股价有提升的项目向市场披露来进行“市值管理”。据此，证监会进而认定双方有在不低于 20 元/股减持股票并获利的合作关系、共同利益和共同动机。案涉三项信息披露违法行为均是“市值管理”计划的执行和落实。

但笔者认为，对于控制信息披露行为的认定，应当确立违法性标准，即该行为已经构成信息披露违法违规行为时，方才能够认定为属于信息披露型操纵中的控制信息披露行为。而对于信息披露违法违规行为的认定，也应根据现有法律规定加以判断，如果法律规定中明确了上市公司在定期报告、临时报告等公告文件中所应披露的具体事项，而上市公司未予以公告，那么当然可以认定上市公司信息披露违法违规，但如果法律法规并未明确规定相关事项应当予以披露，或应当予以何种程度的披露，而上市公司未予披露，或者未深度披露，就不应该认定其存在与未完全披露的行为相同的违法违规行为。

举例而言，在恒康医疗案中，如果恒康医疗确与介绍人签署支付介绍费的相关协议却未披露，则属于信息披露违法行为中的重大遗漏；如果恒康医疗子公司在新药研发中完全不享有知识产权、没有出资、同时没有参与实际研发，则将其作为协作研发的一方，则属于信息披露违法行为中的虚假记载或误导性陈述；如果恒康医疗确实已于两年前获得了独一味牙膏的专利、通过了检验并投入生产，该事项属于应当临时公告的重大事项，却迟迟未公告，在本案案涉时间段内方才公告，则属于信息披露违法行为中的未按照规定披露（迟延披露）。

而对于控制信息生成进度行为，则不宜采取上述标准。因为在此类行为中，信息尚未生成，即未达到信息披露时点，不可能构成信息披露违法违规行为。但如果对其不采取相应的惩戒措施，则对于对信息生成有控制力的主体采取此种方式操纵市场行为没有有效打击措施。但笔者理解，这一类行为如果体现为减缓信息生成，并在此期间借机卖出减损（减缓利空信息生成进度）或买入获利（减缓利好信息生成进度以降低买入成本），则涉嫌同时构成内幕交易行为，属于两种行为的竞合。在此种情况下，由于对信息生成进度是否存在控制涉及商业判断，如判断一项重组交易是否达成或者是否终止，涉及对交易双方交易意向和商业谈判策略的评判，本着行政执法不干预商业运行的原则，笔者认为，此种行为不适合按照操纵市场进行处罚，而可以考察是否构成内幕交易。而如果体现为加速信息生成，如阜兴集团案中，为了防止配资账户爆仓，当事人在“大连电瓷”股价连续跌停的情况下决策紧急停牌启动重大资产重组以防止股价继续下跌，如果该停牌事项为虚构，则构成《操纵市场刑事司法解释》第 1 条第 1 款第 3 项所规定的虚构重大事项型操纵；如果该事项并非虚构，则监管机关来判断该事项中交易各方是否有明确或坚定的意向、发展是否成熟、是否达到信息披露的时点，恐有行政监管权力过度评价商业之嫌。

三、信息披露型操纵主观故意的证明标准

（一）恒康医疗案中主观故意的认定情况

恒康医疗案中，证监会通过双方达成的《研究顾问协议》证明行为人存在将股价抬升至 20 元以上的目标和利益诉求，同时《市值管理备忘录》也反映出当事人存在通过“加强信息披露”“加快战略转型”来实现这一操纵目标的主观状态。

恒康医疗案较为特殊的一点是，虽然蝶彩资产提出了“加快信息披露”的建议，但对于哪些事项上如何具体“加强”信息披露，没有更为详尽的证据。而对于采取收购医院“加快战略转型”，根据恒康医疗的公告和另案处罚决定书，[7]

---

[7] 参见《甘肃独一味生物制药股份有限公司关于投资设立全资子公司的公告》（证券代码：002219，公告编号：2012—038）；《甘肃独一味生物制药股份有限公司关于签署〈四川省红十字肿瘤医院肿瘤诊疗中

实际上在案涉双方接触之前,前一年的9月恒康医疗既已发布公告表示将通过收购进行战略转型,并在当年1月完成第一家医院的收购,并委托交易对手方(也就是前述介绍人)介绍其他标的,在案涉《研究顾问协议》签署前既已与案涉三家医院的实控人建立收购意向。而对于蝶彩资产推荐给其的收购标的,恒康医疗并未开展收购工作。当然,对于上述事实,无论是证监会的处罚决定书还是法院行政诉讼判决均未体现。

更为重要的是,信息披露公告主要由上市公司证券部起草,董事会秘书负责审阅,特别在本案行为人并非公司董事长、程序上连公告的审批权都没有的情况下,其是否实质上干预信息披露行为,是否与董事长、董事会秘书存在控制信息披露的意思联络,处罚决定书及行政诉讼判决亦只字未提。

综上,可以理解为,中国证监会在确定行为人有在20元/股以上减持的目标,听取过加强信息披露的建议,并可能在隐蔽环境下干预了信息披露工作,认定其存在通过控制信息披露操纵市场的主观动机。

对于信息披露型操纵的主观故意的证明,分为以下几个层次:

1.存在动机。

目前证监会的执法实践基本都落实了这一层面的证明,主要落脚点在于证明行为人有筹措资金需求,如恒康医疗案;有融资借款利息压力,如何思模案;有避免上市公司被低估,如众益传媒案;有避免平仓、承担担保责任,如阜兴集团案。

2.存在通过控制信息披露实现操纵价量的主观故意。

仅证明动机并非完成主观方面的全部证明责任。举例而言,很多上市公司都有业绩压力或目标,但并不代表所有上市公司都有通过财务造假实现业绩目标的主观故意。因此,对于主观故意的证明,还需进一步具体到行为人存在通过

心委托管理协议〉的公告》(证券代码:002219,公告编号:2013—004);中国证监会行政处罚决定书(刘岳均),〔2017〕89号:"2012年11月,为实现恒康医疗由制药向医疗服务的战略转型,时任恒康医疗董事长朱某、董事会秘书郭某负责着手寻找可收购的标的医院,收购医院的主体为恒康医疗子公司四川永道医疗投资有限公司(以下简称永道医疗)。朱某、郭某与四川省红十字肿瘤医院(以下简称红十字医院,2013年6月更名为成都平安医院)实际控制人刘岳均接触并洽谈收购红十字医院。永道医疗于2013年1月10日签署协议用1.2亿元现金收购红十字医院肿瘤诊疗中心85%的收益权,期限15年。……2013年3月,朱某和郭某又通过刘岳均认识了资阳医院、德阳医院和蓬溪医院的股东、法定代表人王某忠并表明了收购其三家医院的意愿。"

控制信息披露以实现操纵价量的程度。我们理解，恒康医疗即试图以《市值管理备忘录》所提出的“加强信息披露”等字眼证明该主观故意。何思模案中，证监会亦是通过当事人在笔录中承认的“进行高送转，按照当时的市场行情来看是提振股价的一个有效方法”来证明“当事人有通过高送转提升股价的意图”。

但在部分案件中，证监会并未基于其他独立证据认定当事人有通过信息披露以实现操纵价量的主观故意，而是通过当事人实施操纵的客观行为推断其主观故意。例如，鲜言案中，证监会认定当事人在明知网站尚未运营的情况下仍利用上市公司发布误导性公告，具有明显操纵意图；阜兴集团案中，证监会仅认为本案认定的信息披露事项是在阜兴集团与李某卫共同操纵股价的目的下实施的，但并未对如何证明阜兴集团与李某卫具有共同操纵股价的主观故意予以说明。

在恒康医疗的行政诉讼判决中，审理法院也重申，关于操纵意图，一方面可以通过当事人的陈述、证人证言或是相关书证直接予以证明，另一方面也可以通过其实施的违法、异常行为进行推定，并在具体理由中，认为蝶彩资产在《市值管理备忘录》中提出，“在七月底之前，至少落实一个医院并购项目”，实际上恒康医疗在6月完成三家医院并购，时间点存在异常。

笔者认为，无论是从法律规定还是商业判断上看，上市公司大股东通过并购重组等方式提升公司价值从而抬升公司股价后在高位减持获得资金，本身并不违法，也无过错。甚至因为资金需求的紧急程度，加快并购重组的推进，只要公告的内容真实、准确、完整，不存在信息披露违法违规的情形，又是在公告之后，市场投资者均获得相同的信息内容后才减持，就不存在对资本市场交易秩序的破坏。如果行政机关或司法机关仅仅因为时间上的“异常”，就对行为人进行惩戒，那么极有可能打击企业家通过努力经营获得收益的积极性，进而影响经济活跃度。这也是我们强调，在通过客观行为推定主观状态这一裁判理念较为成熟的情况下，为什么对信息操纵的客观行为一定要确立违法性标准的意义所在。

3. 存在行为人之间的意思联络以实现控制信息披露。

在目前已结案的信息披露型操纵案件中，均是实际控制人、董事长作为行为人实施操纵。但如前所述，信息披露实际是由董事会秘书、董事会办公室、证券部负责起草，除非行为人不需要指示安排即可影响信息披露。例如何思模案中董事长提出董事会议案，在此情况下董事会办公室必然直接披露，否则行为人就应当存在对信息披露事项的干预；鲜言案中鲜言同时作为多伦股份的实际控制人、董事长、董事会秘书，同一当事人的多重身份导致证监会亦不需要证明不同身份之间存在意思联络。

纵观证监会在恒康医疗案、上海永邦案等案的处罚决定书中，均未对该种意思联络进行证明和认定。笔者理解，或许在证监会看来，行为人作为实际控制人、董事长，对董事会秘书、董事会办公室、证券部信息披露事项的干预是可行的，也是隐蔽的，因此对于这个环节，可以依靠常理推断。但笔者认为，内幕交易中对于获取内幕信息的环节，可以根据存在接触联络，加上此后的异常交易进行推定，有明确的司法解释规定，并且也对异常交易的程度、当事人反证的理由进行了进一步的设置。回观信息披露型操纵，在没有此种全套规定的情况下，直接按照常理推断行为人通过其他部门实施了对信息披露事项的控制，恐存在证据链上的缺失。

四、信息披露型操纵危害后果的因果关系

对于操纵市场行为，到底是“行为犯”（存在操纵的主观故意，没有对股价和交易量的影响后果，也构成违法行为）还是“结果犯”（造成价量偏离是构成要件之一，必须具备该项方才构成违法行为），一直是学术讨论中的一个问题。恒康医疗行政诉讼判决中，法院认为，客观性的价量变动并非必要条件，而仅仅是判断行为本身是否具有影响的佐证。但无论是基于对构成要件的分析，还是对影响后果的判断，对价量偏离程度进行量化也都是有意义的。

（一）恒康医疗中危害后果的认定情况

在恒康医疗案中，证监会以同期中小板综指和同期深证医药行业指数进行对比，考察恒康医疗个股股价偏离情况，最终以涨跌幅数据予以体现。

在证监会处罚的其他案件中，或单独以大盘指数为对比依据，或同时以大盘指数及行业指数为对比依据，最终通过涨跌幅数据或振幅数据考察被操纵股票股价的偏离情况，以判断操纵市场行为的危害后果。例如在阜兴集团案、上海永邦案中，证监会以同期中小板综指进行对比，考察被操纵股票个股股价偏离情况，最终以涨跌幅数据予以体现；易所试案、众益传媒案中，证监会以同期三板做

市指数进行对比,考察被操纵股票个股股价偏离情况,最终以涨跌幅数据予以体现;在金利华电案中,证监会以同期创业板指数和同期电气设备行业指数进行对比,考察恒康医疗个股股价偏离情况,最终以振幅数据予以体现;鲜言案中,证监会以同期上证指数和中证互联网金融指数涨跌幅与被操纵股票多伦股份进行对比,判断该案操纵市场行为的危害后果。

(二)信息披露型操纵危害后果的因果关系认定

笔者认为,在考虑操纵的危害后果时,应当以最相关指数作出基础对比,同时考虑其他影响因素,综合判断操纵行为对股价的影响程度。

首先,在考察股价偏离度时,仍然可以根据大盘、行业板块指数进行涨跌幅对比。但实践中,有的上市公司主营业务不突出,属于大盘股,而有的上市公司因大盘指数太过综合,反而在走势上与大盘反映不一致(如加息对地产板块和银行板块的影响完全相反,但大盘会综合反映两大板块的走势)。即使在行业指数中,也会细分一级行业指数、二级行业指数、三级行业指数。在中证中小投资者服务中心开发的虚假陈述损失赔偿计算软件中,对系统风险采取大盘指数、一级行业板块指数、三级行业板块指数综合相加除以三的方式与个股进行比较。但笔者认为,以皮尔逊相关系数法挑选出与该个股历史走势最为相近的指数,再将个股与该指数进行对比,似乎更为科学合理。

其次,考虑停牌期间补涨补跌影响。如果在案涉期间之前个股存在停牌,而停牌期间相关指数存在大幅涨跌情况,则复牌后,该个股即可能补涨补跌。如该时段与证监会认定的操纵时段相重合,则应当充分考虑停牌期间相关系数的涨跌幅,并在复牌后个股的涨跌幅中扣除相关系数的涨跌幅比例,再得出偏离值。

再次,考虑控制信息披露内容、时点、节奏的程度。例如,在夸大利好信息程度的情况下,如果去除夸大程度的利好因素本身已具备极大的投资价值,市场上同类信息一般情况下均会引发股价上涨,则不应将所有的上涨偏离值均归咎于操纵行为并在此基础上认定违法所得金额同时叠加倍数罚款。虽然在相关因素的剥离上存在一定的难度,但中证中小投资者服务中心正在建立的系统中也对同类信息涨跌幅进行测算,不妨将其引入操纵案件中以更精准地判断操纵行为所引发的股价偏离度。

最后,考虑媒体舆论误导所导致的股价偏离程度。一般上市公司所发布的信息,如果在披露口径内引发媒体、舆论的发酵,即使超出行为人原本的预期,鉴于行政处罚的惩罚功能,仍应当由行为人承担相应后果。但如果媒体舆论对原披露内容进行了曲解或误读,并因此影响投资者的投资预期,成为股价波动的主要影响因素时,尽管最初的导火索是信息披露事项,但也应当实事求是衡量该披露瑕疵本身对股价的影响幅度并据此进行量罚。

五、严格执行信息披露型操纵认定标准的意义

一方面,信息披露型操纵事实上是由对公司信息披露有控制力的特殊群体,利用自身优势地位,通过实施信息披露违法违规行为进而达到影响股价、从中获利的目的的行为。该类行为如果不严厉打击,必然会助长相关主体扰乱资本市场获取不当利益的风气,同时也严重打击投资者对资本市场的信心。

但另一方面,对该类违法行为设定明确的认定标准,也有相当的法律和社会价值。

1.避免重主观、轻客观的情况,向资本市场传递明确的违法界限,推动资本市场形成有效的行为预期。

正如前文所强调的,对主观故意的证明程度提出更高的要求,对具体信息披露事项的违法性提出明确标准,可以在一定程度上防止重主观、轻客观的情况发生,夯实行政处罚决定书的说理。这不仅对在证券监管部门内部形成一致的执法标准具有重要意义,更能够借此向资本市场传递明确的违法界限,使得资本市场能够依法合规地调整自身经营行为,进一步形成有效的市场经营秩序,使得行政处罚案例起到更加良好的社会示范效应和对资本市场的教育功能。

相反,如果过度依赖动机推断,轻视具体信息披露事项的违法性认定,也可能会导致虽然没有放过任何一个坏人,但可能误伤一些好人。在处罚决定书对具体行为违法性论理不足的情况下,必然会导致处罚决定的可接受度严重减损,引发当事人通过行政诉讼甚至通过媒体舆论寻求出路的情况。同时,动机的判断标准存在的不确定性,也将模糊违法边界,无法向资本市场有效传达行为边界,不仅不利于发挥对资本市场的教育功能,更可能因此不确定性导致资本市场行为的摇摆,动摇资本市场的信心。

2. 遵循过罚相当原则,避免因微小的信息披露瑕疵被苛以过重处罚。

一个成熟的资本市场,必然鼓励上市公司大股东通过正常提升上市公司价值从而获得回报。因此,对于上市公司大股东有资金需求、有提升股价目标的情况下,仍然应当坚持严格审查具体信息披露行为是否达到一定程度的违法性,否则对于一些过小的信息披露瑕疵进行行政处罚,处以巨额罚款,甚至移送公安,可能导致上市公司大股东、董事长对上市公司的投入、经营动力不足,最终影响的还是中小投资者。

3. 客观公正、科学合理认定违法所得,避免对当事人利益的侵害。

对于确实实施了信息披露型操纵行为的行为人来说,也应当客观衡量其行为本身的性质和影响程度,尽可能准确评估违法行为对股价偏离度的影响,并在违法所得计算结果上予以体现。虽然行政处罚兼具惩罚和教育的意义,但其惩罚性更多的是通过罚款倍数予以体现,在违法所得的认定上,应当客观公正、科学合理,避免因"一刀切"的认定模式导致对当事人利益的侵害。

综上,对信息披露型操纵认定标准的设定,需要在保护投资者信心和避免企业家寒心之间找到平衡点,以全面、科学的结构化设定,在避免冤假错案发生的基础上,严厉打击此类严重违法行为,保护资本市场正常交易秩序,建立成熟资本市场价值体系,维护公平公开的交易环境,提升监管职能的权威性和可接受度。

（编辑：翟显赫）

《清华金融法律评论》
第3卷第2辑
第138～146页

美国商品期货委员会(CFTC)诉DRW公司案相关分析及启示

兰晓为　曲　伸*

目　次

一、案情概要
二、争议焦点——是否存在人为价格
三、相关启示

摘　要：市场操纵作为资本市场较典型的违法行为，一直以来都是各国监管机构查处的重点难点。本案是美国商品期货委员会(CFTC)自2008年以来，第一次将市场操纵的行为诉诸联邦法院审判的案例。本案中有清算所定价模型的失误，有投资者通过自身行为追求公允价格的执着，也有CFTC对人为价格举证难的无奈，从而引发了关于市场操纵案件查处的一系列思考。本文分析了案件事实，提炼了争议焦点并总结了相关启示，试图通过对美国的相关典型案例研究，将其中经验及教训予以整理归纳以供我国市场操纵相关立法及监管实践参考。

关键词：市场操纵；人为价格；凸性偏差

---

* 兰晓为，大连商品交易所法律部工作人员；曲伸，大连商品交易所法律部工作人员。

在互换交易中比你的对手方更聪明并不违法,比设计金融产品的人更懂金融产品也并没有什么不合适的。这是法官在CFTC诉DRW案判决结论中的一段话。CFTC因此败诉,DRW公司因此体面地摆脱了自2013年11月至2018年11月长达五年的市场操纵指控,[1]本案也因此引发了关于市场操纵案件查处的更多关注和思考。

一、案情概要

DRW Investments LLC是一家注册在美国伊利诺伊州,主要进行金融衍生品交易的投资咨询公司。Donald R. Wilson是DRW的CEO和交易执行经理,案件争议部分的交易由他来操作。CFTC向法院指控Wilson和他的公司DRW在2011年1月至2011年8月,操纵或试图操纵IDEX美元三个月利率掉期期货合约(以下简称三个月合约),要求DRW支付1350万美元的非法所得和罚金,并要求法院对Wilson和DRW实施永久性交易禁令。2018年11月30日,纽约南区法院法官Sullivan驳回了CFTC的指控,作出了有利于被告Wilson和其公司DRW的判决。

(一)涉案期货合约及凸性偏差

涉嫌被操纵的期货合约为三个月合约。该合约在2010年6月16日至2011年8月12日,在纳斯达克OMX期货交易所(NFX)挂牌交易并由国际衍生品清算所(IDCH)[2]清算。三个月合约是2008年国际金融危机以后场外衍生品合约场内化的产物,即将利率互换合约标准化后作为期货合约在场内交易,合约内容与互换合约基本相同。在该期货合约中,买方支付固定利率,卖方按照LIBOR三个月利率支付浮动利率。

IDCH按照以下优先级方式确定三个月合约的每日结算价:首先,美国东部时间下午2:45至3:00期间(闭市前十五分钟)电子提交的订单的中间价格;其次,2:45至3:00期间达成的任何交易的结算价;最后,互换市场的相关利率,该利率每天公布。一般而言,当天结算价格不会高于闭市前十五分钟内的最优卖

[1] 本案于2018年11月30日以CFTC败诉审结;CFTC于2019年2月27日表示不上诉。

[2] IDCH在2008年向CFTC申请注册为指定清算机构(DCO),为国际衍生品清算集团(IDCG)全资控股子公司,IDCG是纳斯达克OMX集团的子公司。

报价,也不会低于闭市前十五分钟内的最优买报价。因此,2:45 至 3:00 期间的报价对当日结算价的计算具有重要影响。

然而,IDCH 上述定价机制没有考虑到互换合约场内化后的凸性偏差(convexity bias)问题。凸性偏差源于一个基本逻辑,即今天的货币比明天的货币更有价值,集中清算中每日支付变动保证金的操作为当天盈利方提供了利用收到的钱再做其他投资获得额外利润的机会。从数学上讲,利用保证金再投资的能力对买方更有利。因为买方盈利时是利率上涨的时候,而卖方盈利时为利率下跌的时候。一般而言,在高利率环境下进行投资比在低利率下投资能收到更高回报。集中清算的利率互换合约中的这种现象即被称为"凸性偏差"。凸性偏差并不存在于非集中清算的互换合约,因为只有集中清算的互换合约才需要每日支付变动保证金。因此,即使集中清算的互换合约和非集中清算的互换合约的持有时间以及名义金额等都是相同的,但由于集中清算的互换合约对于买方有额外的价值,它们的价值也是不同的。为此,一些清算所试图通过调整变动保证金的计算来校正凸性偏差,该调整通常被称为"价格对齐利率"(Price Alignment Interest,PAI)。该调整旨在尽量减少价格失真,使集中清算的合约的价格与非集中清算的合约的价格基本一致。

(二)涉案人及行为

2010 年中,Wilson 开始意识到监管变化将导致非集中清算的利率互换合约会转由交易所交易、集中清算,比如前述三个月合约。由于他之前交易的另一衍生品合约表现出凸性偏差,Wilson 推测经集中清算的三个月合约缺少 PAI 调节,由于凸型效应,其价值应当高于非集中清算的互换合约。Wilson 及其团队设计了三个月合约公允价值的模型,根据该模型,三个月合约的公允价值显著高于其相应的非集中清算的互换合约。

2010 年 8 月,DRW 开始通过其声讯经纪商(voice broker)进行基于双边协商的互换合约交易,由 IDCH 集中清算。2010 年 9 月底,DRW 通过声讯经纪人分别与曼氏全球(MF Global)和 Jeffries & Co. 在 10 年和 30 年的三个月利率互换合约中达成了买方向净持仓超过 3 亿美元的场外交易,这些交易几乎都是以略高于当时场外交易的一般价格达成的。2010 年 11 月,DRW 开始通过声讯经纪商以语音方式报价,Wilson 以为清算所会将这些报价纳入每日结算价格的计算中,从而向市场发出信号,表明DRW愿意支付更高的价格来吸引交易对手放,同时也可以提高DRW在已有合约持仓上可收到的变动保证金。但事实上,IDCH在计算每日结算价时不会考虑语音报价,而只会考虑在闭市前十五分钟以电子方式提交的报价。

为了使其报价能够纳入结算价的计算,DRW开始在2:45至3:00期间以电子方式报价。在2011年1月24日至2011年8月12日,DRW在买方向上提交了超过2500个电子订单,但没有成交。

(三)行为后果

三个月合约几乎没有流动性,DRW的下单行为推高了结算价,其中有1024个订单在清算所计算结算价时被考虑进去了。DRW也承认其明知报单行为会推高合约结算价。结算价的上涨对DRW与曼氏集团和Jeffries之间的已达成的互换交易具有重要影响,因为上涨的结算价直接影响了卖方应当支付的保证金。

2011年8月,DRW将所有场外互换合约以IDCH前一天确定的结算价或接近结算价的价格平仓。Jeffries并不认为与DRW的平仓价格不合理,因此,未起诉DRW进行市场操纵,但针对IDCH、IDCG以及NASDAC申请了仲裁。Jeffries认为清算所和交易所进行了欺诈、欺诈诱导、违反禁止反言[3]等行为,并错误地声称三个月合约的经济价值与非集中清算的互换合约等同。仲裁小组拒绝了Jeffries的主张,认为没有证据证明IDCH以欺诈手段或恶意行事。2011年12月1日,NFX向CFTC提交了一封信,承认在三个月合约中不太可能"产生重大业务"并通知CFTC对三个月合约做退市处理。

2013年11月,CFTC对Wilson和DRW提起诉讼,指控被告违反了美国《商品交易法》第6(c)条和第9(a)(2)条关于操纵或试图操纵任何商品的市场价格的规定。其具体指控理由可以归结为以下两方面:一是DRW利用三个月合约中存在的定价模型缺陷进行虚假报撤单;二是DRW建立了场外多头头寸,并在闭市前十五分钟申报了成交可能性很小的订单导致合约流动性变差,以此来影响每日结算价格升高并使其场外多头头寸受益。

---

〔3〕 禁止反言是普通法上的一项重要的法律原则。若一当事人因另一当事人之陈述产生依赖,则另一当事人不得否定其先前的陈述。

二、争议焦点——是否存在人为价格

美国立法上长期以来没有关于市场操纵的定义，甚至没有对典型操纵行为的列举规定，关于市场操纵的具体认定标准是在法院司法审判实践中，逐渐确立下来的，具体包括：一是被告有影响市场价格的能力；二是被告具有创造人为价格(artificial prices)的特定故意；三是存在人为价格；四是被告实施了导致了该人为价格的行为。这四条构成要件被美国法院适用了四十余年，也被CFTC诟病了四十余年。其主要原因即在于证明"存在人为价格"非常难。由于法律上缺少明确定义，很难说清楚什么是人为价格。当CFTC主张构成"人为价格"时，经常会遭到嫌疑人的质疑。从以往案例看，CFTC一旦与嫌疑人对峙法庭，就不得不采用大量的经济学分析方法来论证一个价格没有反映市场供求关系，但事实上，要对此做出有说服力的经济学论证十分困难。这也是CFTC将大量的涉嫌操纵案件通过和解了结的原因之一。

此次DRW案是2008年以来CFTC第一次以市场操纵为由将嫌疑人诉诸法庭的案件。本案与其他期货操纵案件的审理焦点相同，仍以是否存在人为价格为焦点。法官Sullivan认为"在客观上，CFTC没有提供任何证据或解释证明IDCH结算价格人为地造成了更高的价格"。同时，"在主观上，CFTC未能证明被告打算造成人为的价格"。相反，所有的证据表明，DRW认为公平的市场价值高于他们的电子报价。他们之所以这样做，是为了获取更加真实的市场价格，促进期货市场价格发现功能。法院基于上述理由驳回了CFTC诉讼请求。CFTC的败诉并不令人意外，因为CFTC对市场操纵的司法指控权数十年来只是一项停留在书本上的权力，回溯其执法历史，只有一次胜诉经历。〔4〕但是CFTC仍然要向Wilson和DRW提起诉讼，不仅仅是为了维持CFTC对于市场的权威，更是为了可以达到警戒市场参与者的作用，用迈克尔布鲁克斯律师的话讲，CFTC提起本次诉讼有几分悲壮的味道。

关于人为价格，被告辩护律师在辩护词里引用了一个电影〔5〕情节十分精

---

〔4〕　参见CFTC诉DiPlacido案。

〔5〕　《巨蟒与圣杯》(Monty Python and the Holy Grail)。

彩:“对于 Monty Python 的粉丝来说,这个案例可以通过参考这个著名的电影情节来理解概括:在欧洲黑死病期间,一个年轻人试图将一位仍然活着的老人交给收集死者的推车人。老人抗议,坚持说他没有死,但年轻人向推车人争辩说,这位老人注定快死了,赶紧把他和这些死人一起带走吧。想象 CFTC 是年轻人要求推车人(法院)将老人视为死人(将 Wilson 视为操纵者)。在本案中,我们可以看出,CFTC 试图想向法院说明,期货合约的价格是 Wilson 制造出来的操纵价格,但是法院(推车人)始终坚持是否是人为价格(人是否死亡)才是判断是否是操纵(能否将人推走)的最重要理由。”

Sullivan 法官在审判的过程中认可了三个月合约在定价上确实存在“缺陷”,在其判决中解释道:“在互换交易中,比交易对手更聪明并不是不合法的,甚至我们认为能够更好地理解金融产品的市场定价和其金融属性是应该得到鼓励的。运用产品的人比发明产品的人能够更好地理解产品并不应该得到惩罚。”关于闭市前十五分钟报价的有效性,法院认为被告以诚实真实的意愿进行投标,并按照公布的价格进行交易,并且他们完全相信由此产生的结算价格反映了供需的真实价格。此外,被告能够阐明一种在经济学上合理的理论来证明他们的出价是比 IDEX 的价格更具有合理性的。

三、相关启示

CFTC 在本案中的败诉将导致 CFTC 通过司法途径查处市场操纵行为可能更加困难。法官 Sullivan 判决中的观点将会被其他的在审案件或未来的操纵案件引用,从而影响判决。判决中认为有意将价格影响到行为人认为是“正确”或者“自然”的价格不构成操纵。实际上,大多数交易员可以轻松论证他们偏好的价格也是“正确”、“真实”或“自然”的,并且大多数被告可以找到专家经济学家来认为他们是正确的。为避免重蹈美国期货市场操纵案件查处难的覆辙,本案中暴露出的以下问题值得思考:

(一)将价格因素作为市场操纵构成要件之一,将增加查处难度

美国期货市场近半个世纪以来存在的市场操纵查处难问题源于将“人为价格”作为认定市场操纵的构成要件,但何为人为价格由于缺少定义而较难举证。从《关于办理操纵证券、期货市场刑事案件适用法律若干问题的解释》(以下简

称《操纵市场司法解释》)、《期货交易管理条例》关于操纵行为的规定以及中国证券监督管理委员会公开征求意见的对市场操纵行为的补充规定(以下简称《操纵行为补充规定》)来看,我国市场操纵相关立法目前也强调价格因素。以与本案比较类似的虚假申报操纵为例,《操纵市场司法解释》和《操纵行为补充规定》中均设置了结果要件,即虚假申报订单的行为应当影响到期货交易价格或交易量。实践中,"影响期货交易价格"如何认定,价格怎样偏离才可以被认为是受到涉嫌操纵的行为影响,这些问题也经常困扰我国市场监管者。

本案又进一步提出了一个新问题,即虽然涉嫌操纵的行为使期货交易价格有了显著变化,但若该变化是合理的,促进了期货合约价格发现功能的发挥,那么,是否属于"影响期货交易价格"从而仍构成市场操纵。美国法院认为这不是操纵,我国暂无相关司法实践。

但为避免如CFTC在本案中的被动,相关立法者可以吸取本案相关经验,考虑弱化"价格"在认定市场操纵行为中的决定作用。例如在虚假申报等操纵案件中,不要求有影响期货交易价格的结果发生。实际上,由于"人为价格"举证难,美国立法者已经通过《多德—弗兰克法案》(以下简称《多弗法案》)取消了价格因素,在原以"人为价格"为要件的价格型操纵之外,又创设了欺诈型操纵,规定直接或间接使用、利用,或者试图直接或者间接使用、利用任何具有操纵性或欺诈性的手段或伎俩的行为,即为违法,不再要求存在"人为价格"。欺诈型操纵在很大程度上减轻了CFTC的举证责任。本案因发生在2011年8月12日之前,而《多弗法案》在2011年8月15日才生效,因此,CFTC无法援引欺诈型操纵进行指控。此外,在德国,行为人也只要实施了《有价证券交易法》中市场操纵禁令所禁止的行为,就构成市场操纵,具备民事制裁、行政制裁和刑事制裁的前提条件,无须对价格形成机制造成影响。

(二)主观意图是判断是否构成操纵的重要标准之一

本案中,除了无法举证存在人为价格,CFTC也无法举证被告有创造人为价格的故意,法院认为DRW下单行为并非"不以成交为目的",事实上,DRW不断提高报价试图吸引对手方成交,而且当时的市场环境下,只要有对手方对其报价感兴趣就可以成交。由于法院认为CFTC在主观要件上也无法举证,因此不但驳回了CFTC提出的DRW市场操纵的主张,也驳回了CFTC提出的DRW试图市场操纵的主张。

虽然《多弗法案》通过引入欺诈型操纵取消了价格因素,但美国立法者在减轻CFTC举证责任的努力中始终坚持保留主观要件。美国立法者甚至认为主观意图是判断是否构成市场操纵的最关键的标准。因为交易者的客观行为本身就可能导致市场价格波动,是否应以操纵对其进行处罚,关键要看其主观上有无过错。美国学者认为"是当事人的主观意图将合法的商业行为从非法的操纵行为中分离出来的"。从上述经验来看,在我国相关立法工作中,在决定市场操纵的主观要件去留时,应持谨慎态度。

(三)交易所设计产品需谨慎

本案源于交易所每日结算价计算机制的瑕疵。法官Sullivan认为"运用产品的人比发明产品的人能够更好地理解产品并不应该得到惩罚"。本案提醒我们,哪怕在貌似与产品设计毫无关系的市场操纵案件中,交易所所设计的产品是否合理也会被推到风口浪尖,成为争议焦点。因此,交易所在设计产品时应当更加谨慎,尤其应当关注期货合约价格发现功能的发挥。本案中所提及的"凸性偏差"在交易所未来打通场内、场外相关业务设计中也是值得注意的。

(四)监管机构对于清算所的管理日益严格,控制清算风险越发重要

不仅仅是本案,在近期的其他案件中,我们发现监管机构对于清算所的监管越发严格。在2019年9月,CFTC和SEC刚刚对OCC[6]进行了处罚,双方虽然达成了和解,但OCC仍需要支付2000万美元的罚金,并且需要进行相关整改,并由独立审计师进行审核。OCC被罚款的主要原因是其核心风险管理政策的更改没有根据《多弗法案》中的要求做到提前通知监管机构。且CFTC在每年的例行检查中发现,OCC的相关规则没有涉及金融风险管理、运营要求和信息系统安全的政策和程序。OCC是在《多弗法案》中被认定为具有系统重要性的金融市场措施(SIFMU)的结算机构,所以《多弗法案》中对于SIFMU要求比较严格,且对应的监管机关检查的力度也较大。

本案中,也正是由于IDCH清算所的清算方式出现问题才使价格产生了偏离。IDCH未考虑"凸性偏差"产生的影响,导致Wilson利用了这个问题而从中

---

〔6〕 期权清算公司。

进行套利。

可以看出,清算业务在现代的金融体系中发挥着越来越重要的作用。其本身的稳定高效和安全影响着整个市场的系统性风险防范能力。对于交易所的清算业务而言,从结算价的计算方式、保证金类型及计算、盘中盘后的风险防控到违约瀑布的设计、会员发生破产时的风险处置,无不是市场关注的焦点、监管机构监管的重点,且在境外成熟衍生品市场中已逐步成为交易所提高全球竞争力的重要着力点。随着我国期货市场国际化进程的不断深入,我国交易所对标国际的需求日益迫切,且以 PFMI、巴塞尔协议为代表的国际标准也多围绕清算业务展开。因此,建议我国交易所在国际化进程中,进一步重视清算业务的安全、合理及不断优化,有效防范相关法律风险,切实把握历史机遇,跻身全球一流衍生品市场。

(编辑:翟显赫)

《清华金融法律评论》
第3卷第2辑
第147~168页

信息型操纵的司法认定

——以蝶彩案为观察视角

翟显赫*

目　　次

一、案件事实与问题的提出
二、能否适用"利用信息优势联合或连续买卖"
三、能否适用"以其他手段操纵证券市场"
四、信息型操纵能否作为法律上的概念
五、结语

摘　要：A股市场上信息型操纵的认定仍存在法律适用不明、构成要件模糊、证明标准与证明责任不清晰等问题。蝶彩案作为第一起信息型操纵的行政诉讼案，其司法判决将对行政执法产生引领与指导作用。通过2014年《证券法》第77条的法律解释，发现运用信息手段无法被"利用信息优势"所评价，类似案例无法适用"利用信息优势联合或连续买卖"条款。但蝶彩案符合操纵市

* 翟显赫，清华大学法学院硕士研究生，2018级民商法专业。感谢汤欣教授对本文的指导和2020年1月4日第九届青衿商法论坛"证券行政诉讼与裁判"与会专家的评论和建议，但文责自负。

场的核心构成要件，可以适用同条第1款的兜底项——“以其他手段操纵证券市场”。信息型操纵作为金融市场研究成果中的常用语词，有助于深化对于操纵市场行为的认识，但不宜成为法律上的概念。

关键词：司法判决；行政执法；信息型操纵；利用信息优势；信息手段

一、案件事实与问题的提出

（一）蝶彩案案件事实[1]

阙文彬是恒康医疗集团股份有限公司（以下简称恒康医疗）的控股股东和实际控制人，谢风华是蝶彩资产管理（上海）有限公司（以下简称蝶彩资产）的实际控制人。2013年5月7日，德邦证券股份有限公司（管理人）、兴业银行股份有限公司（托管人）、阙文彬（委托人）签订《资产管理合同》；5月8日，阙文彬将2000万股“恒康医疗”托管至资产管理账户；2013年5月9日，《资产管理合同》生效。

2013年5月7日，蝶彩资产、德邦证券股份有限公司、阙文彬签订《研究顾问协议》，协议主要内容为：蝶彩资产作为研究顾问机构提供顾问服务，顾问服务期限与定向计划的委托管理期限相同；蝶彩资产提供减持策略报告和操作方案，使阙文彬以不低于20元/股的价格减持恒康医疗股票；研究顾问费按减持成交金额的12.5%计提，收取金额为计提金额扣除管理费、托管费和交易费用后的余额。

2013年5月9日起至7月4日，蝶彩资产的工作人员和谢风华向阙文彬发送《市值管理备忘录》，主要内容：建议恒康医疗加快战略转型；建议采取收购医院、安排行业研究员调研、安排财经公关和证券媒体采访等方式改善恒康医疗资本市场形象；建议恒康医疗加强信息披露，将恒康医疗正在做的对股价有提升的项目向市场披露来进行市值管理。

2013年6月，根据蝶彩资产关于“加强信息披露”的建议，恒康医疗集中实施三则信息披露行为：公告收购三家医院；公告全资子公司上海独一味生物科技

---

〔1〕 详细案件事实请参见蝶彩资产管理（上海）股份有限公司与中国证券监督管理委员会二审行政判决书，(2019)京行终2328号。

有限公司和美国 Apexigen 公司等协作研发完成了“DYW101”项目第一阶段研究;公告独一味牙膏于日前研制完毕。

2013 年 5 月 9 日至 7 月 3 日,恒康医疗股价上涨,偏离同期中小板综指 26.10%,偏离同期深证医药行业指数 26.77%;2013 年 5 月 9 日至 7 月 4 日,恒康医疗股价上涨,偏离同期中小板综指 16.32%,偏离同期深证医药行业指数 18.63%。

2013 年 7 月 3 日、4 日,阙文彬通过大宗交易系统减持恒康医疗 2200 万股,共获利 51,621,068 元。其中包括《资产管理合同》约定的 2000 万股,7 月 3 日、4 日各减持 1000 万股,减持均价 20 元/股;7 月 4 日阙文彬自主减持 200 万股,减持均价 19.91 元/股。

2013 年 7 月 5 日,阙文彬按照约定支付了蝶彩资产研究顾问费 48,580,000 元。

2013 年 7 月 5 日至 8 月 30 日,恒康医疗股价累计下跌 2.45%,同期中小板综指累计上涨 6.94%、深证医药行业指数累计上涨 3.03%。

(二)问题的提出

1. 适用法律条款不清晰

中国证券监督管理委员会(以下简称证监会)行政处罚书认定阙文彬与蝶彩资产、谢风华合谋利用信息优势,控制信息披露的时点,未及时、准确、真实、完整披露不利信息,借“市值管理”名义,行操纵股价之实。通过上述一系列信息披露的综合起效,客观上误导了投资者,影响了恒康医疗股价,实现了阙文彬高价减持恒康医疗的目的,违反了《证券法》第 77 条第 1 款的规定,构成该法第 203 条所述操纵证券市场行为。但证监会行政处罚书和复议书都未明确指出所适用的具体法律条款,只笼统认定违反《证券法》第 77 条第 1 款的规定,〔2〕未明确第几项,这与以往操纵市场行政处罚存在不同。法院也未直接认定其为信息

〔2〕 2014 年《证券法》第 77 条规定:“禁止任何人以下列手段操纵证券市场:(一)单独或者通过合谋,集中资金优势、持股优势或者利用信息优势联合或者连续买卖,操纵证券交易价格或者证券交易量;(二)与他人串通,以事先约定的时间、价格和方式相互进行证券交易,影响证券交易价格或者证券交易量;(三)在自己实际控制的账户之间进行证券交易,影响证券交易价格或者证券交易量;(四)以其他手段操纵证券市场。操纵证券市场行为给投资者造成损失的,行为人应当依法承担赔偿责任。”《证券法》已于 2019 年修订,并于 2020 年 3 月 1 日起施行,本文所指《证券法》仍为 2014 年《证券法》。

型操纵市场，而是延续证监会的认定思路，阐明所适用的法律为《证券法》第77条第1款，未说明符合第1款第几项所列示的操纵市场行为，不免让人费解。

2. 构成要件模糊

证监会以蝶彩资产、谢风华和阙文彬合谋操纵股价的筹划过程、实施过程和操纵结果论述其构成操纵市场，在实施过程这一部分仅以"主观意图"、"客观行为"和"完成目标"认定上述三个主体操纵恒康医疗股价，很难通过行政处罚书抽离蝶彩案操纵市场的构成要件。通过分析行政处罚书的结论观点："通过上述一系列信息披露的综合起效，客观上误导了投资者，影响了恒康医疗股价，实现了阙文彬高价减持恒康医疗股票的目的，违反《证券法》第77条第1款的规定"，〔3〕也不太可能准确辨析出操纵市场的构成要件，似乎是主观意图、客观行为、操纵结果、因果关系都为其构成要件，乃至获利都可能是构成要件。不过法院对操纵市场构成要件做了较为清楚的陈述，提供了很好的分析路径，但是否存在瑕疵之处还需要进一步判断。

3. 证明责任与证明标准

《行政诉讼法》第34条第1款规定："被告对作出的行政行为负有举证责任，应当提供作出该行政行为的证据和所依据的规范性文件。"这一条款是我国行政诉讼客观证明责任分配的原则性规定，除法律明确规定由行政相对人承担客观证明责任的外，行政诉讼中其他待证事实均由行政机关承担客观证明责任。〔4〕证监会应当对所作出的行政处罚行为承担客观举证责任，只有待证事实达到高度盖然性标准，才转而由被处罚人承担主观举证责任，拉低待证事实的可信力。〔5〕但值得疑问的是，涉及主观意图等构成要件的证明尚未达到高度盖然性，降低证明标准，即推定被处罚人存在主观意图，进而由被处罚人举证不存在主观意图的违法行为认定方式是否合理，有无可能形成行政执法的滥用？此时，证券行政诉讼能否发挥对操纵市场案件证明责任分配和证明标准的释明功能，

〔3〕中国证监会行政处罚决定书(蝶彩案)，〔2017〕57号。

〔4〕参见江必新、徐庭祥：《行政诉讼客观证明责任分配的基本规则》，载《中外法学》2019年第4期，第913页。

〔5〕德国法的客观证明责任与主观证明责任的分野在我国已经形成了基本一致的通说。参见刘哲玮：《论美国法上的证明责任——以诉讼程序为视角》，载《当代法学》2010年第3期，第86页。

赋予行政执法的确定性和准确性？

4. 司法判决的影响

蝶彩案被称为首例信息型操纵市场行政诉讼案，与曾经被称为首例信息型操纵市场刑事案件——徐翔案同样引起了市场广泛关注，司法判决对于学界、市场主体重新认识该类案件具有重大意义，能为证监会正确适用法律处理该类案件提供路径。但迄今为止徐翔案刑事判决书仍未公布，只能通过相关报道了解司法判决。与之对比，蝶彩案司法判决已经公布，为学界深入思考信息型操纵的相关问题提供了很好的分析样本，尤其是信息型操纵是否能、是否有必要作为法律概念的问题。[6]

5. 小结

本文希望以首例信息型操纵市场行政诉讼案件的评述为起点，结合类似案例情况，阐明证券行政诉讼对行政执法的引领与指导作用，再从法规范和司法判决出发，运用法律解释的方法，提供信息型操纵在整个操纵市场制度框架中的概念、构成要件及定位的一些思考路径，以符合法教义学方法论和证券法基本理论。

二、能否适用“利用信息优势联合或连续买卖”

由于法律上缺乏操纵市场行为的明确规定，现行法以列举方式规定了操纵市场的行为种类，同时以兜底条款保证法律的灵活性，那么从逻辑出发，认定操纵市场应从具体操纵手段出发，以保证法律适用的准确性和合理性。换言之，裁决者在评价是否构成操纵市场时应当以具体操纵手段为准。但蝶彩案中，不论是证监会的行政处罚和行政复议，还是法院的一审程序和二审程序，都未在处罚书、复议书或判决书中表明应当适用《证券法》第 77 条第 1 款的第几项内容，带来的疑惑是本案或类似案例中的具体行为究竟是属于哪一类型的操纵市场行为？假如不存在满足《证券法》第 77 条第 1 款前 3 项所列行为，那么适用第 4 项兜底条款为宜。不论适用哪一条款，明确说明才能为执法实践和司法实践提供

---

〔6〕 基于此，为保证用语准确性，后文以“运用信息手段”一词代替蝶彩案中的三则信息披露行为，而不是使用信息型操纵的概念。

指引,这就需要对相关条款和案件事实进行解释、对照。

(一)"利用信息优势联合或连续买卖"的法律解释

《证券法》第77条第1款第1项规定:"单独或者通过合谋,集中资金优势、持股优势或者利用信息优势联合或者连续买卖,操纵证券交易价格或者证券交易量。"其中信息优势本身不是法律用语,其内涵与外延不易界定。[7] 因此,关于利用信息优势含义解读仍存在较大争议,有观点认为利用信息优势不仅体现为获取了解信息的机会占先优势,还应该包括利用信息手段;[8]也有观点认为,利用信息优势的概念含混不清,但与实证研究中的信息型操纵具有显著区别,无法涵盖运用信息手段的行为;[9]还有观点认为单纯利用信息优势更多时候是实施交易型操纵的一种配合方式,独立性显著弱于上市公司控制信息披露的行为,但两者均属于信息优势滥用情形。[10]

不论何种观点,在适用该项时应当按照一定方法探究其本身的意义,回归到法律解释方法,保持法律的客观性和安定性。需要注意,不论何种解释方法,解释法律意味着对法律用词的含义进行探究,也就是说,探究该法律用词所表达的事实、价值和应然观念。[11]

1. 文义解释

依据文义解释,"利用信息优势"需要结合"联合或者连续买卖"行为,且买卖行为是主要操纵手段,才有可能符合本项的规范对象,所以单纯利用信息优势但不存在交易行为很难符合本项的文义解释。应当注意,利用信息优势和运用信息手段具有显著区别:其一,前者重点强调"机会占先、条件占先"的优势,后者重点在"信息作为手段";[12]其二,前者主要通过联合或者连续交易引起的信

[7] 参见汤欣:《操纵市场行为的界定与〈证券法〉的修改建议》,载《中国金融》2004年第19期,第44页。

[8] 参见徐瑶:《信息型市场操纵的内涵与外延——基于行政和刑事案件的实证研究》,载《证券法苑》2007年第21卷第3期,第409页。

[9] 参见陈煜:《证券信息操纵行为理论辨析》,载《云南大学学报》(法学版)2014年第3期,第133页。

[10] 参见高海涛:《试论信息型操纵的违法性及防控对策》,载《证券法苑》2007年第22卷第4期,第463页。

[11] 参见[德]齐佩利乌斯:《法学方法论》,金振豹译,法律出版社2009年版,第59页。

[12] 参见陈煜:《证券信息操纵行为理论辨析》,载《云南大学学报》(法学版)2014年第3期,第133页。

息从而操纵市场,而后者信息本身足以影响证券交易价格或者交易量。运用信息手段操纵市场也可能存在后续交易,但该交易只是实现获利目的的行为,其本身并不会影响价量。[13] 较为准确地说,后续以获利为目的的减持行为可能会引起价量波动,但此行为不能再被单独评价为操纵市场行为,作为之前运用信息手段操纵市场的后续延展,可以用来推断操纵者的主观意图,应一体性评价。

2007 年证监会在其内部文件《证券市场操纵行为认定指引(试行)》(以下简称《操纵指引》)第 19 条第 1 款规定:"信息优势,是指行为人相对于市场上一般投资者对标的证券及其相关事项的重大信息具有获取或者了解更易、更早、更准确、更完整的优势。"该指引对信息优势的解读虽不具备法律效力,[14]但提供了文义解释的佐证,即此种信息优势主要指获取或者了解重大信息更易、更早、更准确、更完整,对重大信息本身并无控制力,因此其含义无法涵盖控制相关信息发布的时点、节奏。不过,控制上市公司信息披露的节奏或内容,操纵者自然比信息公开披露日的投资者具有更早、更准确、更完整知悉的优势。[15] 这种情况下,操纵者运用信息手段在不知不觉中具备了信息优势,如果有后续联合或连续买卖行为,可以认定为多种操纵手段共同作用证券市场,不能仅认定为利用信息优势联合或连续买卖操纵市场。当不存在后续联合或连续买卖行为时,不宜认定为利用信息优势联合或连续买卖的操纵行为,故排除《证券法》第 77 条第 1 款第 1 项"利用信息优势联合或连续买卖"的适用。[16]

2. 体系解释

从体系解释角度出发,资金优势、持股优势、信息优势为选择关系,理应具有内在相似性。通过执法实践可知,资金优势往往指操纵者拥有大量资金可以满

[13] 参见范林波:《操纵证券市场行为监管执法问题实证研究:以中国证监会 2015~2017 年三季度行政处罚决定书为视角》,载《证券法苑》2007 年第 22 卷第 4 期,第 438 页。

[14] 内部文件虽不具备法律效力,但存在法院在说理部分引用该指引的情况。该法院认为《证券法》对操纵证券交易市场的行为仅进行原则性的规定,故以该指引确定操纵市场的概念和主体。参见史丽华、安徽省凤形耐磨材料股份有限公司操纵证券交易市场责任纠纷二审民事判决书,(2019)皖民终 111 号。

[15] 参见高海涛:《试论信息型操纵的违法性及防控对策》,载《证券法苑》2007 年第 22 卷第 4 期,第 463 页。

[16] 例如何思模案,证监会认为当事人在利用信息优势的同时要有联合或者连续买卖的行为,但何思模不存在联合或连续买卖行为,故该案不适用《证券法》第 77 条第 1 款第 1 项的规定。参见中国证监会行政处罚决定书(何思模),〔2018〕36 号。

足联合或连续交易的需求,持股优势主要指相关账户组在操纵期间持股比例显著高于一般投资者,[17]都旨在为交易行为提供支持。同理,信息优势也应体现在主要能够为交易行为提供策略、方向,从而使交易行为达到预期操纵效果,而不是作为手段直接作用于证券市场。在同一条文中对"信息优势"的含义与"资金优势、持股优势"的含义进行体系解释较为适宜。

3. 目的解释

以目的解释分析,"利用信息优势联合或者连续买卖"的操纵行为,主要调整利用交易手段操纵证券交易价格或交易量的行为,旨在限制和禁止拥有市场资源优势的主体滥用优势,实施扰乱证券市场正常价格机制的交易行为。[18] 同时,《证券法》第77条第1款第2、3项分别规定了洗售、对敲,也是从规制交易型操纵行为入手,印证第1项的规范目的为禁止利用交易手段操纵市场,而不是禁止相关主体拥有资金优势、持股优势和信息优势进行合法交易活动,比如在二级市场上收购上市公司股票。机构投资者也可能因真实交易目的而需要进行大笔的反复买卖,优势本身也不代表违法性。[19]

(二)执法实践

结合新三板行政处罚案件分析,2015年陈宏庆案、[20]2018年卫东投资案[21]均因操纵主体通过查阅股东名册知悉做市商在内的股东持股变动情况,而具有信息优势,证监会认定相关行为违反《证券法》第77条第1款第1项的规定。2019年张郁达、张晓敏案,[22]证监会在操纵手段中列示资金优势、持股优势、信息优势、连续买卖内容,从而认定操纵主体违反《证券法》第77条第1款第1项,

---

〔17〕 执法实践中对资金优势与持股优势的认知与2007年《证券市场操纵行为认定指引(试行)》第17条、第18条定义较为一致,资金优势如王建森案(中国证监会行政处罚决定书(王建森),〔2013〕40号),持股优势如北方证券案(中国证监会行政处罚决定书(北方证券),证监罚字[2005]13号)。

〔18〕 参见陈煜:《证券信息操纵行为理论辨析》,载《云南大学学报》(法学版)2014年第3期,第134页。

〔19〕 参见汤欣:《操纵市场行政处罚案例全景观察》,载《证券法苑》2016年第18卷第2期,第40页。

〔20〕 中国证监会行政处罚决定书(陈宏庆),〔2015〕43号。

〔21〕 中国证监会行政处罚决定书(福建卫东投资集团有限公司、卞友苏、邱一希),〔2018〕23号。

〔22〕 中国证监会行政处罚决定书(张郁达、张晓敏),〔2019〕97号。不同之处是该案行政处罚决定书写明信息优势有两个:一是知悉包括做市商在内股东的持股情况;二是董事会会议决议公告存在事项对投资者产生误导,后者单独地运用信息手段的行为被认定为利用信息优势,值得推敲。

其中信息优势也是知悉包括做市券商在内股东的持股情况。这三个案件中，操纵者知悉交易参与者的投资风格和交易信息，全面了解市场情况，从而及时调整联合或连续买卖的交易策略，印证了利用信息优势与“联合或连续买卖”之间的逻辑关联。[23] 从证监会已公布的行政处罚决定书中，尚未发现主板市场上此类利用信息优势的情形。

运用法律解释的方法对“利用信息优势联合或连续买卖”进行分析，并结合新三板执法实践认定的情况，发现对“信息优势”的概念进行解释以涵盖“运用信息手段”较不适宜，前者的概念外延不能涵盖后者，不符合法解释学的方法论，宜对利用信息优势进行文义解释、体系解释和目的解释，确定其含义是获取或了解信息的优势地位，且此种地位是为交易行为提供某些方面的支持，而不是直接作用于市场的手段。

（三）蝶彩案能否适用“利用信息优势联合或连续买卖”

蝶彩案中，恒康医疗在2013年6月实施三则信息披露行为，分别为收购医院、协作研究完成“DYW101”项目第一阶段、独一味牙膏研制完毕。蝶彩资产和证监会对此客观行为均认可，并有上市公司公告为证。法院从内容、普遍经验法则和证券市场常识、客观效果上认定，三则信息属于重大利好消息，且披露时点密集，会促进恒康医疗股价的提升，事实也证明操纵期间恒康医疗股价涨幅明显优于同期中小板综指和同期深圳医药行业指数。根据上述论证，在密集区间披露三则重大利好消息，信息本身可能影响证券交易价格和证券交易量，是直接以信息为手段的行为，因此难以被“利用信息优势”所涵盖。同时，在操纵期间相关主体不存在联合或连续买卖行为，只存在高位减持股票的行为，即使以执法实践对“联合或者连续买卖”做扩大解释包含单次申报行为，[24] 且后续高位减持引起股价波动，其行为也应与前述运用信息手段一体评价，不宜单独将减持行为认定为操纵市场，况且高位减持对股价的影响方向与重大利好信息相反。法院

---

〔23〕 陈煜认为“利用信息优势”最显著的问题在于与“联合、连续买卖”“扰乱市场”之间缺乏清晰的逻辑关联。参见陈煜：《证券信息操纵行为理论辨析》，载《云南大学学报》（法学版）2014年第3期，第133页。

〔24〕 中国证监会行政处罚决定书（彭旭），〔2016〕76号。学界论述可参见郑彧：《从“结果主义”转向“行为主义”——论连续交易型市场操纵的认定》，载《证券法苑》2019年第26卷第1期，第235页。

在争议焦点论述行为人客观上是否实施可能影响证券交易价格或者证券交易量的行为时，也未提及阙文彬减持行为的效果，值得肯定。[25] 在主体方面，通过《研究顾问协议》和《市值管理备忘录》可知蝶彩案为合谋的操纵案件，蝶彩资产及其实际控制人提供"市值管理"建议，其中包括建议恒康医疗"加强"信息披露，阙文彬利用实际控制人地位控制上市公司信息披露，因此蝶彩资产及其实际控制人未具体实施高位减持股票行为和信息披露行为，也不影响其操纵主体的认定。

因此，蝶彩案控制信息披露的行为无法适用《证券法》第77条第1款第1项，即不能认定相关主体存在利用信息优势联合或连续买卖的行为。除此之外，蝶彩案明显不存在第2、3项所规定的洗售和对敲行为。此时对于违法行为的定性，只能求助《证券法》第77条第1款第4项。

三、能否适用"以其他手段操纵证券市场"

（一）《证券法》第77条第1款第4项的性质和适用

1. 兜底条款的性质

《证券法》第77条第1款第4项规定："以其他手段操纵证券市场。"操纵市场行为是一个集合名词，其所包含的各种具体类型随着市场变化而推陈出新，不可能也没有必要对其进行定义。[26] 证券立法以列举加兜底条款的方式对操纵市场行为进行规定，其中第4项兜底条款为其他操纵市场行为的认定提供了路径。兜底条款属于不确定的法律概念，使法律适用更具灵活性，但也有可能造成随意性。杨仁寿认为："法官在具体适用不确定法律概念时，应随着各个案件，依照法律的精神、立法目的、针对社会的情形和需要、予以具体化，以求实质的公平和妥当，须将理由述说明确，切莫引用他例以为判断之基准。"[27] 换言之，适用兜底条款的前提是探寻《证券法》第77条的精神和立法目的，严格限定其适

---

〔25〕 后续减持行为的作用在于认定三则信息披露行为的主观意图。

〔26〕 参见李先云：《证券市场操纵的法律规制》，载郭锋主编：《证券法律评论》（第3卷），法律出版社2003年版，第118～157页。美国1934年《证券交易法》未对操纵市场进行明确定义，美国联邦国会有意使其涵盖花样繁多的操纵行为，以贯彻立法目的。Allen F, Gale D. Stock Price Manipulation, Review of Financial Studies 1992(5):503－529.

〔27〕 杨仁寿：《法学方法论》（第2版），中国政法大学出版社2013年版，第186页。

用范围,不能认为法律列举以外的任何相似行为都可以被兜底条款所包含,也不能认为法律列举以外任何不相似行为都不能被兜底条款所涵摄。

2. 兜底条款的适用

(1)刑法上的兜底条款

在刑法上,兜底条款的适用要符合同类解释原则,在解释兜底条款时,不能脱离其所在的法律条文,而应当联系其前面的列举性规定确定兜底条款的具体含义和边界。[28] 应遵循"性质相同、手段类似、后果相同"的三个标准,具体的列举规定与兜底条款的逻辑结构属于并列关系,反映同一罪质,且指向同一法益。按照刑法标准,《刑法》第 182 条第 1 款前 3 项的规定都为交易型操纵,[29]解释兜底条款时自然不能逃脱出手段类似的标准,即以其他手段操纵市场中的"手段"应解释为交易手段,无法包含信息手段。所以运用信息手段操纵市场便很难涵盖在兜底条款的范围内,这可能是徐翔案以"利用信息优势连续买卖操纵"定性的一个原因。[30] 但 2011 年汪建中案、2017 年朱炜明案,其中"抢帽子"交易行为被法院以《刑法》第 182 条第 4 项兜底条款认定为操纵市场行为,因为真正扰乱市场的行为是信息发布,而不是交易行为。此时兜底条款仿佛已经逃离交易手段类似的牢笼,转向操纵市场的核心构成要件认定,这可能与 2010 年最高人民检察院、公安部《关于公安机关管辖的刑事案件立案追诉标准的规定

---

〔28〕 参见张建军:《论刑法中兜底条款的明确性》,载《法律科学》(西北政法大学学报)2014 年第 2 期,第 92 页。有关刑法兜底条款的适用还可参见刘宪权:《操纵证券、期货市场罪"兜底条款"解释规则的建构与应用——抢帽子交易刑法属性辨正》,载《中外法学》2013 年第 6 期。

〔29〕 《刑法》第 182 条规定:"有下列情形之一,操纵证券、期货市场,情节严重的,处五年以下有期徒刑或者拘役,并处或者单处罚金;情节特别严重的,处五年以上十年以下有期徒刑,并处罚金:(一)单独或者合谋,集中资金优势、持股或者持仓优势或者利用信息优势联合或者连续买卖,操纵证券、期货交易价格或者证券、期货交易量的;(二)与他人串通,以事先约定的时间、价格和方式相互进行证券、期货交易,影响证券、期货交易价格或者证券、期货交易量的;(三)在自己实际控制的账户之间进行证券交易,或者以自己为交易对象,自买自卖期货合约,影响证券、期货交易价格或者证券、期货交易量的;(四)以其他方法操纵证券、期货市场的。"

〔30〕 有观点认为,徐翔案实际是以信息型操纵手法为主、以交易型操纵手段为辅的复合手法操纵案件,适用"利用信息优势连续买卖操纵"并不十分准确,适用兜底条款更为适宜。参见夏中宝:《徐翔操纵市场案中的法律与证据问题探微》,载《证券法苑》2017 年第 20 卷第 2 期,第 21 页。

(二)》第39条有直接关系,〔31〕也可能与同类解释规则失灵后规范目的解释登场有关。〔32〕吊诡的是,徐翔案发生在2015年,时间处于两者之间,却只认定"利用信息优势联合或连续买卖",而未根据上述《关于公安机关管辖的刑事案件立案追诉标准的规定(二)》第39条第1款第6项的行为,以《刑法》第182条第4项认定其属于"以其他手段操纵市场"。

(2)证券法上的兜底条款

不可否认,《证券法》第77条和《刑法》第182条关于操纵市场行为的列举仅有联合或连续交易、对敲、洗售三类交易型操纵行为,辅之以其他操纵行为的兜底条款,并未明确列举散布信息的具体类型,在某种程度上存在立法空白。〔33〕可能是当时立法对操纵市场行为认识具有局限性,也可能因为后续立法将散布信息的行为从操纵市场行为中剔除,以特别条款形式规定在《证券法》第78条和《刑法》第181条,〔34〕没有认识到真实信息也有可能构成操纵市场。由此造成后续执法实践中发现仅仅靠《证券法》第77条所规定的交易型操纵和第78条规定的特定主体编造、传播虚假信息的行为,不能完全涵盖操纵市场行为,如先交易、再荐股、最后反向交易的"抢帽子"行为。

在《证券法》的维度下,对操纵市场兜底条款进行解释时,应当考虑到操纵市场行为本身复杂性和多变性,更应考虑到操纵市场的起源和发展一直都包含散布信息的操纵行为,〔35〕不宜局限于刑法同类解释规则,将手段限制于交易行为。不仅因为中国证券市场噪声过大,任何主体都可以通过各种媒体途径传播

---

〔31〕 2010年《关于公安机关管辖的刑事案件立案追诉标准的规定(二)》第39条规定:"操纵证券、期货市场,涉嫌下列情形之一的,应予立案追诉:……(六)上市公司及其董事、监事、高级管理人员、实际控制人、控股股东或者其他关联人单独或者合谋,利用信息优势,操纵该公司证券交易价格或者证券交易量的;(七)证券公司、证券投资咨询机构、专业中介机构或者从业人员,违背有关从业禁止的规定,买卖或者持有相关证券,通过对证券或者其发行人、上市公司公开作出评价、预测或者投资建议,在该证券的交易中谋取利益,情节严重的……"

〔32〕 参见李军:《兜底条款中同质性解释规则的适用困境与目的解释之补足》,载《环球法律评论》2019年第4期,第116页。

〔33〕 参见夏中宝:《徐翔操纵市场案中的法律与证据问题探微》,载《证券法苑》2017年第20卷第2期,第25页。

〔34〕 见第四部分中编造、传播虚假信息的相关论述。

〔35〕 散布信息也是一种运用信息手段的行为。英国第一个有关操纵的案例是通过散布谣言使股票大涨,后卖出盈利。参见[美]路易斯·罗思、乔尔·塞里格曼等:《美国证券监管法基础》,张路等译,法律出版社2008年版,第801页。

虚假信息，速度之快，范围之广，影响之恶劣，证券法有必要发挥其净化市场、指引市场的功能，而且刑法的谦抑性也决定其在法律解释和适用中更加刻板与严苛，更何况刑法在兜底条款的认定上也已经突破手段相似的要求，以规范目的解释补足同类解释规则。例如2019年7月《关于办理操纵证券、期货市场刑事案件适用法律若干问题的解释》对"以其他方法操纵证券、期货市场"的兜底条款进行解释，将一些运用信息手段操纵市场的行为纳入《刑法》第182条的调整范围。[36] 其中第4项与蝶彩案的行为模式基本相同，相关负责人将其称为"利用信息优势操纵"，[37]不免与利用信息优势联合或连续买卖的"利用信息优势"相混淆。

但是兜底条款的适用必然存在限制，否则将会导致法律适用的随意性，其他操纵市场的手段不能超过操纵市场的概念内涵，但这种内涵仍存在争议，而且目前没有任何市场给予明确定义。[38] 一条值得思考的路径是相关行为要符合操纵市场的核心构成要件，才有可能被兜底条款所涵摄。

（二）操纵市场的本质和核心构成要件

1. 操纵市场的本质

主流观点将操纵市场视为证券欺诈的一种行为。[39] 1993年《禁止证券欺

---

〔36〕 最高人民法院、最高人民检察院《关于办理操纵证券、期货市场刑事案件适用法律若干问题的解释》（2019年）第1条规定："行为人具有下列情形之一的，可以认定为刑法第一百八十二条第一款第四项规定的'以其他方法操纵证券、期货市场'：（一）利用虚假或者不确定的重大信息，诱导投资者作出投资决策，影响证券、期货交易价格或者证券、期货交易量，并进行相关交易或者谋取相关利益的；（二）通过对证券及其发行人、上市公司、期货交易标的公开作出评价、预测或者投资建议，误导投资者作出投资决策，影响证券、期货交易价格或者证券、期货交易量，并进行与其评价、预测、投资建议方向相反的证券交易或者相关期货交易的；（三）通过策划、实施资产收购或者重组、投资新业务、股权转让、上市公司收购等虚假重大事项，误导投资者作出投资决策，影响证券交易价格或者证券交易量，并进行相关交易或者谋取相关利益的；（四）通过控制发行人、上市公司信息的生成或者控制信息披露的内容、时点、节奏，误导投资者作出投资决策，影响证券交易价格或者证券交易量，并进行相关交易或者谋取相关利益的；（五）不以成交为目的，频繁申报、撤单或者大额申报、撤单，误导投资者作出投资决策，影响证券、期货交易价格或者证券、期货交易量，并进行与申报相反的交易或者谋取相关利益的；（六）通过囤积现货，影响特定期货品种市场行情，并进行相关期货交易的；（七）以其他方法操纵证券、期货市场的。"

〔37〕 "两高"有关负责人《关于办理操纵证券、期货市场，利用未公开信息交易刑事案件适用法律问题司法解释答记者问》，载https://www.chinacourt.org/article/detail/2019/06/id/4130964.shtml，最后访问日期：2019年12月24日。

〔38〕 参见徐龙炳：《信息型市场操纵行为研究进展》，载《经济学动态》2018年第7期，第131页。

〔39〕 参见缪因知：《信息型操纵市场行为执法标准研究》，载《清华法学》2019年第6期，第161页。

诈行为暂行办法》中也规定了操纵市场为欺诈行为,〔40〕这可能是由于受到美国法影响的结果,现行法已经不再明确以欺诈认定操纵市场。根据法律分析,市场操纵与欺诈领域有关,但并非完全属于欺诈的组成部分。〔41〕欺诈概念本身极其复杂,我国证券法上的欺诈与民法上的欺诈本质是否一致,本身值得研究。〔42〕美国法也存在同样的问题,法院多次裁定证券交易委员会项下的制定法以及邮件欺诈法中的反欺诈条款不限于可能引起普通法欺诈责任的情况。〔43〕其中普通法欺诈与我国民法项下欺诈构成要件基本一致:对重要事实的虚假陈述、存在明知虚假且引诱他人信赖并作出意思表示的故意、他人合理信赖、产生损失。这就产生两个难以解决问题:其一,证券法下的欺诈是否存在民法下或普通法下欺诈的双重故意;〔44〕其二,操纵市场行为人是否具有欺诈的故意难以证明。举例言之:若大户甲一日闲来无事与妻子打赌,签订协议猜测第一天开市以较大资金买入几只股票后次日相关股票的涨幅,猜测结果更接近真实涨幅的为赢方,输方负责买一个月的菜。甲明知将大量资金投入证券市场大额买入会造成市场波动,但仍然为之,造成市场较大波动,第二天将所有股票卖出。此时是否认定为操纵市场?如果将操纵市场的本质认定为欺诈,那么如何证明乃至通过行为推定甲有欺诈的双重故意。甲能预料到其行为可能引起市场波动,具有引起市场波动的故意。市场波动的发生可能包含了诱使其他投资者的客观现象,但仍旧很难承认甲引起市场波动的故意中存在欺诈的双重故意,即证明甲有希望投资者陷于虚假市场波动的故意并且希望投资者因此买卖证券。也就是说很难证明甲有诱使的故意,尤其将其作为民法下或普通法下的欺诈。

---

〔40〕《禁止证券欺诈行为暂行办法》(已废止)(1993年)第2条规定:"本办法所称证券欺诈行为包括证券发行、交易及相关活动中的内幕交易、操纵市场、欺诈客户、虚假陈述等行为。"

〔41〕参见[美]路易斯·罗思、乔尔·塞里格曼等:《美国证券监管法基础》,张路等译,法律出版社2008年版,第800页。

〔42〕存在行政执法中认定"欺诈"不是操纵市场的构成要件。例如朱康军案,证监会认为"欺诈"本身并非《证券法》明确规定的操纵证券市场行为构成要件,故朱康军的申辩理由不能成立。参见中国证监会行政处罚决定书(朱康军),〔2017〕39号。

〔43〕参见[美]路易斯·罗思、乔尔·塞里格曼等:《美国证券监管法基础》,张路等译,法律出版社2008年版,第669页。

〔44〕双重故意指包含两个层面的故意:一是使表意人陷于错误的故意;二是使表意人因错误作出意思表示的故意。参见韩世远:《合同法总论》,法律出版社2011年版,第187页;另可参见魏振瀛编:《民法》,北京大学出版社、高等教育出版社2007年版,第152页。

美国证券交易委员会管理项下制定法功能在于使市场操纵概念具有更大的确定性,并提供一种强制执行和预防机制。制定法措施将欺诈理论与英美判例中发展而来的公开市场理念融合在一起。[45] 这与证监会2007年《操纵指引》发挥的功能如出一辙。[46] 有效市场有利于形成合理的价格发现机制,使投资者能够根据市场信息判断公司价值,进而从事投资活动,使资源得到合理分配。[47] 当不再将复杂的、不确定的欺诈理论带入操纵市场的研究中,导致相关问题更加复杂,可以认为禁止操纵市场本质在于禁止扰乱证券市场的任何行为,以维护市场的有效性、公平性。

当然,是否应当禁止操纵市场行为本身仍存在争议,本文不再过多涉及。[48]

2. 操纵市场的核心构成要件

虽然操纵市场的本质难以确定,定义还存在争议,合法与非法的界限也难以厘定,但仍需要在维护证券市场有效性和保证投资者自由交易之间寻觅一条均衡之路,尽可能精准打击违法操纵市场行为,以达到既能防止行政权的滥用,又能保证违法行为被处罚的双重效果。可以尝试探索操纵市场的核心构成要件,即如果这些要件都不存在,那么基本不可能构成操纵市场。在进行具体分析之前,先要说明行政责任上的构成要件与刑事责任、民事责任是存在区别的,证明标准上也存在区别,不应混淆,三者重叠之处可以为证据支撑。[49] 下文主要对操纵市场行政责任上的核心构成要件进行分析。

从蝶彩案中可以看到,司法判决在这一方面发挥了十分明显的作用,尤其在

---

〔45〕 参见路易斯·罗思、乔尔·塞里格曼等:《美国证券监管法基础》,张路等译,法律出版社2008年版,第803页。原文为:The function of the SEC statutes has been to give a greater degree of definiteness to the concept of manipulation and to supply an enforcement and preventive mechanism. As we shall see, the statutory scheme is a blend of fraud theories and the open market concept developed in the English and American cases. See Louis. Loss Joel Seligman, *Securities Regulation*, Boston : Little, Brown, 1996.

〔46〕 该《操纵指引》虽然只是内部工作指引,但对操纵市场行为的本质、概念和手段等进行了明确和细化,如认为操纵市场是扰乱市场秩序的行为。

〔47〕 Eugene F. Fama, "Efficient Capital Markets: A Review of Theory and Empirical Work", *The Journal of Finance*, Vol. 25, 1970, p. 97.

〔48〕 有关操纵市场是否应当禁止的文章可参见Daniel R. Fischel and David J. Ross, "Should The Law Prohibit 'Manipulation' in Financial Market?", 105 *Harvard Law Review 503* (1991). Steve Thel, " $850,000 In Six Minutes—The Mechanics of Security Manipulation", 79 *Cornell law Review*, 219 (1994)。

〔49〕 民事责任要求因果关系存在,刑事责任可能要求市场波动幅度或者行为人谋取利益要件。

判决主文中对操纵市场的认定思路与证监会行政处罚书形成了鲜明对比。本文开头已提及证监会行政处罚书认定构成要件较为模糊,说理不够充分。[50] 法院判决书提供了可圈可点的路径,说理部分认定操纵市场的构成要件有二:一是行为人客观上实施了可能影响证券交易价格或者证券交易量的行为;二是行为人主观上具有操纵证券交易价格或者证券交易量的意图。将证券交易价格和交易量的变动作为判断客观行为本身是否可能具有影响的佐证。[51]

从《证券法》第77条第1款的文义来看,影响证券交易价格或交易量的客观行为必须存在,但并未提及主观意图,从执法实践、学界观点来看,主观意图是操纵市场必不可少的要件。[52] 主观意图的内容是存在一定争议的,比如美国SEC认为证明存在影响证券交易价格或交易量即可,但美国法院在莫海伦案中表达出应当证明行为人诱惑其他投资者买入股票的故意,[53]且1934年《证券交易法》中第9(a)节下设的1~5项中都提及了"诱使"。如上文所述,纵然操纵市场和欺诈有重叠之处,但欺诈难以涵盖操纵市场的内涵,同时一旦将欺诈纳入主观意图当中,便更难以证明。

(1)客观行为

在认定客观行为方面,法院得出结论恒康医疗的信息披露行为具有影响证券交易价格的可能性,而且事实上也产生了实际影响。理由有以下三点:其一,从内容来看,上述信息均属于重大利好消息,且上述信息的披露时点较为密集;其二,从普遍的经验法则和证券市场常识可以判断,上述信息披露行为会影响到恒康医疗的股价,促进其股价的提升;其三,从客观效果来看,在涉案期间,恒康医疗的股价涨幅明显优于同期中小板综指和同期深证医药行业指数。同时法院认定三则信息披露行为时点存在违法性,其中两则存在内容违法性。此处需要注意三点:一是普遍的经验法则和证券市场常识具有推定力,即推定信息披露行为具有提升股价的作用这一事实。二是事实上证券交易价格或交易量的波动只

---

[50] 有学者也持此批评,参见缪因知:《信息型操纵市场行为执法标准研究》,载《清华法学》2019年第6期,第160页。

[51] 法院在分析操纵市场构成要件时,用了限定词:"一般而言,操纵市场应当从两方面掌握……"

[52] 参见郑佳宁:《操纵证券市场行为法律认定标准的实证研究与再审视》,载《政法论丛》2016年第5期,第103页。

[53] 参见朱伟一:《证券法》,中国政法大学出版社2018年版,第381页。

是客观行为影响可能性的佐证,而不是操纵市场行为的构成要件,市场波动的幅度会成为衡量处罚幅度乃至入罪的标准。郑彧也提到市场操纵的监管应是一种对"行为的规范"而非对"结果的约束",监管应打击的是"操纵行为的本身"而非"操纵行为的后果"。[54] 三是客观行为不一定非法,以前年度未披露的事项不属于法律法规强制信息披露内容,放在以后年度披露,乃至集中披露,通过合法的市值管理以更好反映公司真实基本面很难称其违法。[55] 蝶彩案三则信息披露行为内容和时点的违法性很大程度上是结合行为人主观意图实现的,其客观行为本身的违法性值得商榷。[56]

(2)主观意图

在认定主观意图方面,法院先从直接证据分析,再以间接证据辅助推定,值得肯定。首先,考虑是否存在直接证据能够直接反映操纵意图的内容,包括询问笔录(阙文彬、林世喜、饶进)、研究顾问协议、资产管理合同。其次,考虑间接证据乃至环境证据,从信息披露内容与时点的异常性、违法性,结合减持行为,判断信息披露行为背后是否存在操纵意图。此处也有两点值得注意,其一,存在当事人陈述、证人证言等询问笔录,涉及供认表述对主观故意的证明力较强,当然询问笔录必须经过法庭的质证程序,蝶彩案中询问笔录起到了很大作用;其二,以间接证据推定具有合理性,即使在非供认的普通案件中,有必要根据间接证据来推断是否存在操纵目的。[57] 最高人民法院在《关于审理证券行政处罚案件证据若干问题的座谈会纪要》(2011 年)中提到人民法院在审理证券行政处罚案件

---

〔54〕 参见郑彧:《从"结果主义"转向"行为主义"——论连续交易型市场操纵的认定》,载《证券法苑》2019 年第 26 卷第 1 期,第 238 页。

〔55〕 何思模案中,处罚书中认定控制利润分配及高送转提出并公告的行为本身不违法,与卖出股票的行为构成连续、完整的行为,才构成操纵市场。实际上,卖出股票行为能够证明主观恶意的存在,以牟利为动机的主观故意和以提升公司股价为动机的主观故意还是存在区别的。

〔56〕 第一,收购三家医院的意图在《研究顾问协议》签订前即存在;第二,"DYW101"项目恒康医疗子公司为委托研发方,公告中确实为准确说明,而以协作研发之语,确存在些许瑕疵,相关时点在正式报告后公布可归责性并不大;第三,"独一味"牙膏实际研发时间虽早,但 2013 年 3 月取得专利,5 月委托生产,6 月公告,是否存在公告时点不及时值得商榷。相关情况可参见蝶彩资产管理(上海)股份有限公司与中国证券监督管理委员会二审行政判决书,(2019)京行终 2328 号;《甘肃独一味生物制药股份有限公司关于授权全资子公司上海独一味生物科技有限公司签署〈许可和商业化协议〉的公告》(证券代码:002219,公告编号:2012—005)。

〔57〕 Federal Corp,25SEC227,230(1947). See Herman & Maclean v. Huddleston,459 U. S. 375,390 – 391 n. 30(1983).

时,也应当考虑到部分类型的证券违法行为的特殊性,由监管机构承担主要违法事实的证明责任,通过推定的方式适当向原告、第三人转移部分特定事实的证明责任。但如果仅有间接证据即信息披露内容与时点的异常,很难能推定行为人的主观意图,尤其是当不存在其他证据能证明操纵动机。

(3)减持行为和获利结果

法院在说理部分未涉及减持行为和获利结果,可能是担心读者误以为此两者也是操纵市场的构成要件。实则,通过对减持行为和获利结果的分析,可以判断行为人的操纵动机,能够增强对主观意图的推定力,可以放在主观意图方面进行分析。更为重要的是,如果不存在恶意的操纵动机,即使集中补充信息披露会引起股价变动,也很难判定通过市值管理,加强信息披露,提升公司整体价值的行为构成操纵市场。

(4)主要责任人

法院论证蝶彩资产参与涉案操纵证券市场,但没有阐述蝶彩资产是主要责任人的原因,即对于处罚是否得当,法院并未说理。证监会在行政处罚书中明确提到蝶彩资产起主要作用,处罚程度比阙文彬重,而在蝶彩案这种情形,上市公司应当承担最重的责任,原因在于信息披露行为是上市公司作出的、公司各方合谋和实控人单方意志较难区分证明、上市公司是信息披露义务人。[58] 但需要考虑的问题是,假如不存在大股东阙文彬自身的减持行为,上市公司单独进行蝶彩案所涉及的三则信息披露行为是否违法。三则集中、补充信息披露行为很难能构成操纵市场,其中只有一则信息存在轻微误导性陈述,此时证明上市公司具有操纵市场的故意极度困难,阙文彬的主观故意也无法转移到上市公司。虽然信息型操纵与虚假陈述存在共性,在某些情形下虚假陈述可能会被操纵市场行为吸收,但虚假陈述乃至信息披露违规行为很少去判断主观故意要件,这与操纵市场存在区别。

证监会之所以将蝶彩资产列为主要责任人,可能出于实践中市值管理违法操作情形屡禁不止。但蝶彩案中,阙文彬作为实际操纵市场行为人,应当加重其责任,与蝶彩资产处罚程度一致较为合适。

---

〔58〕 参见缪因知:《信息型操纵市场行为执法标准研究》,载《清华法学》2019年第6期,第173页。

综上,操纵市场的核心构成要件应当有两个:①行为人具有操纵证券交易价格或交易量的主观意图;②行为人实施可能影响证券交易价格或者交易量的客观行为。客观证券交易价格或交易量的波动可以作为客观行为影响性的佐证,行为人获利目的和获利结果可以作为动机的解释,进而推断主观意图的存在,将举证责任分配给行为人。这也符合2019年新修订的《证券法》第55条的规定,〔59〕但其中“意图影响”不能解释为主观意图,应当作“可能影响”解释,禁止运用相关手段影响或可能影响市场,否则难以与“影响”的客观事实维持选择关系。这样看来,可以认定蝶彩案客观上存在操纵证券市场的违法行为,主观上存在操纵意图,符合操纵市场的核心构成要件,可以适用《证券法》第77条第1款第4项。

四、信息型操纵能否作为法律上的概念

信息型操纵来源于金融市场研究的概念,〔60〕被移植到法律领域,对其概念的确定性要重新考虑,即能否成为法律意义的观念。语词蕴含的观念内容可以被称为概念,康德把“表达多个客体之共性的观念”称为一般概念。〔61〕从信息型操纵的各项分类中能提炼出“信息”一词作为共性,却无法抽离构成要件和法效果,那么其作为法律概念的意义不是很大,并且难以通过法律解释确定其含义空间。操纵市场是较为开放性的概念,类概念的产生是否对法律认定存在作用,值得深思。

分类的意义在于更深刻了解事物的共性与区别,具体到法学领域,应当有利于具体法律问题的解决,而不能导致法规范的适用更加复杂。目前对信息型操纵的分类有多种方式。蔡奕一文以信息的真实性维度、行为主体维度、行为属性维度、行为组合维度对信息型操纵进行分类,认为信息型操纵存在多元样态,以统一的构成标准解构其要件几乎是不可能完成的任务。〔62〕缪因知认为应当以利用信息优势型操纵和编造传播虚假信息型操纵作为基本类型,对信息型操纵

〔59〕《证券法》(2019年修订)第55条规定,禁止任何人以下列手段操纵证券市场,影响或者意图影响证券交易价格或者证券交易量:……

〔60〕参见徐龙炳:《信息型市场操纵行为研究进展》,载《经济学动态》2018年第8期,第131~133页;陈煜:《证券信息操纵行为理论辨析》,载《云南大学学报》2014年第3期,第132页。

〔61〕参见齐佩利乌斯:《法学方法论》,金振豹译,法律出版社2009年版,第27~30页。

〔62〕参见蔡奕:《信息型操纵基本法律范畴分析》,载《证券法苑》2016年第18卷第1期,第68页。

进行两属四种的分类模式,并不自动赞同信息型操纵是逻辑自洽的分类。〔63〕

2014年,证监会曾明确提及信息型操纵有两类:上市公司为配合大股东、高管减持等需要,控制信息发布的内容和时机,以所谓"股价维护、市值管理"方式进行操纵;编造传播虚假信息。〔64〕有观点认为此分类具有合理性,信息型操纵可以分为利用信息优势操纵和编造传播虚假信息型操纵,分别对应《证券法》第77条和第78条。〔65〕但2018年证监会稽查20起典型违法案例中提及"编造传播证券期货虚假信息案件"与"操纵市场案件"并列,编造传播虚假信息并未纳入操纵市场案件中。〔66〕可以看到,证监会在认定操纵市场的分类时发生了变化,存在前后不一致的情况,且《证券法》第77条和第78条的关系存在含混,引入信息型操纵,让条文关系更加复杂了。

操纵市场有两种主要手段,分别为炒作股票和散布信息,这在国内外立法和学界理论争议较小,在我国的早期立法中也可以发现。〔67〕在中国法语境下,可能由于证券市场虚假信息过多,尤其是特定主体编造、传播虚假信息会造成广泛的影响,这与操纵市场行为具有显著区别,虽然二者均可能影响证券交易价格或证券交易量,但前者更多集中于对证券市场秩序的侵扰,而不是获取非法利益。后者的核心构成要件中,获取不正当利益的主观动机对于判断操纵的主观意图具有重要作用。

编造、传播虚假信息或误导性信息的特殊性与操纵市场的不同主要表现在三个方面:其一,操纵市场核心构成要件不要求市场发生波动,只要求可能性,但是执法中对于未产生市场波动的是否要处罚还存在争议,市场未波动很难证明

〔63〕参见缪因知:《信息型操纵市场行为执法标准研究》,载《清华法学》2019年第6期,第163页。

〔64〕参见《证监会通报近年来市场操纵案件的执法工作情况》,载 http://www.csrc.gov.cn/pub/newsite/zjhxwfb/xwd/201408/t2014082_259482.html,最后访问日期:2019年12月23日。

〔65〕参见缪因知:《信息型操纵市场行为执法标准研究》,载《清华法学》2019年第6期,第163页。

〔66〕参见《2018年证监会稽查20起典型违法案例》,载 http://www.gov.cn/xinwen/2019-01/12/content_5357229.htm,最后访问日期:2019年12月23日。

〔67〕我国早期证券立法如:《股票发行与交易管理暂行条例》第74条第3项规定,通过合谋或者集中资金操纵股票市场价格,或者以散布谣言等手段影响股票发行、交易的;《禁止证券欺诈行为办法》第8条规定,前条所称操纵市场行为包括:以散布谣言等手段影响证券发行、交易。域外立法也同样认为炒作股票和散步流言为操纵市场的两种手段:可见美国《证券交易法》第9(a)节、欧盟2016年《市场滥用规则》第12条、日本《金融商品交易法》第159条。学者观点如:朱锦清:《证券法学》(第4版),北京大学出版社2019年版,第266页。

相关行为存在影响证券交易价格或交易量的可能性。但对于编造、传播虚假信息或误导性信息这种特殊的操纵市场行为,仿佛不要求市场波动,只要发现编造、传播虚假信息或误导性信息即可认定。其二,编造、传播虚假信息或误导性信息的主体扩张。第77条规制的操纵市场行为主体为任何人;第78条最开始定位在特定主体,[68]发展到任何单位和个人都不应当编造、传播证券市场虚假信息,即2019年修订的《证券法》第56条规定,禁止任何单位和个人编造、传播虚假信息或者误导性信息,扰乱证券市场。其三,主观意图方面存在差异。编造、传播虚假信息或误导性信息不要求证明行为人存在主观意图,通过其客观行为即可认定,但认定《证券法》第77条所规制的操纵市场需要主观意图的认定。如果认为操纵市场主观意图包含欺诈的双重故意,将欺诈引为操纵市场的本质,那么编造、传播虚假信息或误导性信息更难以证明欺诈的故意,这与操纵市场存在区别。因此,作为操纵市场子类型的信息型操纵不能对应2014年《证券法》第78条(2019年《证券法》第56条)的规定。

引入金融市场研究中的信息型操纵一词作为法律概念,当共性仅为“信息”时,实际意义不大。除了蝶彩案的市值管理型和编造、传播虚假信息或误导性信息外,抢帽子交易和蛊惑交易与信息型操纵的关系也值得讨论,相互手段之间具有显著区别,共性不足,大锅烩未必是一件好事。信息型操纵可能存在主体不同、手段不同的特性,很难用一种固定的模式和标准来描述。不可否认,这一语词具有其价值,但不适合作为法律上的概念。在认定操纵市场时,应当以操纵市场的核心构成要件为基础,将关注点放在具体操纵行为的判断,以应对纷繁多变的市场。

五、结语

蝶彩案中,虽然证监会胜诉,但从判决书的说理可知晓:其一,司法判决有意发挥自身释明法律的功能,希望能够对证监会的行政执法产生指引作用;其二,司法裁决不愿意与行政处罚形成直接对抗,以较为温和的方式传递出自身对操

[68] 《证券法》(2014年)第78条规定,禁止国家工作人员、传播媒介从业人员和有关人员编造、传播虚假信息,扰乱证券市场。

纵市场案件的理解和认定;其三,法院通过司法判决和证监会进行交流,以解读操纵市场的构成要件,两相争辩,真理便愈来越明。

操纵市场的本质不能被欺诈所涵盖,禁止操纵市场还有维护有效市场和公平市场的意义。操纵市场的核心构成要件为主观意图和客观行为,判断主观意图,要从直接证据和间接证据两方面入手,考虑主观动机,关注后续交易和违法所得。只要求客观行为可能影响证券交易价格或交易量,但行为本身不一定非法,只有和主观意图结合起来才有可能构成操纵市场。市场波动和违法所得的事实不是操纵市场的构成要件,只能用来佐证客观行为的影响可能性和主观动机。

从法规范出发,运用法律解释的方法可知,利用信息优势的外延不能涵盖运用信息手段,但后者可以包含前者,类似案例符合操纵市场的核心构成要件,应当适用《证券法》第77条第1款第4项。不论是证监会的行政处罚书,还是法院的判决书,均应当明确所适用的法律条文,以形成执法公信力和司法确定力。

信息型操纵作为金融市场研究的概念,除了"信息"外,无法抽离构成要件和法效果,将其认定在法律上的概念意义不大。操纵市场作为开放性概念,归类有好处,但也会带来麻烦。学术研究应当多从具体操纵行为入手,待操纵市场实践发展到可以通过"分类"的方式更好适用法律规范时,再解决类似于"信息型操纵"的法律含义。

（编辑:沈朝晖）

《清华金融法律评论》
第 3 卷第 2 辑
第 169 ~221 页

行政处罚中独立董事勤勉义务判断标准的批判性思考

崔羽佳*

目　次

一、引言
二、我国独立董事勤勉义务及责任的法律框架
三、证监会追究独立董事行政责任的实证考察
四、独立董事的勤勉注意义务及其判断标准
五、对于独立董事行政责任认定之修正及可行抗辩路径
六、结语

摘　要:在我国上市公司股权高度集中、投资者保护较弱的现状下,独立董事制度作为上市公司治理体系的重要环节,承担着促进上市公司规范运作的职能。为保障独立董事制度良性运转,独立董事在上市公司虚假陈述案件中承担行政责任的现状以及判断标准则成为重要的研究命题。本文通过比较分析法、实证调研法的研究方法,旨在整理独立董事违反勤勉义务进而承担行政责任的行政执法现状并且梳理监管机构、复议机关以及司法机关的认定逻辑后,回归勤

* 崔羽佳,北京方达律师事务所律师。本文指导老师为沈朝晖。

勉义务的法律属性与构造,提出独立董事行政责任认定的修正建议以及可行抗辩路径。

自中国证券监督管理委员会(以下简称证监会)于2001年引入独立董事制度以来,共计409人次独立董事受到行政处罚。涉及独立董事受罚的上市公司违法情形基本均为虚假陈述,典型的违法情形包括定期报告财务数据造假以及遗漏重大合同事项、诉讼事项。证监会对于独立董事处罚的类型主要包括单独予以警告和警告并处罚款,处罚金额则呈线性逐年上升,2012年罚金平均值为3万元,2018年则上升至6.7万元。被证监会行政处罚后,有9%的独立董事提起行政复议,2.4%的独立董事提起行政诉讼。但从救济结果上来看,复议机关与法院基本均维持原行政处罚或者驳回起诉。

从证监会的处罚逻辑来看,只要独立董事在上市公司违反信息披露义务的定期报告上签署书面确认意见,则作为"其他责任人员"承担行政责任,除非独立董事能够举证证明其已尽勤勉义务。判断独立董事勤勉义务实则是过失认定问题,其法律构造包括"预见可能性""结果避免性"两个环节,且前者为后者的前提条件。判断过失所采取的视角应当为"相对具体化的一般理性人",该标准的构建核心包括应当获取的信息以及处理上述信息的知识水平与经验能力。

基于上述实证调研以及法律分析,笔者提出如下认定独立董事行政责任的修正建议:从核心思想上,独立董事行政处罚应当实现"结果本位"到"行为本位"的转变;从认定环节上应当从"结果避免"转变为"预见可能基础上的结果避免";从证明标准上应当实现"一刀切"到"多因素考量",降低当前不合理的高证明门槛。从逻辑框架上,应当区分行政责任不成立与免责事由,并且正确适用"不得单独认定不予处罚"条款。关于独立董事的可行抗辩路径,从"信息获取限制"与"专业能力限制"两个角度,应当在部分违法情形下采纳独立董事的违法手段隐蔽,积极履行也难以发现的抗辩理由,并赋予其对专业机构意见的善意信赖权。

关键词:独立董事;勤勉义务;行政处罚;过失

一、引言

(一)研究背景

独立董事作为上市公司治理结构中的重要组成部分,被认为是上市公司合规经营的“看门人”(Gatekeeper)。不同法系的公司法对于独立董事勤勉义务表述不同,英美法系称之为“注意及勤勉义务”,大陆法系通常称为“善良管理人的注意义务”。表述有所差异的背后蕴涵着实质的独立董事应当勤勉履职,尽到合理注意义务从而起到监督作用的共性要求。至于勤勉义务的边界如何?何种程度的积极履职行为才能够符合法律的要求,以至于不被追究法律责任?这一看似简单的问题,在我国的行政监管实践中却缺乏一个清晰明确的答案。

2001 年,证监会发布的《关于在上市公司建立独立董事制度的指导意见》(以下简称《独董指导意见》)中提出上市公司应当建立独立董事制度。2005 年,“上市公司应当设立独立董事”的要求被正式纳入修订后的《公司法》。2015 年 10 月,最高人员法院首次发布年度十大经济行政典型案例,其中“周可添、魏达志、陈凤娇、何祥增诉中国证券监督委员会行政处罚案”被入选为涉及证券市场监管的典型案例。最高人民法院认为该案的典型意义在于“上市公司的董事、监事和高级管理人员对披露信息的真实性、准确性和完整性负有法定责任,不可在其位不谋其政、不司其责”。

在我国,独立董事勤勉义务的判断标准这一公司法上的命题,主要是通过证监会作出行政处罚的方式来确立的。纵观独立董事制度建立以来的近二十年间,据不完全统计,涉及独立董事受罚的行政处罚决定共 135 份,受罚独立董事共 409 人次。实践中被证监会追究责任的独立董事几乎全部是因为违反勤勉义务。

在判定独立董事行政责任是否成立上,证监会采用“签字即罚”的逻辑,即是否在虚假陈述文件上签署书面确认意见。证监会并未对独立董事的勤勉义务作出正面的描述,只能从其作出的处罚决定中反向考察:第一,由于执行董事或者内部董事“隐瞒”“信息封锁”使其难以发现违法违规行为的申辩理由,证监会以“未给予充分关注”“未予以重视”“未对存在的问题加以质询并对潜在的风险给予重视”“不知情恰恰证明未尽勤勉义务”等理由否定;第二,对审计机构出具的专业审计报告的信赖而签字的抗辩,证监会认为审计机构对财务报告的外部审计监督不能替代董事的内部控制与监督,即信赖专业机构出具的意见不能成为免责事由。

证监会的上述理由传达着这样的政策导向与处罚逻辑——只要独立董事在违法的公司决议上签署同意意见就会承担行政责任。这一结果导向的严格责任标准,是否真的有助于督促独立董事尽到勤勉义务,提升公司治理水平呢?如果证监会追究责任所倒推的勤勉义务标准畸高至独立董事的履职行为不具有现实可能性,那么这样的苛责甚至有可能会使本就积极履职的独立董事退出任职市场,由此不利于独立董事制度的良好运转。

(二)国内外研究动态

独立董事(Independent Directors)制度最早出现在美国,是公众公司广泛采用的一种公司治理制度,其作为弥补传统公司治理结构缺陷而出现。在美国学者发表的学术文献中,主要使用外部董事(Outside Directors)。在美国普通公司法上,正式的法律术语其实是"非利害关系董事"(Disinterested Directors),即指与特定问题或者交易不存在利益关系,以保障其决策的独立性与合理性。

纵观约束独立董事勤勉尽职的外部措施,主要有基于市场的声誉机制、基于监管部门的行政处罚机制以及基于法院的诉讼机制。从美国现有研究状况来看,陷入丑闻中的外部董事将会遭受严重的声誉损失,但承担监管责任或者民事责任较小。

美国许多经济学领域的学者对公司虚假陈述对于独立董事的影响进行了研究。有学者发现,美国上市公司审计委员会成员受到美国SEC监管和投资者集体诉讼索赔方面的法律惩罚是相当有限的,其主要是遭受来自于资本市场的声誉惩罚(Srinivasan,2005年)。同样,研究上市公司外部董事法律责任的美国学者认为,外部董事基本上不会因为上市公司违法行为而遭受行政处罚罚款或者面临诉讼索赔[1](Cheffins & Black,2006年)。遭受投资者集体诉讼的被诉公司的外部董事在其他公司担任董事职位数量显著下降,并且,公司的信息披露违

〔1〕 Cheffins, Brian R., Black, Bernard S, "Outside Director Liability across Countries", *Texas Law Review vol.* 84, No. 6(May 2006), pp. 1385–1480.

法更严重,进而独立董事的监督责任越大时,其职位数下降越多,这与声誉惩罚理论相一致。同时,丑闻出现时,独立董事所在公司市场反应为负,表明市场对涉案独立董事的尽职程度产生怀疑,进而对其所在公司的价格预期降低(Fich & Shivdasani,2007 年)。当然也有学者支持风险规避理论,认为独立董事主动选择离开风险高的上市公司。

有少数学者基于遭受投资者集体诉讼的上市公司的经验数据,得出声誉惩罚机制对于独董的影响是有限的,因为 CEO 事实上偏好"友好的董事",而非独立性强的董事〔2〕(Helland,2006 年)。国内也有学者得出类似的结论,国内独立董事市场确实会排斥声誉受损的董事,但对于声誉机制也存在负向需求,即如果公司希望较少受到监督,则它们可能主动追逐监督声誉较差的独立董事〔3〕(刘浩、李灏、金娟,2014 年)。

在声誉机制与责任威胁的惩罚机制存在不足的情况下,有美国学者通过细致分析与比较,证明适当设计下的激励机制与基于惩罚的责任机制在达到同样效果时,激励机制的成本是更低的〔4〕(Hamdani & Kraakman,2007 年)。以往对于守门人的文献研究往往集中于如何设计责任制度来达到最优的威慑,有学者开始关注激励机制来促进目标行为,提高看门人的有效性。这一趋势反映了一种哲学上的转变,从传统的威慑导向策略转向了更具合作性的、激励导向的制度,以提升遵从性。这种路径补充了市场和监管问责机制,被描述为合作性遵从、交互遵从、响应性监管、协作性补充。实证心理学证据表明,积极的激励可能比消极的威胁更有可能促进目标行为是这一转变的重要启示〔5〕(Cunningham,2007 年)。

许多中国经济学界的学者注意到,相比于美国,中国在市场化不充分的背景

---

〔2〕 Helland,Eric,"Reputational Penalties and the Merits of Class-Action Securities Litigation",*Journal of Law and Economics vol.* 49,No. 2(October 2006),pp. 365 – 396.

〔3〕 参见刘浩等:《不对称的声誉机制与独立董事市场需求——来自中国 A 股 ST 公司的经验证据》,载《财经研究》2014 年第 4 期,第 66 页。

〔4〕 Hamdani,Assaf; Kraakman,Reinier,"Rewarding outside Directors",*Michigan Law Review vol.* 105,No. 8(June 2007),pp. 1677 – 1712.

〔5〕 Cunningham,Lawrence A,"Beyond Liability:Rewarding Effective Gatekeepers",*Minnesota Law Review vol.* 92,No. 2(December 2007),pp. 323 – 386.

下,其资本市场对于受罚独立董事所施加的声誉影响是十分有限的[6](辛清泉、黄曼丽、易浩然,2013年)。作为转型经济国家,保护中国证券市场投资者的多种机制(如券商保荐、独立董事、独立审计等)的核心均是行政监管机制,比如证监会或者交易所作出的批评、警告、罚款或者市场禁入等[7](李焰、秦义虎,2011年)。针对上市公司虚假陈述的监管处罚的研究表明,证监会并非只是"无牙的老虎"(Chen,2005年[8];Liebman & Milhaupt,2008年[9])。有学者考察2001~2011年6月,受到证监会行政处罚的独立董事共有170人次,其处罚逻辑为结果导向的严格责任标准[10](傅穹、曹理,2011年)。还有学者基于独立董事个体视角,发现证券监管在执法实践中存在追溯处罚机制,独董提前离职并不会降低其事后处罚程度(辛清泉、黄曼丽、易浩然,2013年)。

在独立董事的独立性与治理效果方面,许多学者都认为独立董事的实际效用与预期效用相去甚远,治理效果十分有限,比如研究发现2004~2011年仅有4%的公司曾有独立董事对董事会的议案提出过公开质疑,因此独立董事一般不会公开质疑管理层的行为,独立董事的投票权变成了橡皮图章[11](叶康涛等,2011年)。有学者研究中国强制披露的董事会投票数据,发现相较于非控股股东独立董事,独立董事更不可能投非赞成票,在业绩差的国有企业中更甚,其监督行为表现出很强的风险规避倾向。因此在上市公司股权集中且投资者保护较弱的情形下,非控股股东董事比独立董事起到更好的监督作用[12](祝继高、叶康涛、陆正飞,2015年)。究其原因,主要有两个方面:一是中国公司治理结构具有股权高度集中的特点,独立董事的聘请通常是由控股股东推荐、管理层聘请

---

[6] 参见辛清泉、黄曼丽、易浩然:《上市公司虚假陈述与独立董事监管处罚——基于独立董事个体视角的分析》,载《管理世界》2013年第5期。

[7] 参见李焰、秦义虎:《媒体监督、声誉机制与独立董事辞职行为》,载《财贸经济》2011年第3期。

[8] Gongmeng Chen, Michael Firth, Daniel N. Gao & Oliver M. Rui, Is China's Securities Regulatory Agency a Toothless Tiger? Evidence from Enforcement Actions, *Journal of Accounting and Public Policy*, 24, pp. 451-488.

[9] Liebman, Benjamin L., Milhaupt, Curtis J. "Reputational Sanctions in China's Securities Market", *Columbia Law Review vol.* 108, No. 4 (May 2008), pp. 929-983.

[10] 参见傅穹、曹理:《独立董事勤勉义务边界与免责路径》,载《社会科学》2011年第12期。

[11] 参见叶康涛等:《独立董事的独立性:基于董事会投票的证据》,载《经济研究》2011年第1期。

[12] 参见祝继高、叶康涛、陆正飞:《谁是更积极的监督者:非控股股东董事还是独立董事?》,载《经济研究》2015年第9期。

的；二是独立董事与管理层之间的信息不对称，独董很大程度上依赖于管理层与会计师所提供的信息，在其信息获取渠道受限的前提下，其很难发现上市公司的信息披露违法行为。

国内法学界对于独立董事的关注点主要在其勤勉义务，但此方面的研究远远少于董事勤勉义务的研究。有学者观察到独立董事在现阶段行政监管中面临着较为严格的责任标准，认为应当严格限制勤勉义务的边界，并通过责任限制机制、责任保险机制、经营判断规则来提供独立董事的免责路径〔13〕（傅穹、曹理，2011 年）。同样，有学者认为应当赋予独立董事合理信赖权、引入商业判断规则来豁免独立董事的行政责任〔14〕（钱如锦，2017 年）。

但是，现有文献较少通过实证分析来考察独立董事受到行政处罚的现状，同时，引入具有强烈英美法系色彩的商业判断规则等措施与我国现有的行政责任认定体系并不能有效地衔接，无法与证监会 2011 年发布的《信息披露违法行为行政责任认定规则》中其他责任人员的责任认定形成有效的对话。

（三）研究目的、方法以及框架

在中国上市公司股权高度集中、投资者保护较弱的现状下，独立董事作为约束上市公司欺诈行为的重要治理力量，其在上市公司虚假陈述案件中承担责任的现状如何？作为行政监管部门的证监会与最终救济方的法院对于独立董事承担行政责任的认定逻辑是怎样的？目前根据行政处罚标准倒推的独立董事勤勉义务是否畸高以及有怎样的改进空间？

本文的研究目的是以 2004～2018 年因上市公司虚假陈述而遭受证监会处罚的独立董事作为研究样本，就上述问题提供解答。本文的研究方法主要有比较分析以及实证分析，分别应用于本文第二部分、第三部分。

本文研究框架主要分为四部分：

第一部分为引言，介绍研究背景、国内外研究动态以及本研究的目的、方法及框架。

第二部分主要运用对比分析法，比较分析独立董事制度的起源国美国与移

---

〔13〕 参见傅穹、曹理：《独立董事勤勉义务边界与免责路径》，载《社会科学》2011 年第 12 期。

〔14〕 参见钱如锦：《论独立董事行政责任之豁免——以证监会处罚决定为视角》，载《证券法苑》2017 年第 3 期。

植国中国所存在的不同公司治理问题,并且梳理独立董事义务与责任的法律框架。

第三部分主要运用实证分析法,一方面考察证监会追究独立董事行政责任的现状,如处罚人数的变化趋势、处罚种类与处罚金额幅度及其变化趋势等;另一方面考察独立董事寻求行政复议、行政诉讼等救济方式中反映出的公权力机关(证监会、法院)的处罚逻辑。

第四部分通过法教义学分析,总结归纳独立董事勤勉注意义务的判断标准。

第五部分提出独立董事行政责任认定的修正路径以及可行的抗辩理由。

第六部分为文章结语。

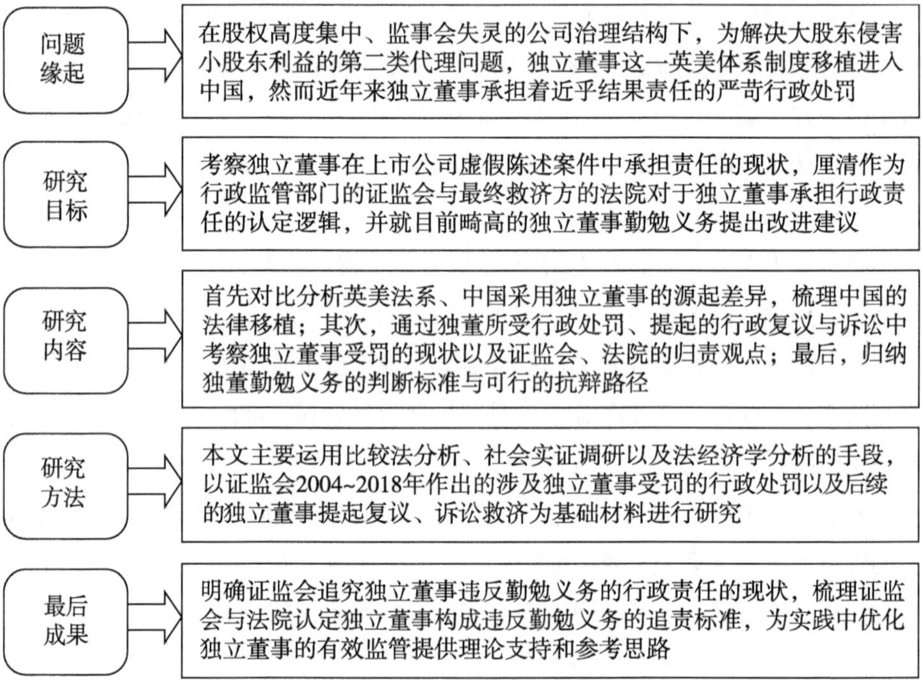

图1　本文的研究框架示意图

二、我国独立董事勤勉义务及责任的法律框架

独立董事制度起源于20世纪初美国,并被中国于21世纪初引入。独立董事制度在起源国的萌生背景与创立目的如何,起源国与我国有怎样不同的市场背景,在我国引入的预期功能如何,本部分将对上述问题进行阐述。另外本部分

还梳理了我国独立董事制度相关的法律法规及其中对于勤勉义务的规定，并初步归纳了法规中对于独立董事行政责任的认定路径。

（一）独立董事制度的源起与内涵

从内部董事、独立董事制度出现的源起来看，更早存在的内部董事的职能在于经营管理，后创设的独立董事的职能则定位于监督。呼应职能定位，相对于内部董事，独立董事最大的区别在于其具有独立性。从制度引进的角度来看，独立董事制度在其起源国美国的核心职能在于代表大量分散的股东监督管理层，即为解决第一类代理问题，而独立董事制度在我国的预期功能则在于解决第二类代理问题。

1. 独立董事制度的起源与移植

独立董事制度的兴起可以追溯到20世纪初的美国。由于高度发达的资本市场，当时的公司特点是分散的所有权结构（dispersed ownership structures）。相比于德国和日本，英美公司治理模式中银行与短期融资不再是核心角色，而放眼发展中国家，股权融资也是更为重要的。公司需要考虑为股东创造价值、增加利益的手段。然而，这种类型的股权结构使得代理问题更为严重。分散的投资者几乎没有能力控制和约束经理人的执行情况，无法满足他们投资价值合理增长的预期。另外，机构投资者的大量增长也催生了管理层日益重要的决策权，如保险公司和养老基金，他们对公司的运营没有兴趣并且对公司的操纵方式也很有限。

为确保投资者在公司关键问题上作出决策所必需的可靠而充分的信息流动，不仅需要监管机构的努力，更重要的是防止管理层滥用权力追求自身利益。因此，董事会肩负着代表股东监督管理层的重要职能。为了制衡执行董事与管理层日益膨胀的权力，一个监督机构——独立董事被引入董事会，他们不在管理职位上，并且在某种程度上被授予独立的权力，以便对管理层进行监督。

美国公众公司的股权结构为分散所有权结构，而中国上市上司则为股权高度集中的股权结构。基于两国显著不同的股权结构，美国引入独立董事制度着力于解决第一类代理问题，即股东与管理层之间的代理问题。我国引入独立董事制度主要是为了第二类代理问题，大股东与小股东之间的代理问题或者利益冲突。

2. 独立董事的内涵——独立性

从内部董事、独立董事制度出现的源起来看,更早存在的内部董事的职能在于经营管理,后创设的独立董事的职能则定位于监督。因此,独立董事与内部董事最大的区别在于,前者具有独立性,即与上市公司及主要股东、管理层不存在亲密个人关系或是商业利益的冲突、联系。此外,由这一本质特征出发,在涉及到内部公司事务时,相较于内部董事,独立董事尽其所能获取到的公司信息量、对公司交易的知悉可能性必定是更低的。

美国证券交易委员会(SEC)将独立董事界定为与公司不存在重大利害关系(disinterested)的董事。所谓"不存在重大利害关系",主要可以从以下五个方面进行理解:(1)未曾担任过公司的非独立董事或其他关联性的职务;(2)未曾与公司有过购买产品或供应原材料等交易上的往来;(3)非凭借公司非独立董事或其他职员的个人关系而被聘任;(4)公司非独立董事或其他关键性职员没有亲密的个人关系;(5)未持有公司较大比例的股票或是任一较大股东的代理人/具有其他亲密个人关系。

《上市公司独立董事履职指引》(以下简称《独董履职指引》)也明确了独立董事应当保持独立性的要求。[15]清华大学法学院教授施天涛在其著作《公司法论》中对于独立董事定义强调了独立董事的三点特征:非执行、外部、非关联。具体而言,一是其为非执行董事,区别于执行或者管理事务的内部董事,这也间接体现了独立董事的职能是监督而非管理;二是其为外部董事,区别于公司的内部人(Insiders)全职充任的内部董事,独立董事通常是其他公司在任的CEO或者退休CEO或者公众知名人物,如律师、大学教授、学院院长、银行家等;三是其为非关联外部董事,区别于与公司具有经济或者商业利益关联的关联外部董事,如公司的法律顾问、财务顾问或者投资顾问等,这体现了独立董事的独立性。[16]

(二)独立董事制度的法律法规梳理

纵观我国涉及独立董事义务及相应责任的法律法规,有两部法律——现行

---

〔15〕《独董履职指引》指出独立董事应当保持身份和履职的独立性。在履职过程中,不应受上市公司控股股东、实际控制人及其他与公司存在利害关系的单位或个人的影响;当发生对身份独立性构成影响的情形时,独立董事应当及时通知公司并进行消除,无法符合独立性条件的,应当提出辞职。

〔16〕参见施天涛:《公司法论》(第3版),法律出版社2014年版。

有效的2018年修正的《公司法》以及2020年修正的《证券法》,[17]一部部门规章——证监会2007年发布的《上市公司信息披露管理办法》(中国证券监督管理委员会令第40号,以下简称《信披管理办法》),四份部门规范性文件——证监会2001年发布的《独董指导意见》、2002年证监会、经贸委(已变更)发布的《上市公司治理准则》、2011年证监会发布的《信息披露违法行为行政责任认定规则》(中国证券监督管理委员会公告〔2011〕11号,以下简称《信披违法认定规则》)、2016年《上市公司章程指引》。

2001年,证监会引入独立董事制度,以完善上市公司治理结构。证监会认为该制度能够"促进上市公司规范运作",特别是进一步保护"中小股东的合法权益",其发布《独董指导意见》,要求上市公司董事会应至少有1/3为独立董事。这标志着继1990年沪深A股市场成立十年后,中国上市公司独立董事制度正式确立。

《独董指导意见》中具体规定了独立董事的数量要求、任职条件、选举更换程序、兼职限制、连任年限、职权以及出席会议要求等。上市公司董事会应至少有1/3为独立董事,其中至少有1名会计专业人士。另外,上市公司独董最多同时在5家公司兼职,而且不能连任超过6年。若独立董事连续3次未出席董事会会议,将会被撤换。

2002年证监会、国家经济贸易委员会(已变更)发布《上市公司治理准则》,其已被证监会于2018年发布的《上市公司治理准则》(中国证券监督管理委员会公告〔2018〕29号)所替代。2005年,第三次修订的《公司法》第123条(现行有效的2018年修订版《公司法》的第122条)规定"上市公司设立独立董事,具体办法由国务院规定"。2007年,为了规范信息披露行为,保护投资者合法权益,证监会发布《信披管理办法》。

2011年,为规范信息披露违法行政责任认定工作,引导、督促信息披露义务人及其有关责任人员依法履行信息披露义务,保护投资者合法权益,证监会发布《信批违法认定规则》。2014年中国上市公司协会发布行业规定《独董履职指引》。

---

〔17〕 2015年《证券法》第68条变更为2019年《证券法》第82条,与本文相关的内容无实质变化。

表1　独立董事制度相关的法律法规

法规全称	简称	效力级别	颁布日期
《关于在上市公司建立独立董事制度的指导意见》	《独董指导意见》	规范性文件	2001年发布
《上市公司治理准则》	《治理准则》	规范性文件	2002年发布(被2018年版失效)
《中华人民共和国公司法》	《公司法》	法律	2018年修订
《上市公司信息披露管理办法》	《信披管理办法》	部门规章	2007年发布
《信息披露违法行为行政责任认定规则》	《信披违法认定规则》	规范性文件	2011年发布
《中华人民共和国证券法》	《证券法》	法律	2019年修订
《上市公司独立董事履职指引》	《独董履职指引》	行业规定	2014年发布
《上市公司章程指引》	《章程指引》	规范性文件	2016年发布

(三)独立董事的勤勉义务及其具体要求

独立董事对公司、股东负有勤勉义务,应当谨慎、合理地监督公司事务。独立董事勤勉注意义务的法律基础在于公司与董事(包含独立董事)之间的委任关系,也就是说,委任关系是董事权利与义务的产生依据。在英美法上则被称为"注意义务"(duty of care),日本学界称为"善良管理人的注意义务"。独立董事受人之托,为人谋事,其勤勉行事之义务则为委托关系中不可或缺的部分。

我国《公司法》对于受信义务进行了规定。具体而言,《公司法》第147条第1款[18]是董监高作为受信义务的义务人,需要承担受信义务的共通性规定,即董监高对公司负有忠实义务与勤勉义务。考察我国公司法对于受信义务的规定,主要存在两点不尽完善之处:一是对受信义务的内容规定主要侧重于忠实义务,如《公司法》第148条所列举的七款具体违反忠实义务的情形,而对于勤勉义务,则只有一般性的规定,几乎没有具体表述。二是对受信义务的规定缺乏司

〔18〕 2018年修订版《公司法》第147条第1款规定:"董事、监事、高级管理人员应当遵守法律、行政法规和公司章程,对公司负有忠实义务和勤勉义务。"

法上的可操作性，不难想象该种制度会对于我国司法适用造成困难。

我国《证券法》则规定董监高对于上市公司所披露信息的真实性、准确性、完整性具有保证义务。具体而言，董监高有以下义务：(1)了解并持续关注公司情况：董事应当勤勉尽责，了解并且持续关注公司的各类情况，比如经营、财务以及重大事件，[19]关注信息披露文件，配合上市公司履行相应义务；[20](2)主动调查、获取决策资料：董事具有主动调查义务，获取作出谨慎决策所需要的公司资料；[21](3)保证信息披露真实、准确、完整：独立董事对于上市公司所披露信息的真实、准确、完整具有保证义务，具体规定在《证券法》第68条第3款[22]以及《信披管理办法》第58条第1款。[23]具体而言，对于上市公司一系列的信息披露文件，董事均需对其"签署书面确认意见"，具体包括招股说明书[24](《信披管理办法》第12条第1款)、上市公告书[25](《信披管理办法》第15条第2款)、定

---

[19] 《上市公司信息披露管理办法》第42条规定，董事应当了解并持续关注公司生产经营情况、财务状况和公司已经发生的或者可能发生的重大事件及其影响，主动调查、获取决策所需要的资料。

[20] 《上市公司信息披露管理办法》第38条规定，上市公司董事、监事、高级管理人员应当勤勉尽责，关注信息披露文件的编制情况，保证定期报告、临时报告在规定期限内披露，配合上市公司及其他信息披露义务人履行信息披露义务。

[21] 《上市公司信息披露管理办法》第42条规定，董事应当了解并持续关注公司生产经营情况、财务状况和公司已经发生的或者可能发生的重大事件及其影响，主动调查、获取决策所需要的资料。

[22] 《证券法》(2014年修订版)第68条规定，上市公司董事、高级管理人员应当对公司定期报告签署书面确认意见。上市公司监事会应当对董事会编制的公司定期报告进行审核并提出书面审核意见。上市公司董事、监事、高级管理人员应当保证上市公司所披露的信息真实、准确、完整。

[23] 《上市公司信息披露管理办法》第58条规定，上市公司董事、监事、高级管理人员应当对公司信息披露的真实性、准确性、完整性、及时性、公平性负责，但有充分证据表明其已经履行勤勉尽责义务的除外。上市公司董事长、经理、董事会秘书，应当对公司临时报告信息披露的真实性、准确性、完整性、及时性、公平性承担主要责任。上市公司董事长、经理、财务负责人应对公司财务报告的真实性、准确性、完整性、及时性、公平性承担主要责任。《上市公司信息披露管理办法》第24条规定，公司董事、高级管理人员应当对定期报告签署书面确认意见，监事会应当提出书面审核意见，说明董事会的编制和审核程序是否符合法律、行政法规和中国证监会的规定，报告的内容是否能够真实、准确、完整地反映上市公司的实际情况。董事、监事、高级管理人员对定期报告内容的真实性、准确性、完整性无法保证或者存在异议的，应当陈述理由和发表意见，并予以披露。

[24] 《上市公司信息披露管理办法》第12条规定，发行人的董事、监事、高级管理人员，应当对招股说明书签署书面确认意见，保证所披露的信息真实、准确、完整。招股说明书应当加盖发行人公章。

[25] 《上市公司信息披露管理办法》第15条规定，申请证券上市交易，应当按照证券交易所的规定编制上市公告书，并经证券交易所审核同意后公告。发行人的董事、监事、高级管理人员，应当对上市公告书签署书面确认意见，保证所披露的信息真实、准确、完整。上市公告书应当加盖发行人公章。

期报告[26](2005年《证券法》第68条第1款,《信披管理办法》第24条第1款),并对其所披露信息承担保证义务。

上述董事的勤勉义务也规定在《上市公司章程指引》第98条。[27]此外,上市公司信息披露的真实、准确、完整、及时、有效,需要依赖于全体董事和相关高管勤勉尽责,实施必要的、有效的监督。证监会在某一行政处罚决定书中明确这种监督具体包括督促上市公司完善信息披露制度,也包括监督公司对于制度的执行,以及及时发现公司问题并督促其改正,拒不改正时向监管机构举报。[28]

(四)独立董事的行政责任的认定——类推过错推定责任

在我国,董事——包括独立董事对于上市公司及其股东的责任主要体现在《公司法》以及《证券法》中。根据《公司法》,董事、监事以及高管应当忠实、勤勉地服务于公司以及股东。《公司法》对于此种义务不区分上市公司与非上市公司。此外,根据《证券法》,上市公司、董监高的法律责任则主要体现于信息披露,当上市公司等信息披露义务人进行虚假陈述时,独立董事需要承担违反勤勉注意义务所产生的责任。此外,《公司法》和《证券法》都对一般董事的责任进行了列举,不区分独立董事和内部董事。

在规制独立董事路径上,以行政责任为主,针对上市公司董监高的民事诉讼很少见,刑事诉讼也是如此。在实践中,对上市公司董事、监事以及高管追究法律责任主要来自证监会的行政处罚和证券交易所的纪律处分。本文则主要关注证监会对于独立董事的行政处罚。

在责任认定方面,证监会借鉴了侵权责任法体系归责原则中的过错推定责任,即当信息披露违法行为出现后,基于独立董事签署书面确认意见则推定其具有过错,如果独立董事不能推翻该过错之推定即证明自己没有过错,则需承担行

---

〔26〕《上市公司信息披露管理办法》第24条规定,公司董事、高级管理人员应当对定期报告签署书面确认意见,监事会应当提出书面审核意见,说明董事会的编制和审核程序是否符合法律、行政法规和中国证监会的规定,报告的内容是否能够真实、准确、完整地反映上市公司的实际情况。董事、监事、高级管理人员对定期报告内容的真实性、准确性、完整性无法保证或者存在异议的,应当陈述理由和发表意见,并予以披露。

〔27〕《上市公司章程指引》第98条规定,……及时了解公司业务经营管理状况;应当对公司定期报告签署书面确认意见。保证公司所披露的信息真实、准确、完整。

〔28〕参见中国证券监督管理委员会行政处罚决定书〔2012〕53号。

政责任。具体参见《证券法》第68条第1、3款,《信披管理办法》第58条的但书部分,以及《信披违法认定规则》第15条的但书部分“……但其能够证明已尽忠实、勤勉义务,没有过错的除外”。[29]

在证监会对于独立董事的处罚实践中,曾有独立董事[30]提出行政复议,质疑过错推定责任的合法性,认为“《证券法》明确规定上市公司高管人员信息披露虚假归责原则为‘过错原则’,《信息披露违法行为行政责任认定规则》第十五条将相关归责原则规定为‘过错推定责任’,是超职权立法,不具有法律效力”,证监会答复认为根据《证券法》第68条第3款,董事对上市公司所披露的信息承担法定保证责任,即默认其对于独立董事行政责任的认定采取过错推定责任。

过错推定的归责原则在程序上会产生举证责任倒置的效果,即独立董事需向证监会提供证据以证明其尽到勤勉义务。独立董事行政责任的认定方式同样被最高人民法院所确认,具体规定在《关于审理证券行政处罚案件证据若干问题的座谈会纪要》(法〔2011〕225号)的第四部分。[31]该会议主要就证券行政处罚案件中有关证据审查认定形成共识,其中“关于上市公司信息披露违法责任人的证明问题”,会议明确认为,上市公司董监高对上市公司信息披露应当承担较其他人员更严格的法定保证责任,在处罚直接负责的主管人员和其他直接责任人员时,应当区分上市公司董监高和其他人员的不同责任标准与证明方式。

---

〔29〕《信息披露违法行为行政责任认定规则》第15条规定,发生信息披露违法行为的,依照法律、行政法规、规章规定,对负有保证信息披露真实、准确、完整、及时和公平义务的董事、监事、高级管理人员,应当视情形认定其为直接负责的主管人员或者其他直接责任人员承担行政责任,但其能够证明已尽忠实、勤勉义务,没有过错的除外。

〔30〕参见中国证券监督管理委员会行政复议决定书(胡凤滨),〔2018〕49号。

〔31〕最高人民法院《关于审理证券行政处罚案件证据若干问题的座谈会纪要》四、关于上市公司信息披露,违法责任人的证明问题规定:“会议认为,根据证券法第六十八条规定,上市公司董事、监事、高级管理人员对上市公司信息披露的真实性、准确性和完整性应当承担较其他人员更严格的法定保证责任。人民法院在审理证券法第一百九十三条违反信息披露义务行政处罚案件时,涉及对直接负责的主管人员和其他直接责任人员处罚的,应当区分证券法第六十八条规定的人员和该范围之外其他人员的不同责任标准与证明方式。监管机构根据证券法第六十八条、第一百九十三条规定,结合上市公司董事、监事、高级管理人员与信息披露违法行为之间履行职责的关联程度,认定其为直接负责的主管人员或者其他直接责任人员并给予处罚,被处罚人不服提起诉讼的,应当提供其对该信息披露行为已尽忠实、勤勉义务等证据。对上市公司董事、监事、高级管理人员之外的人员,监管机构认定其为上市公司信息披露违法行为直接负责的主管人员或者其他直接责任人员并给予处罚的,应当证明被处罚人具有下列情形之一:(一)实际履行董事、监事和高级管理人员的职责,并与信息披露违法行为存在直接关联;(二)组织、参与、实施信息披露违法行为或直接导致信息披露违法。”

具体而言,监管机构认定独立董事为其他直接责任人员并给予处罚时,被处罚的独立董事不服提起诉讼的,应当提供其对上市公司的信息披露行为已尽勤勉义务的证据。

在责任承担类型方面,证监会可处罚违反信息披露义务的信息披露义务人,责令改正、警告以及罚款,监管机构还可以向"直接负责的主管人员"和"其他直接责任人员"给予警告以及罚款。独立董事在行政处罚中通常是作为"其他直接责任人员"承担行政责任,处罚金额区间为3万元到30万元不等。具体规定在《证券法》(2014年)第193条第1款。[32]

理论上而言,如果独立董事在上市公司披露前勤勉地审查文件,其责任可以相应减少甚至免除。但从证监会发布的规范性文件来看,独立董事的免责条件十分苛刻。从实践角度来看,独立董事被免责的案例更是鲜有发生,具体可参见第三章的实证调研结果。证监会发布的专门针对信息披露违法行为的行政责任认定规范性文件——《信披违法认定规则》第21条列举了三种不予行政处罚的情形,其中第一种情形需要满足三个要件:一是提出异议的对象仅限定为认定信息披露违法事项;二是独立董事所提出的异议必须被董事会会议记录、公司会议记录等书面文件所记载;三是必须投反对票。[33]另外,重大立功表现也为一免责情形,证监会在行政处罚实践中表示"重大立功应该表现为当事人积极主动作为,向证券监督管理机关检举、揭发、反映证券违法违规行为,经查证属实,被认定为重大立功的行为"(证监会行政处罚决定书〔2018〕10号)。可见,独立董事

---

〔32〕 2014年《证券法》第193条规定:"发行人、上市公司或者其他信息披露义务人未按照规定披露信息,或者所披露的信息有虚假记载、误导性陈述或者重大遗漏的,责令改正,给予警告,并处以三十万元以上六十万元以下的罚款。对直接负责的主管人员和其他直接责任人员给予警告,并处以三万元以上三十万元以下的罚款。发行人、上市公司或者其他信息披露义务人未按照规定报送有关报告,或者报送的报告有虚假记载、误导性陈述或者重大遗漏的,责令改正,给予警告,并处以三十万元以上六十万元以下的罚款。对直接负责的主管人员和其他直接责任人员给予警告,并处以三万元以上三十万元以下的罚款。发行人、上市公司或者其他信息披露义务人的控股股东、实际控制人指使从事前两款违法行为的,依照前两款的规定处罚。"

〔33〕《信息披露违法行为行政责任认定规则》第21条规定:"认定为不予行政处罚的考虑情形:(一)当事人对认定的信息披露违法事项提出具体异议记载于董事会、监事会、公司办公会会议记录等,并在上述会议中投反对票的;(二)当事人在信息披露违法事实所涉及期间,由于不可抗力、失去人身自由等无法正常履行职责的;(三)对公司信息披露违法行为不负有主要责任的人员在公司信息披露违法行为发生后及时向公司和证券交易所、证券监管机构报告的;(四)其他需要考虑的情形。"

行政处罚的免责条件不易满足。

三、证监会追究独立董事行政责任的实证考察

在我国，证监会负责监管独立董事的履职行为，其追究独立董事行政责任的具体情况均记录在行政处罚决定书中。本文通过整理证监会的证券期货监督管理信息公开，〔34〕锁定2004～2018年15年间由证监会行政处罚委公布，涉及独立董事被追究责任的行政处罚决定共计135份，以及就上述行政处罚决定证监会作出的行政复议、法院作出的行政判决，旨在研究证监会对于独立董事行政处罚的违法情形、处罚类型、罚金变化趋势以及行政处罚的认定路径等，以及复议机关与司法机关的立场以及对于独立董事抗辩理由的回应，并基于实证研究提出笔者的几个思考点。

（一）样本选择

中国上市公司独立董事制度是2001年在证监会的要求下建立的，其发布的《独董指导意见》中要求在2003年6月30日前，上市公司董事会应当至少包括1/3独立董事。在证监会的政府信息公开中，实际是从2004年才出现独立董事因上市公司虚假陈述而受罚的案例的，因此，本研究样本的期间为2004～2018年。

在证监会官方网站的“证券期货监督管理信息公开目录”中，可以查询到证监会作出的所有行政处罚决定与行政复议决定。截至2019年3月，按照体裁文种查看，可以查询到1186份行政处罚决定书，542份行政复议。在行政处罚决定书中，采用高级检索，2004～2018年，正文包含“独立董事”的共有153份行政处罚，剔除掉个别未涉及独立董事受罚、独立董事提起政府信息公开等与本研究主题不相关的数据，本研究的行政处罚决定有效样本共135份。采用同样的筛选方法，2004～2018年，正文包含“独立董事”的行政处罚复议书共有63份，剔除无关样本后，本研究的行政处罚复议书有效样本为52份。

在中国裁判文书网中，可以查询到法院公开的行政判决。为保证检索数据

〔34〕 证监会官网会实时更新《证券期货监督管理信息公开目录》，载http://www.csrc.gov.cn/pub/zjhpublic/。若查询涉及独立董事的行政处罚决定书，则在高级检索中，“名称”包含“行政处罚”，正文包含“独立董事”。若查询涉及独立董事的行政复议决定书，则在高级检索中，“名称”包含“行政复议”，正文包含“独立董事”。

的全面性,本文以中国裁判文书网的公开数据为基础,辅以北大法宝收录的法院判决书结果。截至2019年3月,在中国裁判文书网上,检索范围限制为案由是"行政案由"、全文检索包含"独立董事"、文书类型为"判决书"的公开判决共计23份,剔除掉当事人不包含独立董事、政府信息公开、认定工伤决定、行政工商登记等与本研究主题不相关的数据,有效样本共15份,其中包含6份二审判决,以及9份一审判决。因此,本研究涉及独立董事行政诉讼的有效样本共计9份。

(二)所受行政处罚情况的分析——基于135份行政处罚决定书

1.行政处罚违法情形

证监会信息公开中最早的独立董事受罚的行政处罚决定可以追溯到2004年,锁定2004~2018年十五年间由证监会行政处罚委公布,涉及独立董事被追究责任的行政处罚决定共计135份,累计处罚独立董事409人次,平均每年处罚独立董事27人。根据笔者的实证观察,十五年间每年涉及独立董事的行政处罚的案件数量与受罚人数的趋势变化如图2所示。可以看出:每年上市公司被行政处罚的数目相对较为稳定,在2008年、2017年两个年份中有小峰值,尤其是2017年,证监会作出了19份独董受罚的行政处罚决定,处罚独立董事共计67人,分别为平均值的两倍左右。据笔者分析,这与2017年7月第五次全国金融

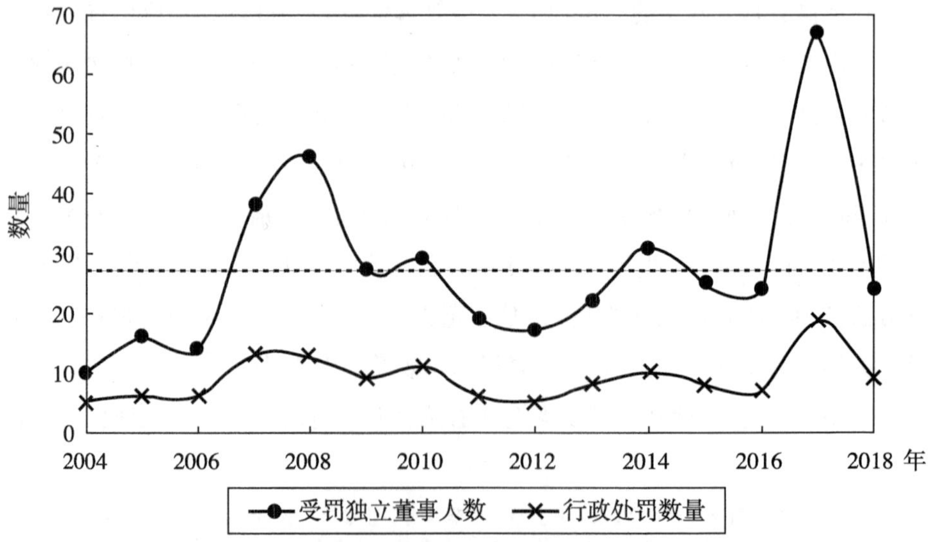

图2　2004~2018年独立董事受到行政处罚的决定书数量与人次

工作会议所奠定的严格问责监管基调一脉相承,如习近平总书记所指出的金融管理部门要形成“有风险没有及时发现就是失职”“发现风险没有及时提示和处置”就是渎职的严肃监管氛围。每年被行政处罚的独立董事数量的变化趋势与行政处罚案件数量相一致。

从涉及独董受罚的行政处罚违法情形来看,主要是上市公司虚假陈述与欺诈发行。在2004年到2018年的135份行政处罚决定中,几乎每一个都涉及上市公司虚假陈述,即违反2014年《证券法》第63条、构成2014年《证券法》第193条第1款的信息披露违法行为。处罚事项通常为虚假记载、重大遗漏、未按规定披露信息的一种或者几种。典型的处罚情形有:第一,定期报告虚假记载,比如年报、半年报财务信息虚假记载(虚增收入、利润)、未如实披露主营业务;第二,未及时披露重大事件,如重大合同事项、重大涉诉或者仲裁事项、对外担保或者关联担保事项或者重大非经营性资金往来;第三,定期报告重大遗漏,通常没有在临时报告中披露的重大事件也未在定期报告中披露,造成重大遗漏。

同时,涉及欺诈发行的案件有10起,〔35〕占全部行政处罚数量的7%,分别为2013年的绿大地案、〔36〕万福生科案、〔37〕新大地案,〔38〕2014年的天丰节能案、〔39〕海联讯案,〔40〕2016年的欣泰电气案、〔41〕振隆特产案,〔42〕2017年的嘉寓

〔35〕 在证监会公开的“证券期货监督管理信息公开目录”中,名称中包含“行政处罚”,全文包含“独立董事”以及“招股说明书”,搜索结果共13条,剔除不相关数据,针对独立董事的行政处罚违法情形为欺诈发行的,共有10起。

〔36〕 中国证监会行政处罚决定书(云南绿大地生物科技股份有限公司、赵国权、胡虹等12名责任人),〔2013〕23号。

〔37〕 中国证监会行政处罚决定书[万福生科(湖南)农业开发股份有限公司、龚永福、严平贵等21名责任人]〔2013〕47号。

〔38〕 中国证监会行政处罚决定书(广东新大地生物科技股份有限公司、黄运江、凌梅兰等16名责任人)〔2013〕53号。

〔39〕 中国证监会行政处罚决定书(河南天丰节能板材科技股份有限公司、李续禄、孙玉玲等19名责任人)〔2014〕19号。

〔40〕 中国证监会行政处罚决定书(深圳海联讯科技股份有限公司、章锋、邢文飚等18名责任人)〔2014〕94号。

〔41〕 中国证监会行政处罚决定书(丹东欣泰电气股份有限公司、温德乙、刘明胜等18名责任人)〔2016〕84号。

〔42〕 中国证监会行政处罚决定书(辽宁振隆特产股份有限公司、黄跃、王彩霞等19名责任人)〔2016〕107号。

股份案、[43]登云股份案[44]以及2018年的龙宝参茸案。[45]其违反了《证券法》第13条[46]的发行新股条件以及第20条第1款,[47]同时构成2014年《证券法》第189条"骗取发行核准"行为[48]和第193条第2款报送虚假申请文件行为。[49]

值得注意的是,2014年《证券法》第193条第1款的处罚原因在于上市公司的虚假陈述行为侵害了单个投资者的合法权益,也扰乱了市场的信息公开秩序以及价格发现功能。而第189条、第193条第2款的处罚原因则着重强调在发行前阶段,上市公司对证监会的欺诈行为。立法者之所以将欺诈发行这一特定时间段的违规、不实信息披露从一般情形中独立出来,概出于特定的政策考虑,认为欺诈发行有独立之价值,对发行阶段的信息披露违法行为单独施以惩罚。

---

〔43〕 中国证监会行政处罚决定书(北京嘉寓门窗幕墙股份有限公司、田家玉、胡满姣等28名责任人)〔2017〕38号。

〔44〕 中国证监会行政处罚决定书(怀集登云汽配股份有限公司、欧洗先、潘炜等26名责任人)〔2017〕60号。

〔45〕 中国证监会行政处罚决定书(龙宝参茸股份有限公司、孙孝贤、孙立国等16名责任人员)〔2018〕79号。

〔46〕 2014年《证券法》第13条规定:"公司公开发行新股,应当符合下列条件:(一)具备健全且运行良好的组织机构;(二)具有持续盈利能力,财务状况良好;(三)最近三年财务会计文件无虚假记载,无其他重大违法行为;(四)经国务院批准的国务院证券监督管理机构规定的其他条件。上市公司非公开发行新股,应当符合经国务院批准的国务院证券监督管理机构规定的条件,并报国务院证券监督管理机构核准。"

〔47〕 2014年《证券法》第20条规定:"发行人向国务院证券监督管理机构或者国务院授权的部门报送的证券发行申请文件,必须真实、准确、完整。为证券发行出具有关文件的证券服务机构和人员,必须严格履行法定职责,保证其所出具文件的真实性、准确性和完整性。"

〔48〕 2014年《证券法》第189条规定:"发行人不符合发行条件,以欺骗手段骗取发行核准,尚未发行证券的,处以三十万元以上六十万元以下的罚款;已经发行证券的,处以非法所募资金金额百分之一以上百分之五以下的罚款。对直接负责的主管人员和其他直接责任人员处以三万元以上三十万元以下的罚款。发行人的控股股东、实际控制人指使从事前款违法行为的,依照前款的规定处罚。"

〔49〕 2014年《证券法》第193条规定:"发行人、上市公司或者其他信息披露义务人未按照规定披露信息,或者所披露的信息有虚假记载、误导性陈述或者重大遗漏的,责令改正,给予警告,并处以三十万元以上六十万元以下的罚款。对直接负责的主管人员和其他直接责任人员给予警告,并处以三万元以上三十万元以下的罚款。发行人、上市公司或者其他信息披露义务人未按照规定报送有关报告,或者报送的报告有虚假记载、误导性陈述或者重大遗漏的,责令改正,给予警告,并处以三十万元以上六十万元以下的罚款。对直接负责的主管人员和其他直接责任人员给予警告,并处以三万元以上三十万元以下的罚款。发行人、上市公司或者其他信息披露义务人的控股股东、实际控制人指使从事前两款违法行为的,依照前两款的规定处罚。"

2. 处罚类型及处罚程度的考量

根据我国2014年《证券法》第193条第1款的规定，信息披露义务人虚假陈述，对直接负责的主管人员以及其他直接责任人员给予警告，并处以3万元以上30万元以下罚款。证监会对于信息披露违法行为的处罚所涉及的责任人员范围十分广泛，动辄处罚人数在15～25人，从实证角度观察证监会处罚独立董事的类型以及程度，主要有两种情况：一是单独处以警告，该种情形涉及145名独立董事，占到处罚人数的35.5%；二是给予警告并处罚款，罚款金额为3万元到30万元不等，其中最低罚款档3万元最多，占到处罚人数的42.5%，约占一半。对于独立董事罚款4万～9万元的，占14.2%。对于独立董事的较高罚款档，即罚款10万～30万元的，占到7.9%。

值得注意的是，2017证监会首次以及唯一一次因上市公司虚假陈述而对独立董事采取市场禁入措施，即上市公司慧球科技虚假陈述，对独立董事李占国、刘光如采取10年证券市场禁入措施，即10年内不得从事证券业务或者担任上市公司、非上市公众公司董事、监事、高级管理人员职务（中国证监会市场禁入决定书〔2017〕15号）。

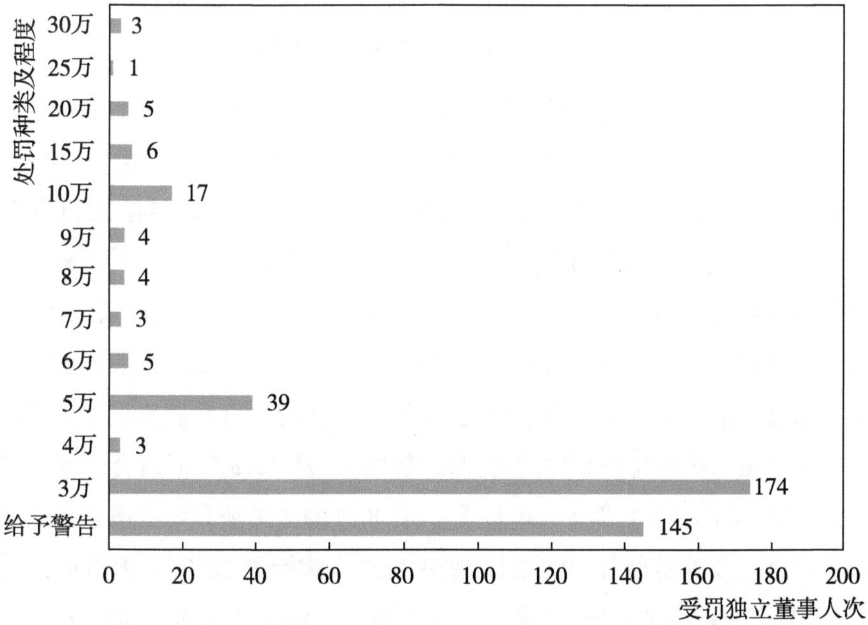

图3　独立董事所受行政处罚种类、罚金额度及其比例

从证监会处罚力度的时间维度上来看,每年对独立董事的平均处罚金额稳步上升,说明证监会的执法力度越来越强。就处罚类型而言,2011 年为单独予以警告与并处罚款的分水岭,在 2011 年以前,证监会对独立董事的处罚以单独予以警告为主,但自 2011 年起,警告并处以罚款成为主要的处罚类型,尤其分别在 2017 年、2018 年两年间的 28 起行政处罚涉及的共 101 名独立董事,没有一名仅受到警告,而是均受到警告以及至少 3 万元的罚款。

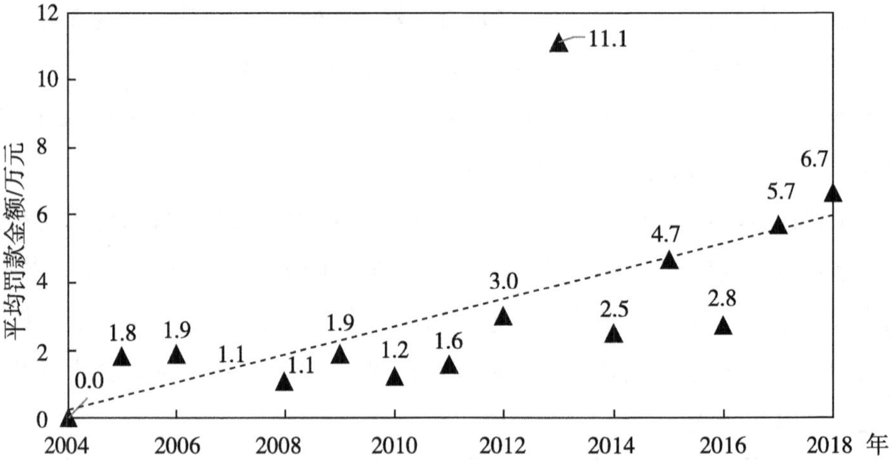

图 4　2004～2018 年每年独立董事受罚的平均罚款金额

从独董受到较重处罚的时间与原因来看,笔者的实证统计的结论是与监管环境密切相关。处罚独立董事 10 万元以上罚款金额是自 2013 年才出现的,且在 2013 年一年间,就有 3 起行政处罚的独立董事被高额处罚,使得 2013 年年度独董平均被行政处罚的罚金高达 11.1 万元。3 起案件分别是新大地案 4 名独董被警告并罚 15 万元、万福生科案 3 名独董被警告并罚 20 万元以及绿大地案 3 名独董被警告并罚 30 万元,1 位独董被警告并罚 10 万元。这 3 起案件的共同特点是上市公司信息披露违法的同时,还涉及欺诈发行。可见证监会对于首次公开发行股票信息披露违法案件的处罚极其严格。从 2013 年证监会的政治环境来看,3 月中国证监会主席肖钢新上任,其在 8 月的全国证券期货稽查执法工作会议上发言:"要有啃硬骨头的精神,坚决查处大案要案,切实维护市场公正。"可见,证监会一把手的换届,带来了证券市场的监管风暴,对信息披露违法行为的监督、检查与打击力度增强。

3. 证监会的行政处罚逻辑梳理——签字即罚

证监会的处罚逻辑，可以分为两条主线来看：一是行政责任有无；二是行政责任大小。

第一，在责任的有无上。独立董事的履职行为通常是参与董事会，审议并签字通过相关的董事会决议事项，如半年报、年报以及《招股说明书》等首发申请文件。一旦上市公司出现信息披露违法行为，且独立董事在虚假陈述的报告、文件签署了书面确认意见，证监会则以独立董事违反《证券法》第68条第3款所规定的法定保证义务，构成《证券法》第193条第1款〔50〕所述信息披露违法行为为由，令其作为"其他责任人员"承担行政责任，即证监会的处罚逻辑为"签字即罚"。除非独立董事能够提出充分证据证明其已尽勤勉义务，推翻推定的过错。

第二，在责任的大小上，根据《信披违法认定规则》第19条的规定，〔51〕证监会会结合多方面因素综合考量，如在信息披露违法行为发生过程中所起的作用、知情程度和态度、职务职责及履行职责情况、专业背景。此外，证监会还会考虑一些从轻或者减轻处罚、从重处罚的情形，分别规定在《信披违法认定规则》第20条、〔52〕

〔50〕 2014年《证券法》第193条第1款规定："发行人、上市公司或者其他信息披露义务人未按照规定披露信息，或者所披露的信息有虚假记载、误导性陈述或者重大遗漏的，责令改正，给予警告，并处以三十万元以上六十万元以下的罚款。对直接负责的主管人员和其他直接责任人员给予警告，并处以三万元以上三十万元以下的罚款。"

〔51〕《信息披露违法行为行政责任认定规则》第19条规定："信息披露违法责任人员的责任大小，可以从以下方面考虑责任人员与案件中认定的信息披露违法的事实、性质、情节、社会危害后果的关系，综合分析认定：(一)在信息披露违法行为发生过程中所起的作用。对于认定的信息披露违法事项是起主要作用还是次要作用，是否组织、策划、参与、实施信息披露违法行为，是积极参加还是被动参加。(二)知情程度和态度。对于信息披露违法所涉事项及其内容是否知情，是否反映、报告，是否采取措施有效避免或者减少损害后果，是否放任违法行为发生。(三)职务、具体职责及履行职责情况。认定的信息披露违法事项是否与责任人员的职务、具体职责存在直接关系，责任人员是否忠实、勤勉履行职责，有无懈怠、放弃履行职责，是否履行职责预防、发现和阻止信息披露违法行为发生。(四)专业背景。是否存在责任人员有专业背景，对于信息披露中与其专业背景有关违法事项应当发现而未予指出的情况，如专业会计人士对于会计问题、专业技术人员对于技术问题等未予指出。(五)其他影响责任认定的情况。"

〔52〕《信息披露违法行为行政责任认定规则》第20条规定："认定从轻或者减轻处罚的考虑情形：(一)未直接参与信息披露违法行为；(二)在信息披露违法行为被发现前，及时主动要求公司采取纠正措施或者向证券监管机构报告；(三)在获悉公司信息披露违法后，向公司有关主管人员或公司上级主管提出质疑并采取了适当措施；(四)配合证券监管机构调查且有立功表现；(五)受他人胁迫参与信息披露违法行为；(六)其他需要考虑的情形。"

第23条。[53]比如在亚太实业行政处罚案(行政处罚决定书[2016]12号)中,证监会根据不同人员的职务及其履行职责的情况、在信息披露违法行为发生过程中的作用、对涉案事项的知悉情况等分别给予处罚。

以下是证监会在责任大小尺度把握上的典型考虑因素:

(1)违法行为发生过程中所起作用:在上市公司信息披露违法违规行为中,独立董事通常不会组织、策划、参与、实施具体的信息披露违法行为,因此,相比直接参与造假行为的财务负责人、董事,独立董事的处罚程度会更低。

(2)知情程度和态度:独立董事通常并不知悉相关违法事实的存在。在舜天船舶案中,在上市公司信息披露违法案中,“参与”或者“知悉”涉案违法事项的责任人是证监会行政执法的重点,但是,那些虽未“参与”、不“知悉”相关事项但未勤勉尽责的责任人也难辞其咎[中国证监会行政处罚决定书(江苏舜天船舶股份有限公司、王军民、魏庆文等13名责任人员),〔2016〕116号]。成城股份[中国证监会行政处罚决定书(吉林成城集团股份有限公司、成清波、徐才江等11名责任人员),〔2017〕25号]姜明辉在申辩材料中提出,对《股份预认购框架协议》事项完全不知情。成城股份实际控制人和财务负责人为了控股股东的利益,隐瞒成城股份经营层、董事会和股东,对公司实施不法侵害行为,尤其是相关人员违反公司财务制度,违法签署协议和使用印鉴,应追究相关人员的责任,其不应当承担责任。在华锐风电案中[中国证监会行政处罚决定书(华锐风电科技(集团)股份有限公司、韩俊良、陶刚等15名责任人员),〔2015〕66号],张宁、张勇、赵鲁平申辩称其作为独立董事,从未参与,抑或是知悉本案所涉违法行为,其签署书面确认意见不存在任何欺骗、隐瞒或误导公众的主观过错。

(3)职务背景:比如在昆明机床虚假陈述案[中国证监会行政处罚决定书(沈机集团昆明机床股份有限公司、王兴、常宝强等23名责任人员),〔2018〕9号]中,某一独立董事连续三年兼任审计委员会主任委员,证监会认为“其较长

---

〔53〕《信息披露违法行为行政责任认定规则》第23条规定:“下列情形认定为应当从重处罚情形:(一)不配合证券监管机构监管,或者拒绝、阻碍证券监管机构及其工作人员执法,甚至以暴力、威胁及其他手段干扰执法;(二)在信息披露违法案件中变造、隐瞒、毁灭证据,或者提供伪证,妨碍调查;(三)两次以上违反信息披露规定并受到行政处罚或者证券交易所纪律处分;(四)在信息披露上有不良诚信记录并记入证券期货诚信档案;(五)证监会认定的其他情形。”

的任期、审计委员会主任委员的职务为其发现涉案违法事实提供了极大的便利条件”,因此也应当“尽到更高的注意义务”。在欣泰电气案[中国证监会行政处罚决定书(丹东欣泰电气股份有限公司、温德乙、刘明胜等18名责任人员),〔2016〕84号]中,在欺诈发行部分的责任中,宋丽萍作为审计委员会主席,罚款金额为5万元,较其他两位独立董事高出2万元。

(4)专业背景:比如在昆明机床虚假陈述案[中国证监会行政处罚决定书(沈机集团昆明机床股份有限公司、王兴、常宝强等23名责任人员),〔2018〕9号]中,对于“任职时间长,对公司情况较为熟悉,有财务专业和工作背景,对昆明机床财务造假等问题具有发现或采取更加积极有效措施的便利条件”的独立董事,证监会认为其有更高的注意义务,因此对其处罚金额为5万元,比其他受罚的独立董事高出2万元。

证监会认定的从轻或者减轻处罚的考虑情形包括:(1)在信息披露违法行为被发现前向监管机构报告。比如在昆明机床虚假陈述案[中国证监会行政处罚决定书(沈机集团昆明机床股份有限公司、王兴、常宝强等23名责任人员),〔2018〕9号]中,某一独立董事在获悉昆明机床存在财务舞弊问题后即辞职并向监管机构报告,证监会认定其可作为“从轻情节予以考虑”,并将罚款金额从5万元减少至3万元。(2)在获悉违法事实后,提出质疑并采取适当措施。比如在雅百特虚假陈述案[中国证监会行政处罚决定书(江苏雅百特科技股份有限公司、陆永、顾彤莉等21名责任人员),〔2017〕102号]中,某独立董事申辩称“在获悉违法事实后,积极履职,促使雅百特年报更正,具有依法从轻减轻的情节”,证监会认定其在“更正2016年年报事项中起到了积极作用”,对其的罚款金额比其他独立董事降低1万元。

独立董事免责事由规定在《信披违法认定规则》第21条,[54]有三种具体情形,但是实践中没有一起案件被证监会认定为存在免责情形。在昆明机床虚假

---

〔54〕《信息披露违法行为行政责任认定规则》第21条规定:“认定为不予行政处罚的考虑情形:(一)当事人对认定的信息披露违法事项提出具体异议记载于董事会、监事会、公司办公会会议记录等,并在上述会议中投反对票的;(二)当事人在信息披露违法事实所涉及期间,由于不可抗力、失去人身自由等无法正常履行职责;(三)对公司信息披露违法行为不负有主要责任的人员在公司信息披露违法行为发生后及时向公司和证券交易所、证券监管机构报告的;(四)其他需要考虑的情形。”

陈述案[中国证监会行政处罚决定书(沈机集团昆明机床股份有限公司、王兴、常宝强等23名责任人员),〔2018〕9号]中,曾有独立董事主张以第三种情形——“在公司信息披露违法行为发生后及时向公司和证券交易所、监管机构报告”免责,在证监会认定其不满足核心要素“及时性”,虽然该独立董事在信息披露违法行为被发现前向证监会报告,但是证监会基于该独立董事“向监管机构报告的行为距最后一次信息披露违法发生也已一年之久”,认为其不符合“及时性要求”,因此不构成《信批违法认定规则》第21条第3项规定的免责情形。

此外,针对常见的独立董事申辩理由,证监会还列举了几个不得单独认定不予处罚的情形,具体规定在《信批违法认定规则》第22条:〔55〕(1)不直接从事经营管理,即尽管独立董事不像内部董事一样直接从事经营管理,但此点不能成为其不承担责任的原因。(2)能力不足,无相关职业背景。(3)任职时间短。在山东墨龙虚假陈述案中[中国证监会行政处罚决定书(山东墨龙石油机械股份有限公司、张军荣、张云三等19名责任人员),〔2017〕87号],两位独立董事提出申辩意见,指出其“系于2016年6月29日董事会换届后新履职的独立董事,不可能在刚刚履职的情况下就发现公司延续以前年度惯常做法导致的问题”,但证监会并未对这一意见予以采纳。(4)相信专业机构或人员出具的意见和报告。对于信赖专业机构出具的报告,证监会认为这不构成减责或者免责事由。比如在佳电股份虚假陈述案[中国证监会行政处罚决定书(哈尔滨电气集团佳木斯电机股份有限公司、赵明、梁喜华等23名责任人员),〔2017〕97号]中,证监会认为“上市公司董事应当……独立发表专业意见和专业判断,即使借鉴其他专业意见,也要独立承担责任”;在舜天船舶案[中国证监会行政处罚决定书(江苏舜天船舶股份有限公司、王军民、魏庆文等13名责任人员),〔2016〕116号]中,上市公司董事、高管对公司的内部控制,加上外部监督与审计,共同保障了上市公司合法公开透明运作,二者相辅相成,缺一不可。虽然上市公司董事、高管可以参考其他机构和人员的意见进行判断,但在信息披露违法发生时,其他主体是否

〔55〕《信息披露违法行为行政责任认定规则》第22条规定:“任何下列情形,不得单独作为不予处罚情形认定:(一)不直接从事经营管理;(二)能力不足、无相关职业背景;(三)任职时间短、不了解情况;(四)相信专业机构或者专业人员出具的意见和报告;(五)受到股东、实际控制人控制或者其他外部干预。”

发现、指出或者存在过错，均不能成为上市公司及其有关人员的免责理由。同样，证监会也有行政处罚决定指出，独立董事应当具备与职责相匹配的专业知识和水平，发表独立意见，作出独立判断，即使借鉴其他专业意见，也要独立承担责任［中国证监会行政处罚决定书（金亚科技股份有限公司、周旭辉、张法德等17名责任人员），〔2018〕10号］。（5）受到外部干预。

（三）提起行政复议以及诉讼情况的分析——基于52件行政复议以及10件行政诉讼

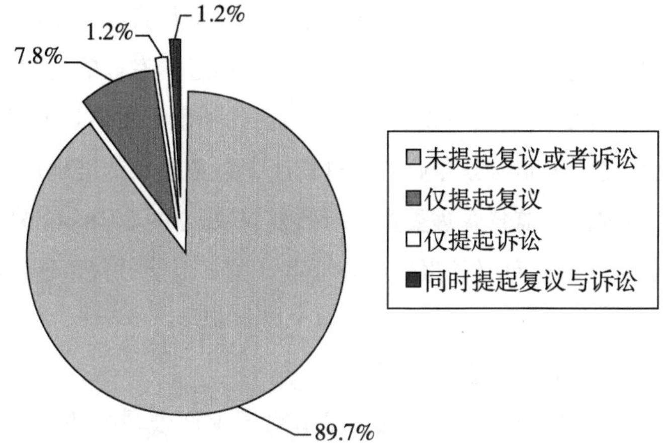

图5　2004～2018年独立董事提起行政复议以及行政诉讼的情况

1. 独立董事提起行政复议的情况

自2008年到2018年，独立董事不服证监会作出的处罚决定，提起行政复议的数量共计52起，涉及55名独立董事。其中，三分之一提起行政复议的独立董事先前所受到的行政处罚是地方证监局作出的。单独考察证监会所作出的涉及独立董事受罚的行政处罚，有37名独立董事提起了行政复议，占总处罚人数的9%，即约十分之一的独立董事不服证监会的处罚决定。

从证监会的行政复议结果来看，几乎所有独立董事的申辩理由均未被采纳，证监会仍然维持了原处罚。值得注意的是，仅有一起行政处罚的独立董事所提起的行政复议被证监会支持，撤销了原行政处罚，证监会对于独立董事行政复议的支持率，或者撤销率仅为5.5%。那么，在证监会作出行政处罚决定过程中独立董事的申辩理由以及受罚独立董事提起行政复议的理由通常如何？证监会对此又是如何回应的呢？经过笔者对于实证研究材料的梳理，独立董事的抗辩路径主要有以下几点：

（1）信赖专业机构出具的报告。

信赖专业机构出具的报告是受罚独立董事最为常见的复议理由，尤其是不具有财务背景的独立董事在上市公司因财务造假而导致信息披露违法的案例中。具体而言，独立董事认为其不具有财务背景，仍然要求其对第三方专业机构所出具专业报告的准确性进行判断，不具有现实性。在阿继电器受罚独立董事胡凤滨提起的行政复议中，其主张涉案财务事项并不是直接的造假行为，其已经尽到了足够的独立董事注意义务，在相关财务事项过于专业的情况下，其无法发现上市公司的违规事项。在相关财务数据经会计师事务所出具无保留意见的标准审计报告后，仍要求非财务专业人员对其涉案财务事项的准确性进行辨识，不具有合理性（中国证券监督管理委员会行政复议决定书［2018］49 号）。可见，监管机构明确了审计机构对财务报告的外部审计监督不能替代董事的内部控制与监督。

（2）对违法信披行为未参与、不知情。

从实证调研中可以看出，许多独立董事对于上市公司的违法信息披露事项均是不知情、不了解的，并以此作为抗辩事由，但与此同时，证监会则会以独立董事"未给予充分关注""未予以重视""未对存在的问题加以质询并对潜在的风险给予重视"为由，对独立董事该项复议理由不予支持。在慧球科技受罚独立董事刘光如申请的行政复议中，证监会答复认为："在能够正常履职的情况下，对董事会内容不知情、不了解不仅不能成为申请人的免责理由，反而更加印证了申请人未勤勉尽责的事实"［中国证券监督管理委员会行政复议决定书（刘光如）〔2017〕155 号］。再如，"申请人作为董事应当了解并持续关注公司生产经营情况、财务状况和公司已重大事件及其影响，主动调查并且获取独立董事进行决策所需要的资料。不知情、不了解不能成为董事的免责理由"［中国证券监督管理委员会行政复议决定书（刘光如），〔2017〕157 号］。

（3）涉案违法行为手段隐蔽，积极履职也难以发现。

在违法事项为未如实披露股份代持事项、未如实披露实际控制人等的证监会行政处罚案件中，受罚独立董事通常会以信息披露违法手段隐蔽，核心谋划者对其他人员实行“信息封锁”,即使按最严要求履职、穷尽调查也不可能发现违法事项为由主张不承担责任。比如,在文峰股份案中,受罚独立董事范健的复议理由包括“文峰集团与陆某敏之间的交易材料完整,手段隐蔽,即使申请人按照最严要求履职,穷尽独立董事所有调查,也不可能发现两方之间存在代持关系公司”[中国证券监督管理委员会行政复议决定书(范健),〔2017〕81号]。再如,还有受罚独立董事主张“郭开铸作为涉案全部事项的组织者、参与者、决策者,一直未向董事会和管理班子通报,对其他董事、监事、高级管理人员实行了某种‘信息封锁’”(行政复议决定书[2015]7号)。证监会对此行政复议理由并未进行具体回应,只笼统陈述受罚独立董事的此种主张不能单独构成免责理由。

(4)已经尽到勤勉尽责义务。

受罚独立董事常见的复议理由还包括其已尽勤勉注意义务,具体而言包括参加上市公司的相关会议、尽职审查相关文件、对上市公司个别人员的询问、[56]对公司信息披露制度的学习记录等。比如在文峰股份受罚独董江平提出的行政复议中,其声称“申请人在文峰股份董事会会议上询问过相关股份转让交易的交易对象与上市公司等是否存在关联关系;在2015年8月受到监管机关调查后,就监管机关调查询问的股份代持事宜与其他独立董事进行了沟通,并向文峰股份的证券事务代表程某、董事会秘书兼财务总监张某提出过疑义且得到了合理解释,已履行独立董事职责”,对此被申请人证监会认为“申请人对上市公司个别人员的询问不足以证明其已对涉案事项实施了必要的和有效的监督”,最终,复议机关维持了对独立董事的处罚[中国证券监督管理委员会行政复议决定书(江平),〔2017〕80号]。

对于该项复议理由,复议机关证监会的立场均为独立董事的举证不足以证明其在审议违法信息披露事项上尽到勤勉义务,并因此对独立董事的主张不予支持,维持处罚。比如,证监会认为“对公司信息披露制度的学习记录,以及听

---

〔56〕 在中国证券监督管理委员会行政复议决定书(范健),〔2017〕81号中,独立董事范健提出:“申请人对文峰股份2014年年报信息进行了充分审查,就文峰集团与陆某敏之间的股份转让事宜向文峰股份董事长、董事会秘书提出过询问,并充分审阅了《审计报告》和监管机构就该次股份转让出具的监管文件,已尽忠实、勤勉义务,主观上没有过错”。

课笔记上对董秘提出要求的记录,不能证明申请人在审议未披露事项和定期报告决议事项上勤勉尽责,不能否定本会调取的相关董事会决议等证据”[中国证券监督管理委员会行政复议决定书(骞国政),〔2008〕15号]。再如,“申请人并未提交可证明其切实行使独立董事职责,主动关注核实相关事项可能涉及关联交易因素的有效证据材料,故无法充分证明其已履行勤勉尽责义务”[中国证券监督管理委员会行政复议决定书(张纯),〔2015〕51号]。

在众多独立董事复议请求不被支持的案例中,唯一的幸运儿为天目药业案[中国证监会行政处罚决定书(天目药业、章鹏飞等11名责任人员),〔2011〕2号]中受到警告处罚的三名独立董事颜春友、吴晓波、管湘药。该行政处罚的违法情形为在公司实际控制人的策划、指挥与直接操办下,天目药业未及时披露大股东及其关联企业占用资金、未披露重大关联债权未按期收回等重大风险事项,构成了信息披露上的重大遗漏。在三名受罚独立董事提起的行政复议(中国证券监督管理委员会行政复议决定书,〔2011〕6号、〔2011〕5号、〔2011〕4号)中,复议理由有两点:一是申请人作为天目药业独立董事,在规范公司治理、健全内部管理制度、督促制约责任人及规范信息披露等方面已经勤勉尽责;二是天目药业被查处的违法行为系公司管理层隐瞒所为,申请人作为独立董事不知情,也无法知情。三名受罚独立董事提交的证明其已勤勉尽责的证据,主要包括天目药业董事长、财务总监提供的情况说明,独立董事履职的相关函件、会议发言记录和意见、律师调查笔录和内部诊断报告。

经审查,证监会认为,独立董事提交的证据基本能够证明其积极出席董事会,并在会议上发言,在独立发表意见、确保公司定期报告真实披露、督促公司对于相关问题整改、规范所在上市公司治理方面已履行上市公司独立董事应尽的职责。同时,考虑到天目药业信息披露违法行为涉案事项系实际控制人一手操控,目前尚无证据证明申请人参与或者知悉天目药业信息披露违法所涉及的资金占用事项,并对申请人有关复议理由予以支持,可以不予行政处罚。

2. 独立董事提起行政诉讼的情况

根据笔者的实证调研,因上市公司虚假陈述受罚的独立董事选择提起行政诉讼寻求救济的案件共10例,涉及独立董事共14人次,最早的一例为2014年的“周可添、魏达志、陈凤娇、何祥增诉中国证券监督委员会行政处罚案”。[57]随后,几乎所有受罚独立董事提起行政诉讼均集中在2017年、2018年。鉴于本文的样本选择,在考察受罚独立董事提起行政诉讼的比例时,仅计算证监会作出的行政处罚,共7例,涉及独立董事10人次,即因上市公司虚假陈述受罚的独立董事选择提起行政诉讼寻求救济的比例为2.4%。

从法院的判决结果来看,所有一审判决无一例外地驳回了独立董事的诉讼请求,而一审败诉的独立董事几乎均选择将救济道路进行到底,继续提起上诉。[58]对于进入二审的7例行政诉讼,[59]二审法院也均维持原判。可见,法院对于独立董事因上市公司虚假陈述受罚的态度与立场与证监会保持一致。

值得一提的是,2015年10月,最高人民法院首次发布年度十大经济行政典型案例,其中周可添、魏达志、陈凤娇、何祥增案被入选为涉及证券市场监管的典型案例。最高人民法院认为该案的典型意义在于上市公司的董事、监事和高管对披露信息的真实、准确和完整负有法定责任,不可在其位不谋其政、不司其责,甚至刻意参与、策划造假。本案判决是对于上市公司的独立董事和其他高管明确责任意识,切实勤勉履责的警示和借鉴。最高人民法院这一认可北京市高级人民法院在类似案件中做法的举动,奠定了此后北京市第一中级人民法院与北京市高级人民法院继续支持证监会行政处罚的基调。

那么,法院在认定独立董事未尽勤勉尽责义务而承担相应法律责任问题上是如何认定的呢?首先,基本的认定逻辑是独立董事就上市公司信息披露的真实、准确、完整承担法定保证责任,[60]或者说承担个别和连带的法

〔57〕 周可添等案,(2014)一中行初字第304号。

〔58〕 目前刘光如的两案[(2018)京01行初37号、(2018)京01行初38号]、胡凤滨案[(2018)京01行初875号]仅公开了一审判决,尤其两案的一审审判日期分别为2018年6月以及9月,因此不确定当事人是否提起二审。

〔59〕 其中周可添案未检索到公开的二审判决书,但是在最高人民法院发布的2015年年度十大经济行政典型案例中,在介绍的裁判结果中,“周可添等四人上诉后,北京市高级人民法院判决驳回上诉、维持原判”。可见,该案中的四位独立董事仍然不服一审判决,提起了上诉。

〔60〕 参见江平与中国证券监督管理委员会其他二审行政判决书,(2018)京行终1750号。其中法院认为,“在上市公司信息披露方面,根据证券法第六十八条的规定可知,上市公司董事、监事、高级管理人员应当对公司定期报告签署书面确认意见,应当保证上市公司所披露的信息真实、准确、完整。故上市公司的董事、监事和高级管理人员对上市公司信息披露的真实性、准确性、完整性应当承担较其他人员更严格的法定保证责任,上述人员主张不应承担责任,应当提供充分证据证明其对信息披露行为已尽忠实、勤勉义务”。

律责任,[61]即公司的董事、监事及高管应当在职责范围内,就公司依法披露信息问题履行勤勉义务,当公司违反法定信息披露义务时,应当就自己善意、合理、审慎地履行职责承担相应的举证责任。具体而言,当公司出现违反信息披露义务行为时,若独立董事曾在公司定期报告、临时报告上签字,且自身未举证其已就此履行勤勉尽责义务的情况下,证监会认定其为其他直接责任人员并无不当。这与证监会的处罚认定逻辑保持一致。

其次,针对独立董事几个常见的主张,法院的回应如下:

(1)对于独立董事认为其不具有信息披露违法行为的主观故意的主张。

总体而言,法院认为独立董事因违反勤勉注意义务而承担的法定保证责任,不以主观故意为前提。[62]在说理部分,主要有以下两种路径:一是独立董事作为"其他直接责任人员"被处罚,相对于公司违法信息披露的法律责任具有附随性,认定后者时需要主观故意,认定前者则仅不需要主观故意与客观参与,主观故意与客观参与仅影响责任的大小,而不影响责任的成立与否;二是独立董事之所以被处罚,法理在于违反勤勉义务,其是一种积极作为义务,"应作为而未作为",不以故意为前提。

在具体的说理上,北京市第一中级人民法院认为,"从该规定的逻辑连贯性上来看,对公司违法信息披露的法律责任,对相关责任人员的处罚具有附随性,附属于公司信息披露违法行为的法律责任。而认定公司构成信息披露违法行为需要以公司主观上存在故意为要件,认定附随性的相关责任人员的法律责任,则不需要相关责任人员必须具有主观故意以及客观上主动参与。当事人是否具有主观故意以及在信息披露过程中是否主动参与并发挥重要作用,只影响责任的大小和处罚的轻重,而不影响作为附随性责任人员的认定,除非当事人能够证明

[61] 参见江平与中国证券监督管理委员会其他二审行政判决书,(2018)京行终1750号。其中法院认为,"本案中,江平对文峰股份2014年年度报告、2015年中期报告签署书面确认意见,即作出承诺文峰股份的报告不存在虚假记载、误导性陈述或重大遗漏,并对其真实性、准确性、完整性承担个别和连带的法律责任"。

[62] 参见李占国与中国证券监督管理委员会二审行政判决书,(2018)京行终3244号。北京市高级人民法院态度如下,"对于上诉人认为其不具有隐瞒上市公司实际控制人的主观故意的主张,本院认为,认定信息披露直接责任人员并不以当事人具有主观故意为要件,因此该主张缺乏法律依据,不予支持"。

自己在公司信息披露过程中尽到了勤勉尽责义务”。[63]在另案中，北京市第一中级人民法院则认为“原告作为公司董事会时任独立董事，对于慧球科技董事会成员的变更以及鲜言成为公司实际控制人等情况应当知晓。勤勉义务是一种积极作为义务，并不以故意参与公司违法行为为前提”。[64]

(2)对于独立董事提出中介机构专业意见可以作为免责依据的主张。

关于独立董事提出其信赖中介机构专业意见的主张，有法院认为，独立董事可以基于信赖专业意见而降低证明其尽到勤勉义务的证明责任，或者说减轻处罚程度，但其对勤勉义务的证明标准至少应有对相关公司材料仔细研究、审慎讨论以及提出疑问或风险的书面记载。[65]对比，笔者认为此种逻辑存在自相矛盾之处，既然其认可独立董事可以信赖中介机构的专业意见，则意味着其默认独立董事在此事项上无须投入像专业人士一样的人生阅历、经验、精力来研究个别会计问题或者法律问题，可以直接信赖其结论，那么又何来对此类问题仔细研究、审慎讨论之说呢？

笔者认为北京市高级人民法院对此问题的态度则比较可取，其所持态度为，“上诉人还提出中介机构法律意见书可以作为免责依据的主张，本院认为，实际控制人认定的确属于专业法律问题，律师事务所等专业法律服务机构所作出的认定，应当得到尊重，因而在律师事务所等专业法律机构作出的认定范围内，当事人可以免除相应的责任，除非有证据证明当事人知道专业法律服务机构认定结论错误”。[66]也就是说，如果上市公司信息披露违法事项过于专业，比如上述涉及实际控制人的认定问题，那么在专业机构作出的认定范围内，独立董事可以免除相应责任，除非有证据证明当事人明知此认定结论错误，如专业意见出具的

---

〔63〕 参见胡凤滨与中国证券监督管理委员会其他一审行政判决书，(2018)京01行初875号。

〔64〕 参见刘光如与中国证券监督管理委员会等一审行政判决书，(2018)京01行初37号。

〔65〕 参见胡凤滨与中国证券监督管理委员会其他一审行政判决书，(2018)京01行初875号。北京市第一中级人民法院认为，“本院认为，董事可以因为基于对外部专业审计机构无保留意见审计结论的信赖，而在董事会决议违反法律法规的情况下降低董事尽到勤勉尽责义务的证明责任。从本案原告参加董事会讨论相关财务报告文件的记录看，在董事会表决时，原告都投赞成票并签名确认，没有任何关于对相关财务会计资料以及外部专业审计机构审计报告的仔细研究、审慎讨论以及提出疑问或风险等记载。在这种情况下，相关财务会计文件经过了外部专业审计机构审计，即使可以适当降低原告证明自己履行勤勉尽责义务的程度，但现有证据也不足以就此认定原告已经适当地履行了董事所承担的法定的勤勉尽责义务”。

〔66〕 参见李占国与中国证券监督管理委员会二审行政判决书，(2018)京行终3244号。

时效性等。

(3)对于独立董事提出的其已尽到勤勉义务的主张。

在实践中,独立董事通常会举证其已尽到勤勉义务,比如向上市公司个别人员询问。对此,北京市高级人民法院认为,“其所主张的向文峰股份证券事务代表程敏女士、董事会秘书兼财务总监张凯先生询问事实真相,要求就被调查事项请求交易所确认,并数次到文峰股份办公地点当面向时任董事长徐长江先生及张凯先生、程敏女士求证等行为,均不足以达到对涉案信息披露事项已尽勤勉尽责义务的标准”。[67]

那么,法院所认为的独立董事尽到勤勉尽责义务的标准究竟如何呢?事实上,实践中法院支持证监会发布的《信息披露违法行为行政责任认定规则》中的“不予行政处罚的考虑情形”,具体而言为第21条的第1项,即当事人对认定的信息披露违法事项提出具体异议,书面记载于公司相关会议记录中,并在上述会议中投反对票。具此,法院将重点关注三点:一是独立董事是否对需要披露的事项提出异议与质询;二是该异议是否被书面记载于公司正式的书面记录中;三是是否在会议中投反对票。笔者认为,该免责标准过于刻板与严格,具体理由将于第五章详细阐述。

(四)笔者基于实证调研观察到的几对矛盾

基于上述实证研究,笔者观察到独立董事行政责任认定中的几对矛盾:

(1)从认定独立董事行政责任的整体上来看,独立董事所提出的抗辩事由均一一被证监会以“不能单独认定不予行政处罚”,或者不构成《信披违法认定规则》中的免责事由为由不予支持。

这不禁令人思考,在独立董事需要证明其尽到勤勉义务的大背景下,究竟需要满足怎样的证明标准?如果对于一个最大限度履职的独立董事而言,如果其不承担责任的范围被限定在“就信息披露违法事件提出异议并在董事会上投反对票”以及“发现违法事项及时向监管机构报告”,那么,这显然是一种结果归责的视角,即已经默认独立董事必须对违法事项有所认识之后,要求其避免危害结果或者减轻其损害程度。事实上,笔者认为这样的做法与注意义务的准确判断

[67] 参见江平与中国证券监督管理委员会其他二审行政判决书,(2018)京行终1750号。

是有所背离的。此外,注意义务的判断是一个基于多因素综合判断的客观过程,而在证监会的实践中,由于法规规定几个因素不能单独作为认定不予处罚的情形,执法实践便将独立董事的诸个抗辩事由均以不能作为免于承担责任的事由一一否定,这一做法较为僵化,并非判断注意义务的合理做法。此部分笔者将于第五章中详细论述。

(2)独立董事认为其被公司违法行为策划人"信息封锁",对违法信息披露事项不具有知悉可能性,而证监会认为不知情恰恰证明其未尽勤勉义务,不能单独作为免责事由。

在实践中,较多的独立董事因"暗箱操作",即未经过董事会或股东会审议,独立董事也不具有知悉可能性的事项而被处罚。从公司信息披露违法行为的策划主导者角度而言,其为保证违法行为的顺利实施,不可能将违法行为主动告知独立董事,或者在独立董事问询时间接提示,那么公司对独立董事就相关违法事项的知情权的基础是不存在的。那么,既然独立董事的行政责任并非一种结果归责,"独立董事不知情"作为结果,重点应当探讨其是否能够知情,是否应当知情,对于违法后果不知情即为违反勤勉义务这一"一刀切"的做法有待考量。接下来第四章也将具体分析勤勉义务的判断标准究竟为何。

(3)独立董事认为其督促上市公司聘请第三方专业机构,并据此信赖其出具的专业报告,而证监会则认为审计机构的外部监督与独立董事的内部监督是两种独立的机制,不能单独作为免责事由。

诚然,第三方专业机构为外部监督,独立董事作为公司董事会的一分子为内部监督。但是,当涉及一个具体的财务造假问题,抑或是疑难法律问题的判断时,如果法律认为独立董事能够在专业机构意见的范围内对此信赖,但当涉及责任承担时,监管机构又指出其不能基于此种信赖而免责,那么独立董事不承担责任的唯一出路便是使自己比第三方机构更为专业、更具有经验、拥有更强的判断力才有可能观察出公司的问题所在。然而,这一点几乎是不现实的,也会削弱现代社会分工所产生的效率与价值,尤其是法律背景的独立董事对于财务问题的判断,抑或是会计背景的独立董事对于法律问题的判断。笔者将于第五章重点分析独立董事的内部监督与第三方专业机构的外部监督的关系。

（五）小结

本部分从证监会追究独立董事行政责任的执法实践、独立董事提起行政复议、行政诉讼的情况以及笔者基于实证研究提出的几点质疑为切入点，对独立董事承担行政责任的现状进行了详细的研究。

第一，在证监会对于独立董事的行政处罚实践方面，从2003年独立董事制度实施以来，共有409次的独立董事受到行政处罚。涉及独董受罚的上市公司违法情形基本均为虚假陈述，即信息披露违法行为。最典型的违法情形为定期报告虚假记载财务数据以及对于重大遗漏合同事项、诉讼事项或是担保事项。在135份行政处罚中，还有10起行政处罚涉及欺诈发行。从处罚类型以及处罚程度来看，证监会对于独立董事的行政处罚主要为单独予以警告和警告并处罚款两种，个别独立董事则被采取市场禁入措施；随着时间推移，独立董事受罚的平均罚款金额基本呈线性逐年上升，2004年所有受罚独董仅被警告，2012年罚金平均值达到3万元，2018年罚金平均值则上升为6.7万元。梳理证监会的行政处罚逻辑，独立董事作为“其他责任人员”被追责，基本上是“签字即罚”。尽管理论上独立董事可通过提出充分证据证明其履行了勤勉义务，但证监会的执法实践中均不予采纳。

第二，从独立董事提起行政复议以及行政诉讼的情况来看，9%的独立董事不服证监会的处罚决定并提起复议，2.4%的独立董事不服行政复议结果提起诉讼或者直接就行政处罚决定提起行政诉讼。从结果上来看，几乎所有行政复议均维持原行政处罚，仅有1起行政复议撤销原处罚，撤销率仅为5.5%；所有行政诉讼中法院的态度均为支持证监会的立场，驳回独立董事的起诉或者维持一审判决。在行政复议以及行政诉讼中，独立董事常见的复议理由包括“信赖第三方专业报告的专业意见”“涉案违法行为手段隐蔽，积极履职也难以发现”“已经尽到勤勉尽责义务”。

第三，通过大量的实证研究，笔者主要产生了三个方面的疑问：首先，在整体认定独立董事行政责任上看，“不得单独不予行政处罚”的情形似乎成为独立董事抗辩事由的逐一否定理由，这与勤勉注意义务的理性人判断标准似乎相悖。此外，两种免于承担责任事由仅以“结果避免”角度出发，不合理地限制缩小了责任不成立的范围，抬高了独立董事证明其勤勉尽责的标准。其次，当独立董事对上市公司信息披露违法事项不具有预见可能时,证监会仍以其“不知情”恰恰证明未履行勤勉义务为由否定独立董事的主张,有背离勤勉注意义务判断标准之嫌。最后,在第三方专业机构的外部监督与独立董事的内部监督关系上,一方面说独立董事能够信赖专业意见,另一方面又认为独立董事仍需就专业意见不尽完善之处承担责任,这本质上是强求独立董事拥有比专业机构更加具有判断力,似乎不切实际。

接下来,第四章、第五章将着重从勤勉注意义务的法律构造和判断标准以及结合当前证监会的执法实践提出行政处罚核心思想与框架上的修正,以及独立董事的可行抗辩事由。

四、独立董事的勤勉注意义务及其判断标准

基于信托关系或者“委托—代理”关系,公司中的董事、监事、高级管理人员需要对公司承担受信义务,具体表现为忠实义务与勤勉注意义务。忠实义务在我国公司法上规定较为具体,而勤勉注意义务却仅有原则性表述。注意义务旨在判断独立董事是否有过失,就过失的法律构造而言,包含可预见性以及可避免性两个环节。对于独立董事而言,其在行政处罚认定中承担对于尽到勤勉注意义务的证明义务,那么,究竟怎样的勤勉注意义务判断标准是合理、恰当的呢?本部分将对此问题进行探析。

(一)违反勤勉注意义务或者存在过失的法理分析

回归到法理,认定独立董事行政责任的本质在于过失的归责问题。独立董事作为监督者,对于上市公司信息披露违法这一风险,究竟应被分配怎样的注意义务与归责安排?在如今的风险社会中,社会治理机制为达到合理有效管控风险的目的正在发生一大转变,即正在发展以管辖为基础的归责原理,即“风险属于谁的管辖范围,谁就需要对风险以及由此产生的结果答责”。考量该种归责原理,针对过失的归责机制,如何既能够达到预防目的,又不突破惩罚正当性的基本底线,成为过失归责的新课题。

首先,勤勉义务本质上为过失之下具体设定的义务,规定谨慎管理义务的法律条款是一般性条款,在实践中,它可以包括变化丰富的行为准则。也就是说,勤勉义务本身不能以列举式方式进行规定,仅能通过一定进路使其分析更具方

法性,而不能"一刀切"地将某种具体的行为称为"尽到勤勉义务"抑或者"违反勤勉义务"。

其次,当进行过失归责时,所采取的视角应当是虚拟出来的"理性观察者"或者"理性第三人"。在判断独立董事是否勤勉尽职时,应当评价待判断独立董事是否尽到了一个职位类似、环境相似的"标准人"在该等环境下较合理、可预期的注意作为。

最后,从结果本位到行为本位的转变。在过失的归责问题上,关键时点应当是行为时,而非结果发生时。一方面,大多数独立董事的失职行为并不会引发实际的危害后果,如果采取结果主义导向,那么独立董事都会将公司被监管机构发现违法信息披露的处罚结果避免寄希望于侥幸,这无疑将不利于独立董事整体制度的良性运转;另一方面,对于同样失职的独立董事而言,如果行政责任的有无完全决定于偶然,即上市公司违法信息披露行为被发现与否,这样的归责机制也难言公平。如此将导致,一个稍微倦怠尽职但偶然被卷入严重违法上市公司处罚案件的独立董事受到严重处罚,而严重失职但侥幸其所在上市公司未发生信息披露违法行为的独立董事却毫发无伤。此外,勤勉义务的履行为典型的"手段债务",其表现为尽到合理注意,展现在过程之中的应有谨慎。从这个角度理解,过失的归责也应从结果本位转变至行为本位。

一般而言,过失的法律构造包括两个层面:一是对于损害的预见可能性;二是对于损害的合理避免性。其中,第一环节是第二环节的前提。在判断对损害的预见可能时,其核心在于如何构建作为参照的"一般理性人"标准,以判断个案中的独立董事是否违反注意义务,成立过失。因此,本部分接下来将从"一般理性人"标准、预见可能性以及结果避免性三个部分展开论述,并对独立董事行政责任认定中的核心要件——违反"注意义务"或者成立过失进行重点分析。

(二)标准人的构建——"相对具体化的一般理性人"标准

如前所述,判断独立董事是否尽到勤勉注意义务的本质在于其是否有过失。过失是侵权法研究的核心问题之一,判断过失的标准有"主观说""客观说""主客观结合说"。其实质均是以一个标准人作为参照,以此来评价行为人的行为。几种学说的差异在于标准人的构建路径不同,具体而言,在于所谓的标准人考虑行为人的具体状况多或者是少。过失的主观说在归责判断上,是指以行为人自身的具体状况作为参照;过失的客观说则是强调以具有平均人格的一般人的状况为参照,即更为普遍意义、一般性的行为标准。

标准人在不同法域具有不同的名称。在大陆法系中,日本法上称为"善良管理人",德国法采用"一个正直、勤勉的经理";英美法系则秉承普通法传统,使用理性人(reasonable person)标准。美国法采用具有特定技能和经验的理性人标准。近现代以来,基于专业化分工以及活动的有组织性,理性人的内在核心在于其知识结构与能力水准如何。裁判者需要具体化所参照的标准人,才能够进一步作出判断。当然,出于成本的考虑,理性人的具体化不可能对每一项都逐一确定,只能大体把握类型之后,再进行进一步调整。在实践中,裁判者选定基础人格形象之后,进一步调整部分考虑因素,最终完成理性人标准的具体化。

就判断独立董事过失的理性人的知识结构而言,鉴于独立董事的任职人员通常为富有经验的律师、高校学者等,笔者认为理性人的初步设定应当为熟悉公司事务的通常专家。那么,一般理性人标准应当如何构建呢?

第一,标准人应当拥有基础人格——熟悉公司事务的通常专家应当拥有的知识。

第二,独立董事有义务参加公司会议,主动调查、获取决策所需要的资料,〔68〕必要时向专业人士作咨询等,通过上述渠道获取的信息,也应视作独立董事应了解的信息,纳入理性人标准。独立董事履行勤勉注意义务中的一个重要环节,即是否通过合理手段获得应获得的关键信息。换言之,注意义务本身包含了查询义务。如果独立董事怠于查询、获取决策所需要的信息,在归责环节,此部分信息应纳入理性人标准对独立董事的行为作出负面评价。

此外,若从上市公司信息披露的内容中能够合理推测出存在违法信息披露风险,独立董事也应当对此给予足够关注。比如,荣丰控股(中国证券监督管理委员会行政复议决定书(常清),〔2016〕53 号)的违法情形为未披露与关联方之间大额非经营性资金往来,但其在定期报告中,披露了上述资金往来所涉及的合同,那么独立董事在审议定期报告时,理应注意到存在大额合同交易未提交董事

---

〔68〕《上市公司信息披露管理办法》第 42 条规定:"董事应当了解并持续关注公司生产经营情况、财务状况和公司已经发生的或者可能发生的重大事件及其影响,主动调查、获取决策所需要的资料。"

会审议,亦未及时披露的事实。

第三,独立董事因个人能力、经验所拥有的特殊知识也应当纳入一般理性人标准。当具体的独立董事因专业、职务背景等原因具备更高的知识储备时,理性人标准应当相应被提高,超出普通专家应拥有的知识也应被纳入一般理性人标准之中。比如,如果独立董事是会计专业人士,则在财务问题相关的信息披露上应当承担比没有财务背景的独立董事更多的责任。

此外,基于独立董事的法律地位,其被赋予监督者的职责并同时享受公司的薪酬,为保护公司股东的合理信赖以及薪酬—责任相匹配的原理,理性人的知识水准不因具体独立董事的个别情况降低。个人能力以及经验的欠缺不能作为免责的理由,这是因为当独立董事接受公司的聘任时,应当充分考虑自己能否胜任,其有义务拥有履行其职责所需的知识以及能力。否则,独立董事因被信赖监督能力任职而获利,出现不利后果后以个人能力不足为由不担责,此种"两头得利"情形是不合理的。

第四,独立董事事实上掌握的其他信息也应纳入理性人的知识储备。此部分为个案中的个别判断,比如,当监管机构已就信息披露违法问题函询上市公司时,独立董事应当对该事项给予谨慎关注,此部分信息将被纳入理性人标准。"上海证券交易所先后两次就此问题函询慧球科技。在此情况下,包括申请人在内的多名慧球科技董事仍然未对实际控制权变更这一问题予以关注,未能勤勉尽责督促、保证上市公司如实披露公司实际控制人变更及相关交易的情况"(中国证券监督管理委员会行政复议决定书(刘光如),〔2017〕157号)。

(三)独立董事对于上市公司信息披露违法行为的预见可能性分析

一般认为,过失是指行为人可以预见到受保护法益会遭到侵害,却没有采取合理措施避免侵害结果。其中预见可能性为一客观概念,即通过"一般理性人"在相同情境中能否预见损害结果进行判断。在损害结果的预见可能性与避免可能性之间,前者为前提,所以,对损害后果的"可预见性"构成认定过失的要件。也就是说,即使独立董事在上市公司信息披露文件上签字,若其不存在对公司信息披露违法行为的预见可能性,就不应该成立过失,触发相应的行政责任。

过失归责的根基在于某事项属于行为人应该控制且能够控制的范围。若将客观上根本不可能对上市公司违法信息披露行为的风险有所预见的行政责任归责给独立董事,既缺乏归责的公正基础,也不会达到独立董事监督上市公司规范运作的制度效果。此外,预见可能性所要求预见的内容应当仅限于行为的注意义务违反性,实际发生的具体结果不属于预见可能性所要求的预见范围。

在分析预见可能性因素时,涉及以下几个基本问题:一是预见可能性要求行为人做什么;二是判断预见可能性时所依据的事实,是行为时存在事实,还是裁判时查明的事实;三是对于预见可能的判断,应当采纳一般人标准还是行为人标准。

第一,可预见性要求独立董事对其在“签署书面确认意见”的行为的风险积极地进行调查、了解。独立董事既然并非公司内部人员,要想对公司所存在的风险有所认识,必须积极地作为,主动地获取决策资料并对其谨慎查明信息披露中所存在的问题,在必要的情况下,甚至需要他人的专业能力。理性人的“可预见性”落实到具体的当事人身上,便体现为调查了解义务。换言之,“应当预见”并非只要求独立董事空想自己行为的可能后果,而是必须深入公司的经营状况,甚至聘请第三方专业机构,进行研究、核查和判断。

独立董事的调查了解义务也是“有效避损”思想的体现,即行为人查明并且避免危险的能力是最优的。使用法经济学的话术,即应当将避险义务施加给避险成本小的一方。德国刑法学中的过失理论将上述调查了解义务称为“内在注意”,其是指观察行为实施条件、预测行为过程以及伴随情况,其要求行为人认真思考其认识到的危险将如何发展、起作用。这一理论虽隶属于刑法学科,但就像侵权法中的过失理论,其实质均为过失的认定、注意义务的判断,可为行政责任的认定作出借鉴。

第二,对于判断预见可能性的时点,从归责的公正性,抑或是有效性角度,判断预见可能性均应以独立董事任职期间存在的事实为准。以事后行政处罚时查明的事实为基础判断独立董事的预见可能性时,容易产生因结果严重或者“事后诸葛亮”的心理路径认定独立董事具有预见可能的弊端,由此扩大了对于独立董事的处罚范围。

第三,对于能否预见应当采用“相对具体化的一般理性人”标准。过失并不是主观的心理状态,而是指偏离客观的行为基准。“可预见性”并非指个案中的当事人能否预见,而是采取一个抽象的“理性人”的视角。相比于故意,过失的成立是与第三人相比较而言的,其内在逻辑基础即为此种对照关系。所谓"一般理性人",是指相应交往圈中具备平均认知的标准人格。这样的比照标准大体可行,但仍然较为抽象,需要进一步具化,即进一步考虑影响预见能力的特殊因素。比如,具备会计背景的独立董事,或是拥有长期律师执业经验的独立董事,将被合理期待其更高的认知能力与谨慎义务。

结合上述判断预见可能性的方法,如果判断得出独立董事无法预见,则并未违反勤勉义务,相应无须承担行政责任;如果判断得出应当预见,则需要进行接下来的判断,即其能够合理避免。

(四)独立董事对于上市公司信息披露违法行为的结果避免性分析

从逻辑上讲,独立董事对于上市公司违法信息披露行为的预见可能性与结果避免性判断有递进关系,即在独立董事对于上市公司违法信息披露行为具有预见可能的前提下,才需要进一步判断是否对损害结果采取避免行为。若在第一步的预见可能性环节的结论是对违法事项不具有预见可能,那么可直接认定独立董事的过失不成立;在存在预见可能的前提下,若进一步的结果避免性环节独立董事未采取避免措施,方能认定过失的成立。

在独立董事能够预见公司违反信息披露义务行为的前提下,需进一步判断其是否能够避免上市公司违法信息披露损害投资者利益这一损害结果的发生。理论上讲,对于最常见的定期报告虚假记载,有以下两种情形:(1)若独立董事在定期报告作出前预见到违法事项,则可通过在董事会会议上对定期报告投反对票即可避免该结果;(2)若独立董事发现违法事项时,定期报告已经公开,那么其可通过及时报告监管机构以减轻损害结果。因此,只要独立董事预见到违法事项,总能够采取相应合理行为,阻止损害结果的发生或是避免损害情形的扩大。

(五)小结

独立董事的勤勉注意义务为其对公司受信义务的重要表现形式。本部分主要介绍了勤勉注意义务的判断标准,并从独立董事存在过失的法理分析、"相对具体化的一般理性人"标准构建、"预见可能性"层面分析以及"结果避免性层面"等方面进行阐述。

第一,判断独立董事是否尽到勤勉注意义务实则是一个过失认定问题。过失作为侵权责任法、刑法等基础法律学科的核心概念，已有学界公认的法律构造，即判断独立董事有无过失的核心在于，其能否预见上市公司的信息披露违法行为，以及在能够预见上述信息披露违法行为的前提下，是否采取措施避免违法后果的发生，或者违法后果已然发生时，是否采取合理行动减轻其损害。在勤勉义务的法律性质，首先应明确其为一般性条款，在实践中可以延伸为诸多行为准则，需要结合多种影响因素综合判断，不能采取“一刀切”的僵化做法判断；其次过失本质上为一客观判断过程，需要选取“理性第三人”的视角进行考量，而非从个别独立董事自身出发进行判断；最后，勤勉义务体现在过程之中尽到合理注意、满足应有谨慎，即判断勤勉义务的关键时间节点应为行为时，而非结果发生时。

第二，构建标准人为过失判断的关键环节，本文建议采取“相对具体化的一般标准人”标准。理性人标准的核心分为两个部分：一是所应获取的信息；二是处理上述信息的知识水平与经验能力。在具体构建路径上，第一步选定独立董事群体的基础性人格应当为熟悉公司事务的通常专家。第二步为独立董事应当获取的信息，即独立董事通过参加公司会议，主动查询、获取决策所需要公司资料等途径获取的信息。接下来的两步为“相对具体化”的过程：第三步为独立董事因个人专业、经验所拥有的特殊知识与能力，第四步则为独立董事事实上能够掌握的信息，比如监管机构对于上市公司的风险提示。至此，一个用于判断独立董事在具体上市公司信息披露违法行为中是否尽到勤勉义务的“具体化的理性人”形象就构建完毕。

第三，在判断独立董事对违法事项是否存在过失时，在法律构造上包括“预见可能性”以及“避免可能性”两个环节。前者为后者的前提，即存在“预见可能”的基础上存在“结果避免可能”才构成过失。由于独立董事一旦能够预见到违法事项，都有避免损害结果的可能——无论是通过在董事会上提出异议投反对票或者及时报告监管机构，因此核心在于判断独立董事对于违法事项是否有预见可能。其判断标准则应当从上述“具体化的理性人”视角进行个案判断。

本部分梳理了判断独立董事过失之勤勉义务的具体路径，接下来第五部分将结合证监会的执法实践，从行政处罚的核心思想、逻辑框架上提出笔者的修正意见，并提出独立董事可行的抗辩路径。

五、对于独立董事行政责任认定之修正及可行抗辩路径

在证监会对独立董事“签字即罚”的大背景下，笔者根据第三部分的大量实证研究结果以及第四章对于判断独立董事勤勉义务法律构造的分析，将在本部分着重对证监会对于独立董事行政处罚的执法实践提出修正建议，主要的切入点是处罚核心思想以及逻辑框架。在前述行政处罚修正建议的基础上，笔者还在本部分进一步探究独立董事受到行政处罚时可行的抗辩路径，主要从独立董事的“信息获取限制”以及“专业限制”即对信息披露违法事项不具备预见可能性时不存在过失以及对第三方机构的善意信赖权两条路径展开。

（一）从处罚核心思想上应当实现从“结果本位”到“行为本位”的转变

基于证监会对于独立董事行政处罚的执法实践，结合证监会发布的较为具体的指导性文件《信披违法认定规则》，笔者认为当前对于独立董事的行政处罚应当实现从“结果本位”到“行为本位”、从“一刀切”到“多因素考量”、从“结果避免”到“预见可能基础上的结果避免”的转变。

从行政责任整体认定上来看，只要独立董事在出现违反信息披露义务的定期报告等上市公司公布的文件上签字，就初步判定其应承担行政责任，若独立董事能够举证证明其尽到勤勉义务，才无须承担责任。然而，在现实中，独立董事能够证明其尽职的路径只有“就违法事项提出异议并且投反对票”以及“及时向监管机构报告”两条，显然，这样的勤勉义务证明标准仅仅考虑了“结果避免可能性”，而完全忽略了过失的另一核心判断环节“预见可能性”。如此一来，负有举证义务的独立董事的证明标准门槛被不合理地抬高。这样的做法本质上使得独立董事在承担行政责任时，由名义上的过错推定责任演变成为结果责任。

如果监管机构继续这样的做法，长期来看有以下几个可能的隐患：首先，大多数的不作为行为并不会触发上市公司违法信息披露行为及其败露，那么结果归责将使得独立董事承担行政责任变成一个不由独立董事控制的随机事件，这将会降低所有独立董事的履职积极性，这将损害独立董事这一监督机制的有效性，不利于独立董事制度的良性运转。其次，结果归责的做法不符合公平性，对于最大程度履职的独立董事以及丝毫不作为的独立董事，当上市公司未发生信息披露违法行为或者信息披露违法行为未被监管机构发现时，领取同样的薪酬，

而一旦上市公司因违反信披义务被行政处罚时,其也会受到同样的处罚,这显然是不公平的,将削弱行政处罚的惩戒或者预防功能。

因此,笔者呼吁认定独立董事行政责任应当实现"结果本位"到"行为本位"。具体而言,第一,回归到独立董事的勤勉义务或者独立董事的过失的法律属性本身,监管机构认定其行政责任应当从"结果避免"转变为"预见可能基础上的结果避免",即当独立董事提出抗辩事由时,应当将情境还原到违法信息披露行为发生之时,从"相对具体化的一般理性人"视角,考量独立董事应当以及能够掌握的信息以及其分析上述信息的知识水平与经验能力,进而判断独立董事对于违法信息披露事项是否"应当预见而未预见",具备预见可能性之后才能进一步判断独立董事是否采取行为避免损害结果,而不应该采取直接从"结果避免"的视角,独立董事未采取措施避免该损害结果即为违反勤勉义务,否则将与"过失"的认定逻辑完全相悖。

第二,结合证监会对于独立董事的执法实践,认定是否违反勤勉义务应当从"一刀切"转变为"多因素考量"。之所以笔者认为现阶段的做法称为"一刀切",是因为目前对于独立董事而言,不予行政处罚的情形被不合理地限制为"提出异议并投反对票"以及"及时向监管机构报告",符合上述两种情形才被认为尽到勤勉注意义务,不符合上述情形则直接被认为不符合不承担行政责任的要件,这会直接导致独立董事对于勤勉尽责的证明标准畸高。另一方面,独立董事所提出的抗辩事由被监管机构以"不得单独认定不予行政处罚"为由一一否决,这显然与勤勉义务作为一般性条款需要多因素综合考量、判断的法律属性相悖。比如独立董事拥有a、b、c三点抗辩事由,综合考量应当认为该种情形下独立董事已经最大限度履职,而当前实践中"不得单独认定不予行政处罚"的适用异化为a、b、c均不得单独认定不予行政处罚,故认为独立董事不符合不承担行政责任的条件,这显然违背了"多因素综合判断"的基本原理。

诚然,笔者赞同最高人民法院在经济行政典型案件中所评述的"本案对上市公司的独立董事和其他高管明确责任意识,切实勤勉履责是一种警示和借鉴",也认同在特殊的政策与市场环境下,行政处罚的力度应当适当加大以起到威慑作用。可是从制度的长期良性运转来看,不仅要考虑个别时期的惩戒、威慑作用,更要从法律制度的根源与逻辑上,兼顾有效性与公平性,让最大程度勤勉尽责的独立董事不因“结果本位”而被行政处罚心感不公，丧失履职的积极性，让徘徊在作为与不作为之间的独立董事，认识到被行政处罚与否并不只是侥幸与随机事件，进而回归“行为本位”，切实勤勉尽责，保障公司信息披露的合法与规范。

（二）对于处罚逻辑框架上的修正建议

在证监会对于独立董事行政处罚逻辑框架上，笔者的修正建议主要出于以下两方面的考虑：

第一，应当区分构成要件欠缺而导致行政责任不成立与免责事由。当独立董事在上市公司违法信息披露文件上签字时，在认定独立董事行政责任的整体逻辑上，分为责任成立与否，以及责任大小。首先，对于责任是否成立，应当分为两个层面进行分析：一是构成要件是否成立，即独立董事能否举证是否尽到勤勉注意义务，或者说证明其不存在过失；二是在构成要件成立的基础上，是否存在免责事由，即尽管独立董事存在过失，但由于免责事由的存在，行政责任也将不成立。其次，对于行政责任的大小，则具体考察个案中存在的减责事由。

之所以要区分构成要件成立与否以及是否存在免责事由，是因为若受罚独立董事能够证明其已经勤勉尽职，尽到注意义务，则根本不存在行政责任，没有进一步免责、从轻或者减轻处罚、从重处罚之说，因为免责、从轻或者减轻处罚、从重处罚的逻辑前提是需要行政责任的构成要件成立。

具体而言，尽管《信披违法认定规则》第21条的三种情形均为“认定为不予行政处罚”，但实际上这三种情形背后的法律逻辑不尽相同：第一项情形为独立董事尽到勤勉义务而使行政责任不成立。独立董事既然能对认定的信息披露违法事项提出具体异议，说明独立董事对该事项具有预见可能性，进一步独立董事在董事会上投反对票，说明其已采取行动避免损害结果——公司公布的信息披露文件虚假陈述的发生，因此独立董事的行为满足“预见可能性”以及“结果避免性”，未违反勤勉注意义务，过失不成立，自然行政责任不成立。第二项情形则为免责事由，即虽然符合违反注意义务的构成要件，但无须承担行政责任。第三项情形“立功行为”则要分情况讨论，如果独立董事在签署书面确认意见之前对于具体信息披露违法事项具有预见可能，待上市公司公布定期报告后才意识到自己的渎职行为或者明知自己的渎职行为但后悔，“戴罪立功”向监管机构报告上市公司的信息披露违法行为，该种情形下，该“立功行为”为免责事由；如果独立董事在签署书面确认意见之后才对于信息披露违法事项具有预见可能，那么向监管机构报告则为在当时的情境下的“结果避免行为”，此种情况下为独立董事尽到勤勉注意义务，行政责任不成立。

此外，尽管反对意见被监管机构视为独董公正履职行使职权的主要方式。但在上市公司的实践中，独立董事往往极少投出反对票。比如在著名咨询机构德勤公司出具的《2018 德勤中国上市公司独立董事调研报告》中，指出“独董线下沟通非常重要。实际出席董事会时，独董很少提反对或弃权意见，但这不代表说独董不尽责。我们往往将持不同意见改为讨论事项，线下去沟通推迟表决”。据此，是否在董事会上投出反对票并不能作为评判独立董事是否尽职的重要标准，同时，如前所述，该种情形整体而言仅考虑“结果避免性”，因此，笔者建议删除第 21 条第 1 项，并且明确第 21 条的剩余情形为免责事由，而非认定不予行政处罚的唯一路径。

第二，独立董事尽到勤勉义务与减责事由之间并没有严格的界限，两者往往是程度的区分或者是量变引起质变的关系。比如，《信披违法认定规则》第 20 条的第 3 项“在获悉公司信息披露违法后，向公司有关主管人员或者公司上级主管提出质疑并采取了适当措施”为减责事由，而《信披违法认定规则》第 21 条第 3 项“在公司信息披露违法行为发生后及时向公司、证券交易所、证券监管机构”报告则成为免责事由。再如，《信披违法认定规则》第 22 条规定了五种“不得单独作为不予处罚情形认定”的情形。笔者认为，该规范制定的原意应当是单个情形的出现不足达到独立董事勤勉尽职的证明标准，需要至少两项情形的出现才能够综合判定独立董事已经实现最大限度履职，但在证监会的执法实践中，该规定被异化，似乎任何一种情形的出现均因“不得单独作为不予处罚情形认定”而否认独立董事的抗辩事由。事实上，独立董事不同于内部董事直接从事经营管理，若加之其无相关职业背景、信赖专业机构的意见等情形，其尽到勤勉注意义务的抗辩应当有望得到监管机构的采纳。

（三）让独立董事尽到勤勉义务的证明标准回到正轨——明确“预见可能”的重要性

对于独立董事而言，其抗辩路径则有以下三种：一是通过证明尽到勤勉注意义务,推翻推定的过失,因构成要件欠缺从而主张行政责任不成立;二是主张免责事由,即虽然构成要件成立,但因为免责事项的存在,无须承担行政责任;三是主张减责事由,即尽管独立董事的举证未达到证明其尽到勤勉注意义务的证明标准,但由于减责事由的存在,行政责任应当得到减免。本部分笔者将着重论述独立董事证明自身尽到勤勉注意义务的证明标准,结合现下证监会的执法实践,应当降低该证明标准门槛,明确"预见可能"这一关键性因素的重要性,尤其是其中的"信息获取限制"情形。

如第四部分所述,判断独立董事的注意义务或是过失时,"预见可能性"的判断应当作为"结果避免性"的前置环节。判断"预见可能性"所选取的视角应当为"具体化的一般理性人",其构建核心则为其应当且能够获取的信息以及处理信息的知识与能力。在独立董事"应当且能够获取的信息"部分,要求独立董事具有主动调查义务,即应当主动收集、问询用于决策的材料与信息。

然而,主动调查义务不应当被不合理地拓展为对了解一切公司内部事务的义务。这是因为,首先,信息不对称问题,独立董事尽管为董事会成员,但其不同于负责公司经营管理的内部董事,两者对于公司内部信息的获取能力有显著不同。若违法行为的核心策划人员有意隐瞒,尤其是涉及股份代持事项、关联公司占用资金、实际控制人认定等只有基于公司内部人员所掌握的信息才能作出判断的信息披露事项,独立董事获取该部分信息不具有现实性,自然不具备预见可能;其次,即使独立董事主动问询,公司违法者为进一步实施信息披露违法行为也不可能使其知情,独立董事在此时的知情权基础是不存在的;最后,从成本收益的适当性角度分析,当独立董事获取公司内部密谋信息需要付出不合理的高成本时,不应当强求独立董事获取该部分信息。因此,当上市公司违法信息披露行为被核心策划人员进行"信息封锁"时,独立董事主张"违法手段隐蔽,积极履职也难以发现"的抗辩理由应当被采纳。

在唯一一例证监会支持独立董事抗辩的行政复议中,上市公司的违法情形为未及时披露大股东及其关联企业占用资金。证监会认为,考虑到天目药业信息披露违法行为涉案事项系实际控制人一手操控,目前尚无证据证明申请人参与或者知悉天目药业信息披露违法所涉及的资金占用事项,对申请人有关复议理由予以支持,可以不予行政处罚。可见,当独立董事具有"信息获取限制"时,应当重点考虑该因素对于勤勉义务判断的影响。

(四)赋予独立董事对于“专业结构或者人员出具的意见和报告”的善意信赖权

在独立董事能否信赖专业机构出具的报告这一问题上,《独董指导意见》与《信披违法认定规则》这两份证监会发布的部门规范性文件规定如下:《独董指导意见》第五部分中提到独立董事作出判断前,可以聘请中介机构出具独立财务顾问报告,作为其判断的依据,即独立董事可以信赖专业机构的报告;但是,《信披违法认定规则》的信息披露违法行为责任人员及其责任认定章节,“相信专业机构或者专业人员出具的意见和报告”被列举为不得单独作为不予处罚情形的认定。而在证监会的行政执法实践中,独立董事提出的信赖专业机构意见的抗辩理由往往不被采纳。

在实践中,上市公司往往需要聘请外部专业机构或者外部专家出具专业意见或是报告,比如由律师事务所出具的法律意见书,由会计师事务所出具的审计报告。诚然,第三方专业机构对上市公司问题作出判断、出具专业意见为外部监督,独立董事作为公司董事会成员为内部监督。但是,当涉及一个具体的财务造假问题,抑或是疑难法律问题的判断时,如果法律规定独立董事能够信赖专业机构的专业意见,但当对独立董事作出行政处罚时,监管机构又指出其不能基于此种信赖而不承担责任,那么独立董事的唯一出路便是使自己比第三方专业机构拥有更高的知识水平、经验能力以及拥有更强的判断力才有可能观察出公司的问题所在。然而,现代社会的基本特征是专业化分工以及活动的有组织性,要求所有社会成员对所有社会活动尽同等程度的注意是不切实际的,要求特定的专业人士尽到外行的注意则是不效率的,将会削减分工的价值。因此,即便是独立董事能够了解到所有用于决策的材料,也不能够要求所有独立董事都对上述信息有同等程度的消化能力,或者有与专业机构同等程度的消化理解能力。

此外,综合考虑独立董事的职能发挥及其能力限制,应当注意善意信赖权的适用情形。若赋予独立董事在其专长范围内对于专业机构的信赖,一方面,可能会导致独立董事直接听取专业机构的意见,在具体问题判断上不作为,浪费其本身已经拥有的知识与经验;另一方面,不利于多方监督机制的良性运转。笔者认为,此项善意信赖权应当仅适用于交叉判断的情形,即法律专长独立董事对于会计师事务所的信赖以及会计专长的独立董事对于律师事务所的信赖。

事实上,尽管在司法实践中法院并未支持过受罚独立董事的立场,但北京市高级人民法院的一段关于独立董事信赖专业机构意见的裁判说理仍然可以作为参考,“律师事务所等专业法律服务机构所作出的认定,应当得到尊重,因而在律师事务所等专业法律机构作出的认定范围内,当事人可以免除相应的责任,除非有证据证明当事人知道专业法律服务机构认定结论错误”。也就是说,在专业法律或者会计机构对某一疑难问题作出认定的范围内,独立董事应当具有善意信赖权,尤其是法律背景的独立董事对于财务问题的判断,以及会计背景的独立董事对于疑难法律问题的判断。

(五)小结

本部分的核心内容是提出证监会对于独立董事行政处罚的执法实践的修正建议以及独立董事可行的抗辩路径。

第一,对独立董事进行行政处罚的核心思想应当从“结果本位”转变为“行为本位”,具体而言,从认定环节上应当实现“结果避免”分析到“预见可能基础上的结果避免”分析的转变,回归到过失认定的法律构造当中;从证明标准上应当实现“一刀切”到“多因素考量”,降低当前不合理的高证明标准,回归勤勉注意义务需要多因素综合考量这一基本原理。唯有如此,才能够保障独立董事制度的有效性——让处罚与否的结果对于独立董事而言不是一个随机事件与公平性——让最大限度履职的独立董事不受到不应有的处罚。

对于独立董事行政处罚的逻辑框架应当完成以下两点修正:区分行政责任不成立与免责事由以及在适用《信披违法认定规则》第22条时不应当逐个、单独否定个别要素,而应该综合考虑。在具体规则的建议上,由于“对信息披露违法事项提出异议并投反对票”不合理抬高了独立董事的证明标准,笔者建议删除《信披违法认定规则》第21条第1项。同时,应当明确第21条剩余两项为免责事由,仅为不予认定处罚的一种路径,监管机构在实践中认定不承担行政责任的情形不应仅限于免责事由。

第二,在独立董事的可行抗辩路径上,基于“相对具体化的理性人标准”的内涵,从“信息获取”以及“处理能力”两个角度,首先,基于信息不对称、不具有知情权基础以及成本收益适当性等原因,独立董事被违法行为策划人“消息封锁”，具有信息获取限制情形时，尤其是涉及大股东以及关联公司占用资金、股份代持、实际控制人认定等上市公司信息披露违法情形，应当基于独立董事对于违法事项不具有预见可能，从而未违反勤勉义务，对独立董事的抗辩予以采纳；其次，基于尊重现代社会的分工价值，应当赋予独立董事对专业机构或者人员意见的善意信赖权，适用情形为交叉判断之时，即法律专长的独立董事对于财务问题的判断，以及会计专长的独立董事对于法律问题的判断。当然，笔者所提倡的上述抗辩事由并非旨在成为勤勉尽责的唯一判断因素，而是应当增加其在判断过程中的权重。

六、结语

（一）研究总结

2001 年，证监会引入独立董事制度，期望在中国股权高度集中、中小股东保护力度较弱的市场特点与背景下，达到促进上市公司规范运作，保护少数股东合法权益的目标。在行政处罚作为独立董事承担责任最主要方式的前提下，本文梳理了证监会处罚独立董事的行政执法实践以及独立董事当前的救济途径，结合独立董事勤勉注意义务的判断标准，进一步提出独立董事行政责任认定的修正建议以及对于独立董事而言可行的抗辩路径。

独立董事制度正式实施于 2003 年，笔者通过对 15 年间证监会对独立董事施加的行政处罚的实证研究发现：在目前公开披露的 135 份行政处罚中，涉及独立董事受到行政处罚的上市公司违法情形主要是虚假陈述，以定期报告虚假记载与重大事项遗漏居多。此外，还有 10 例行政处罚同时涉及欺诈发行。独立董事受到行政处罚的主要类型为单独予以警告以及警告并处罚款，少部分独立董事则被采取市场禁入措施。从时间维度上看，独立董事受罚程度逐年提升，所有独立董事的罚金平均值在 2012 年到 2018 年，从 3 万元上升到 6.7 万元。

梳理证监会的处罚逻辑可以发现，独立董事是作为 2014 年《证券法》第 193 条第 1 款项下的“其他直接责任人员”承担行政责任的，当上市公司作出信息披露违法行为时，只要独立董事曾在相关文件上签署书面确认意见，即将会受到行政处罚，除非其能证明自己已尽到勤勉义务。可见，独立董事的行政处罚类似于过错推定责任。然而，在行政执法实践中，未有独立董事能够证明自己已尽到勤勉义务。独立董事能够寻求的救济途径包括行政复议以及行政诉讼。根据实证调研结果,9%、2.4%的独立董事曾提起行政复议、行政诉讼,但从结果上看,几乎所有行政复议均维持原行政处罚,所有行政诉讼中法院均支持证监会立场。也就是说,独立董事一旦受到行政处罚,很难再争取到对自己的有利结果。

回归法理,独立董事之所以受到行政处罚承担行政责任,是因为其作为上市公司董事会成员,对公司以及股东负有受信义务,具体而言为勤勉注意义务。判断独立董事的勤勉注意义务的本质是认定过失,参照其他法律学科对于"过失"的法律研究,其法律构造可以分为"预见可能性"与"结果避免性"两个环节。在认定过程中,预见可能为结果避免的前提,放入独立董事履职的具体法律场景中,预见可能性的判断为认定其是否尽到勤勉注意义务的核心。当判断独立董事是否能够预见到上市公司信息披露违法行为时,应当采用"相对具体化的一般理性人"标准。理性人标准又可分为两部分:一是独立董事应当获取的信息;二是独立董事应当具备的处理信息的知识与经验。前者包括查询义务下独立董事所应当获取的决策信息以及个案中独立董事事实上掌握的信息。后者则为在熟悉公司事务的通常专家的背景之下,以独立董事因专业与经验所具有的特殊知识与能力。

结合实证调研以及对于独立董事勤勉义务的法律框架梳理,笔者认为当前的行政处罚应当实现从"结果本位"到"行为本位"的转变。具体而言,在判断独立董事是否违反勤勉注意义务时,应当从"结果避免"分析转变为"预见可能基础上的结果避免"分析。结合相对具体化的理性人标准来看,预见可能的判断既要考虑独立董事"信息获取"途径,考虑被"消息封锁"时独立董事因不具有知情权基础因而不构成过失,也要考虑"处理能力"限制,区分对待不同专业背景的独立董事,在适当情形下赋予独立董事善意信赖权。从独立董事证明自己尽到勤勉义务的证明标准上,应当从"对信息披露违法事项提出异议并投反对票"的高证明标准改变为真正的"多因素考量"。如此,才能够保障独立董事制度的有效性以及公平性,让处罚与否对独立董事来说不是随机事件,让最大限度履职的独立董事免予处罚。

(二)需进一步开展的工作

基于法经济学的视角,若希望独立董事对于上市公司信息披露勤勉尽责,有两种不同的逻辑出发点——基于惩罚的民事诉讼、行政监管、刑事诉讼以及声誉机制的威慑策略与基于奖励的激励策略。责任畸重，将无法吸引有能力的专业人士担任公司的独立董事；责任畸轻，独立董事就很容易沦为空职，甚至默许、参与违法信息披露行为，达不到设立独立董事制度的初衷。

本文较为充分地分析了独立董事承担行政责任的现状与法律考量，但是要想充分保障独立董事制度的有效运行，将来的研究方向可能包括分析独立董事薪酬与可能承担责任的匹配关系，独立董事声誉机制在我国的可能性以及民事责任、行政责任和刑事责任的联动效应。

此外，对监管者而言，当发送加强监管信号所带来的整体社会福利提高大于执法成本、私益损失时，监管者就会产生强烈的动机去惩戒独立董事；反之，当收益小于成本时，监管者就会放松对独立董事的法律惩戒。这证明了界定独立董事法律责任不仅仅是法律问题，而是和整个社会制度和监管环境密切相关的。因此，独立董事制度这一研究课题并不仅限于法律学科，还延及经济学、社会学等学科。

（编辑：陆晨）

《清华金融法律评论》
第3卷第2辑
第222～238页

论证券律师职责的定性和定量边界

——从东易律师事务所诉中国证监会一案谈起

李俊琪*

目　次

一、案件争议回顾
二、证券律师的双重属性
三、职责分配:证券律师职责的定性边界
四、勤勉尽责:证券律师职责的定量边界
五、结语:证券律师制度的展望

摘　要:丹东欣泰电气股份有限公司作为"欺诈发行退市第一股",引发了一系列机构提起的证券行政诉讼,其中北京市东易律师事务所诉中国证券监督管理委员会案被视为首个关于证券律师职责边界的案件,将证券法实务中"勤勉尽责""注意义务"的认定推向风口浪尖。该案一审的审判结果为驳回北京市东易律师事务所的诉讼请求,北京市东易律师事务所及签字律师已就一审判决提起上诉,目前案件尚处于二审审理阶段。同时,对于相关问题的讨论仍在继

* 李俊琪,清华大学法学院2018级硕士研究生在读。

续。本文从北京市东易律师事务所诉证监会一案出发,首先探讨了证券律师同时具有“代理人”和“看门人”双重属性的特色,并将中美证券律师制度进行对比。随后讨论了证券律师职责的定性边界和定量边界。前者主要讨论哪些应归责于证券律师,后者则主要探讨证券律师履行职责的认定标准,应当履行“一般注意义务”还是“特别注意义务”,并借助刑法学中的风险升高理论进行类比分析。最后对我国证券律师制度提出一些展望。

关键词:证券律师;勤勉尽责;职责边界

一、案件争议回顾

丹东欣泰电气股份有限公司(以下简称欣泰电气)因涉及财务造假、证券欺诈被强制退市,被视为中国资本市场欺诈发行退市第一案。根据公开信息,2011年11月,欣泰电气向中国证券监督管理委员会(以下简称证监会)提交IPO申请。2012年7月3日通过创业板发审会审核。2014年1月3日,欣泰电气取得证监会核准发行的批复。2014年1月27日,欣泰电气成功登陆创业板。

欣泰电气在上市后持续受到监管部门的关注。2015年6月11日,证监会辽宁监管局向欣泰电气下发了“责令改正决定”和“警示函措施的决定”,其中涉及信息披露违规问题。警示函中提到公司募集资金使用披露不准确,包括2014年年报与2014年募集资金存放与使用鉴定报告中的募集资金存放与使用情况、募集资金银行账号等披露不正确或不完整、募集资金投入进度披露不准确等问题。2015年7月14日,欣泰电气因涉嫌信息披露违法违规,被证监会正式立案调查。2016年6月1日,证监会调查完毕,并于7月5日对欣泰电气及其责任人作出行政处罚。欣泰电气不服,向证监会申请行政复议;复议申请被驳回后,又向北京市第一中级人民法院提起行政诉讼。2017年5月4日,该院一审宣判,认定欣泰电气及原董事胡某相关违法行为成立,证监会作出的行政处罚并无不当,驳回欣泰电气相关诉讼请求。

在证监会处罚上市公司的同时,对上市公司实际控制人、董事、相关职能负责人员也进行了处罚。[1]同时对欣泰电气IPO中介机构保荐机构和主承销商兴

---

〔1〕 参见中国证监会行政处罚决定书(丹东欣泰电气股份有限公司、温德乙、刘明胜等18名责任人员),〔2016〕84号。

业证券股份有限公司(以下简称兴业证券)、[2]财务报表审计机构北京兴华会计师事务所、[3]法律服务机构北京市东易律师事务所[4](以下简称东易所)作出行政处罚。

在诉讼方面,兴业证券以将欣泰电气、北京兴华会计师事务所及直接主管人员、东易所及直接主管人员、欣泰电气相关责任人、欣泰电气控股股东辽宁欣泰股份有限公司诉至法院;除此之外,投资者纷纷起诉欣泰电气、兴业证券(有部分将北京兴华会计师事务所列为共同被告)。

可以看出欣泰电气案各方主体之间的纠纷错综复杂,其中东易所诉证监会于2018年3月15日开庭审理,东易所诉请确认律师以达到勤勉义务认定标准。最终北京市第一中级人民法院于2018年6月28日公开宣判驳回东易所的诉讼请求。[5]这也是我国首例律师事务所请求认定"勤勉尽责"标准的案件,具有里程碑的意义。

在东易所诉证监会的请求[6]中,核心主张如下:

"第一,律师事务所不具有对审计报告进行财务核查的义务,东易所依据会计师事务所出具的《审计报告》发表法律意见,符合法律规定和行业惯例,已经尽到了勤勉尽责。

第二,东易所在欣泰电气业务中,依法履行了核验、讨论、复核义务,虽然工作底稿确实存在未加盖律师事务所印章、访谈笔录律师未签字等情形,但仅属工作瑕疵,不应予以处罚。"

上述诉求的核心皆根源于证券律师的双重属性——证券律师一方面接受发行人委托,为发行人提供法律服务;另一方面作为资本市场的"看门人",具有对社会公众的责任。"公""私"兼备的属性成为证券律师现有处境的问题来源,本

[2] 参见中国证监会行政处罚决定书(兴业证券股份有限公司、兰翔、伍文祥),[2016]91号。

[3] 参见中国证监会行政处罚决定书(北京兴华会计师事务所、王全洲、杨轶辉等4名责任人员),[2016]92号。

[4] 参见中国证监会行政处罚决定书(北京市东易律师事务所、郭立军、陈燕殊),[2017]70号。

[5] 参见北京法院网:http://bjgy.chinacourt.gov.cn/article/detail/2018/06/id/3375817.shtml,最后访问日期:2020年4月30日。

[6] 参见北京法院网:http://bjgy.chinacourt.gov.cn/article/detail/2018/03/id/3231430.shtml,最后访问日期:2020年4月30日。

文将在第二部分进行论述。对于东易所提出的第一点，涉及 IPO 中保荐机构、会计师事务所、律师事务所等中介机构的责任分配问题，核心问题为证券律师进行工作的定性边界，哪些文件需要审查？哪些文件不需要审查？本文将在第三部分进行详细论述；对于东易所提出的第二点则是关于“勤勉尽责”的定量边界，针对一份文件的审查，证券律师需要做到何种程度才能被视为尽责？本文将在第四部分进行认定。

二、证券律师的双重属性

律师职业能够有效运行的前提之一便是律师拥有良好的声誉，并且律师珍将其视为自身重要的无形资产。传统理论认为，律师在执业过程中通过提供法律服务可以积累大量的声誉资本。这些声誉资本是律师今后获取工作机会的重要因素。声誉资本越高，则其做出虚假披露的成本就越高，因而冒险进行欺诈活动的动机就越低。

证券律师作为特殊的律师群体，在证券市场处于严重的信息不对称的大背景下，更加重视自身的声誉效应。一方面，投资者无法获知企业内部的实际运营情况，也无法了解企业的盈利能力。另一方面，对于企业发行的有价证券是否真实代表该企业的投资价值也无法判断。在面对如此信息不对称的问题，投资者通常只能依赖于外部途径——强制披露。证券律师、会计师等中介机构为企业提供上市服务时获知大量内部信息，因而自然而然地相对投资者占据信息优势。对于投资者来说，他们也需要一个相对中立的第三方来审核和评估拟上市企业，以尽量减少信息不对称造成的投资失误。

（一）“代理人”与“看门人”

理论上，律师基于委托—代理关系，作为受托人为委托人提供法律服务。证券律师也不例外，与其他律师一样由客户雇佣，其收入亦由委托人支付，因此应当认定在大多数场景下证券律师的利益与客户利益一致，因此律师的代理人身份是最本质的部分。

但同时由于前文所述证券市场的特殊性，律师出具的法律意见书面向公众，是信息披露主体进行信息披露的重要文件，证券律师在一定程度上扮演着“看门人”的角色。最高人民法院在行政裁定书中也指出，证券市场的投融资活动高度依赖真实、准确、完整的信息披露。中介机构以其专业知识依法为证券发行提供客观公正的服务,履行社会公正、社会监督的职能,为证券发行活动的顺利进行起到促进和保障作用。律师尽职调查后出具的法律意见书不仅是委托人确认相关事项是否合法的重要依据,也是市场主体信息披露的重要文件,是投资者进行投资判断和监管部门进行监管的重要依据。作为出具法律意见书的律师事务所和律师,其执业质量直接涉及公众利益,对资本市场健康发展具有至关重要的作用。

(二)“代理人”本质的重申

1. 我国证券律师画像

如今证监会对律师的官方定位是“看门人”。拟上市公司提交律师出具的法律意见书作为政府审批上市申请材料的依据。目的是将企业法律状况的审查任务以及企业法律状况的合法合规性评价进行前移,在没有进入政府审查程序之前,就要求企业进行自我审查。这种做法在客观上将一些审查职责转移给了律师,并且可以减轻政府的审批工作程序。因此,律师并不是单纯的市场中介机构,更多的是需要发挥监管职能。这导致我国的证券律师同质化严重,产生越来越激烈的竞争,出现了“劣币驱逐良币”的现象——在提供的服务差不多的情况下,核心目的均为体现“看门人”职责,使得证券律师在IPO大环境下的地位降低,越来越多的律师不愿意从事证券业务。因此,我国证券律师迫切的任务就是回归代理人角色,通过“声誉中介”的功能,获得独立的证券律师声誉。〔7〕

2. 美国经验的借鉴

与我国一开始由证监会和司法部主导的证券律师制度不同,美国的律师制度历史更加悠久,也更加市场化,核心为“代理人”角色。受“忠实于客户”的原则影响,初期的证券律师不仅没有义务将委托人的秘密公布于众,相反,律师有权利保持沉默。〔8〕在证券律师领域,美国证券律师的法定工作内容是就简单的法律问题出具法律意见,如公司是否合法注册、本次发行是否已获得授权等。此

〔7〕 参见郭雳:《中国证券律师:探索与梦想》,载《中国律师》2013年第5期。

〔8〕 参见耿利航:《中国证券市场中介机构的作用与约束机制》,法律出版社2011年版,第54~57页。

类意见为证券发行的必备文件。[9] 除此之外,大量非法律强制要求的工作是证券律师通过尽职调查发现各项法律风险,并将法律风险以法律意见书的形式向承销商披露。为完成合规要求及免除责任,承销商和发行人主动聘用律师要求完成此类工作。此种工作模式对律师而言,由于完成基本法律问题即可,因此其造假的动机大大降低。

随着《萨班斯—奥克斯利法案》的出台,美国在加强证券律师的"看门人"角色,并试图塑造和强化这一特定角色。但是尽管对律师承担"守门人"职责的呼声愈演愈烈,美国证券交易委员会(SEC)也仅仅是强化了律师的社会责任,并未将其完全纳入政府监管的范畴。

三、职责分配:证券律师职责的定性边界

中介机构在资本市场中扮演着重要的角色,源于其能够减少市场各主体之间信息不对称的程度,即体现"看门人机制"的核心功能。在欣泰电气案中,东易所提出"律师事务所不具有对审计报告进行财务核查的义务"的观点,对于此问题首先应当讨论中介机构职责来源。

(一)中介机构职责来源

中介机构在 IPO 中发挥重要作用,源于其能够减少市场各主体之间信息不对称的程度,即体现"看门人机制"的核心功能。"看门人机制"指向的是证券公司、会计师事务所、律师事务所、资产评估机构、信用评级机构等中介机构。它们凭借专业知识,分别对发行人的各项情况及其提供的信息开展调查和审核,发表专家意见,从而以自身声誉为担保向投资者保证发行证券的品质,使投资者少受虚假、错误信息的诱导。但由于中介机构的委托责任来自发行人,报酬也来自后者,为了平衡委托人与公众、监管者之间的利益,各证券市场纷纷对中介机构施加外部职责规范并课以相应的责任。

除此之外,中介机构的存在降低了市场整体的成本——一方面监管者可以通过中介机构所披露的信息对申请上市公司的发行人进行全面、真实的了解,另一方面投资者可以通过中介机构完成对公司的价值判断。

---

〔9〕 参见胡睿超:《美国证券律师的角色、监管及启示》,载《政法学刊》2019 年第 2 期。

我国现阶段实行的制度为保荐制度，即保荐机构（在我国资本市场中一般也为主承销商）对整个IPO过程进行主导，证券公司成为资本市场的“超级中介”。而在三大中介机构参与证券活动的程度来看，证券律师在项目中的内容最为薄弱——证券公司不仅在证券的发行中起到很大的作用，还在发行人成功上市后进行持续督导；会计师也需对公司的持续信息披露中的定期报告中的财务报告进行审计；相比之下，律师在后续并不参与上市公司的后续辅助治理，更多情况仅对本次发行提供法律服务。

（二）以专业为基础的职责分配

中介机构应当在各自职责范围内发表独立的专业意见，对各自部分承担相应的法律责任。《证券发行上市保荐业务管理办法》规定，对发行人申请文件、证券发行募集文件中有证券服务机构及其签字人员出具专业意见的内容，保荐机构应当结合尽职调查过程中获得的信息对其进行审慎核查；无专业意见支持时，保荐机构应当获得充分的尽职调查证据。[10]与之类似，《证券律师管理办法》要求律师在出具法律意见时，对与法律相关的义务事项应当履行法律专业人士的特别注意义务，对其他业务事项履行普通人的一般注意义务。[11]基于此，可以归纳为中介机构对于自身肩负的职责应尽特别注意义务，做到充分的尽职调查；对于其他机构已出具专业意见的事项应尽一般注意义务，进行审慎核查。

1.基础：连带责任

从欣泰电气案来看，投资者提起的民事诉讼中，一般将发行人欣泰电气和保荐人兴业证券同时列为被告，或者单诉兴业证券，只有个别案件中将北京兴华会计师事务所列为被告。2017年6月9日兴业证券发布公告宣布成立“欣泰电气欺诈发行先行赔付专项基金”用于先行赔付投资者损失。这不仅是出于《证券法》所规定的“连带责任”，也是保荐机构在面对“IPO造假”这一对自身名声有巨大负面影响的情况下，为了维护自身名誉的市场化选择。在欣泰电气案曝出后，根据2014年《证券法》第69条，公司承担该连带赔偿责任有两种方式：一是依司法判决履行赔偿责任，即欣泰电气相关投资者通过向法院起诉，要求相关责

---

〔10〕《证券发行上市保荐业务管理办法》第29条、第30条。

〔11〕《律师事务所从事证券法律业务管理办法》第14条。

任主体赔偿投资者因虚假陈述而受到的损失，各连带责任方按照司法判决的责任划分结果履行法定义务；二是主动先行赔付，即搁置复杂的责任认定和划分等问题，主动独家出资设立先行赔付专项基金，先行赔付符合条件投资者的损失，再通过法律手段向其他相关责任方进行追偿。可见，保荐机构被认为财力雄厚，成了民事诉讼中的“理想被告”。这也是我国《证券法》在修订后空前强化对证券公司的控制力，证监会选择“保荐机构作为主导”的环境下所做的必然选择。

从侵权责任角度来看，连带赔偿责任通常适用于共同侵权行为，只有在数个侵权行为人彼此之间具有主观上共同的情况下，才承担连带责任。我国 2014 年《证券法》也确认了连带责任原则，〔12〕规定了过错推定的连带责任。最高人民法院发布的《关于审理证券市场因虚假陈述引发的民事赔偿案件的若干规定》延续了 2014 年《证券法》所规定的连带责任，甚至对 2014 年《证券法》第 173 条所规定的连带责任进行了扩张：中介机构“知道或者应当知道发行人或者上市公司虚假陈述，而不予纠正或者不出具保留意见的，构成共同侵权，对投资人的损失承担连带责任”〔13〕——在未区分中介机构是否具有共同主观过错的情况下即认定为共同侵权，违背了侵权法的精神。除此之外，负有法律上的注意义务是对过失行为承担侵权责任的第一要件，但在我国关于证券服务机构承担侵权责任的司法实践中，证监会总可以找到不完善之处，因此法官一旦确认存在注意义务，证券服务机构就难以逃脱赔偿之责——注意义务不再是侵权责任的前提，而是结果。

通过上述分析，虽然连带责任能都最大限度上保护投资者，但可能在证券服务机构之间造成过错与责任不匹配的情况。在我国目前的情况下，严格的连带责任制度有利于证券市场更健全地发展。但对于共同侵权的责任认定应当明晰，尤其是律师事务所作为连带责任的主体，应当区分其与其他证券服务机构的主体的责任。在下一节将重点探讨专业领域内的法律责任。

---

〔12〕 2014 年《证券法》第 173 条规定：“证券服务机构为证券的发行、上市、交易等证券业务活动制作、出具审计报告、资产评估报告、财务顾问报告、资信评级报告或者法律意见书等文件，应当勤勉尽责，对所依据的文件资料内容的真实性、准确性、完整性进行核查和验证。其制作、出具的文件有虚假记载、误导性陈述或者重大遗漏，给他人造成损失的，应当与发行人、上市公司承担连带赔偿责任，但是能够证明自己没有过错的除外。”

〔13〕 《关于审理证券市场因虚假陈述引发的民事赔偿案件的若干规定》第 27 条。

2. 发展:专业责任

在欣泰电气案中,东易所诉证监会的一个核心问题是“引用其他专家的责任认定”,主张“律师事务所不具有对审计报告进行财务核查的义务,东易所依据会计师事务所出具的《审计报告》发表法律意见,符合法律规定和行业惯例,已经尽到了勤勉尽责”。法院则认定“在IPO过程中,律师事务所承担的工作是进行法律尽调……由于法律尽调是从法律风险的角度对公司整体情况进行评估,因此对于与公司经营相关的重要事项,律师事务所均应当予以充分关注并进行审慎查验。公司的财务状况无疑是律师事务所在进行尽调过程中必须包含的内容,而且应当作为查验的重点事项。在法律尽调的过程中,律师事务所应当在合法的范围内,充分利用各种方法对包括公司财务状况在内的公司整体情况展开全面调查,并在综合分析所有材料的基础上,从法律风险评估的角度出具意见。法律尽调与商业尽调、财务尽调的主要区别在于各自评估的角度不同,各中介机构对自己出具的报告均应独立承担责任,既非相互监督的关系,也不能以其他中介机构出具的报告作为免除自己尽调责任的依据。”〔14〕

对于此笔者对法院的判决存在一定质疑,法院首先认定“律师事务所的工作是通过法律尽调从法律风险的角度对公司整体情况进行评估”,但同时声称“公司的财务状况无疑是律师事务所在尽调过程中所必须包含的内容”并利用各种方法对公司财务状况进行全面调查,得出律师对财务报告承担责任的结论,中间没有阐述清楚财务报告为何也属于律师执业领域(属于评估法律风险应考虑的范围)。服务机构、执业人员只有在其从业范围内才拥有专业人士身份,在别的领域就只是普通人士。更进一步地,专业人士只对其在从业范围内作出的专业判断或发表的专业意见才负责任。专业人士身份与专业范围内意见,二者缺一不可。问题随之而来,什么是法律角度对财务问题的风险评估?法律角度与财务角度有何不同?在提供服务过程中,律师对法律事项和非法律事项的注意义务有无不同?如有,界限应如何划定?显然北京市第一中级人民法院的判决对此问题没有正面回复。

---

〔14〕 参见北京法院网:http://bjgy.chinacourt.gov.cn/article/detail/2018/06/id/3375817.shtml,最后访问日期:2020年4月30日。

笔者认为，专业意见是基于专业能力所出具的意见。类似于会计师对公司财务报表出具的审计报告基于财务知识及会计准则，律师对特定法律事项出具的法律意见亦基于其对需要发表意见的事项在法律上的认定及对法律、行政法规、规章的理解。专业性同时意味着有限性，职责的限度性也是职责专业化的重要体现。将中介机构的职责限定性地限缩进一个专业领域范围，既是对专业职责的明晰，也能起到中介机构避免被不科学地连带的效果。

证券律师的职责一是出于证券律师的专业性水平主要存在于法律层面尤其是证券法律和公司法律，对一些其他文件如财务报告、资产评估报告中的计算方法没有鉴别能力；二是也不符合成本效益（率）原则，但与法律事项相关、能提供重要线索或与其他证据材料相互印证的除外。如果所有相关的机构均要负责，慢慢就会出现一个大型的中介机构负责所有的中介工作（目前的券商投行即有这种趋势），这是对整个生态的巨大破坏。

3. 证券律师应当复核会计师报告吗？

在IPO实践中，证券律师就与财务有关的法律事项发表意见一般会取得会计师出具的审计报告、验资报告，并根据上述报告的结论性意见发表法律意见，一般并不会复核具体的会计科目，也不会抽查相关的会计凭证和原始凭证。根据相关执业准则，律师核查范围与应收、应付账款有关的内容主要包括重大债权、债务和重大诉讼、仲裁两项。重大债权、债务涉及应收、应付账款和其他应收、应付会计科目，重大诉讼、仲裁则涉及预计负债科目、资产减值准备科目。但法律上的债权、债务与会计上的应收、应付科目不仅概念不一致，披露的标准也不一致。比如，法律上的债权是指债权人要求债务人为或不为一定行为的权利，[15]而会计上的应收账款核算企业因销售商品、提供劳务等经营活动应收取的款项。[16]应收账款按账龄和客户披露，而重大债权一般按标的金额标准按合同披露。也就是说，会计上的应收账款科目一般只对应重大金钱债权，并不一一对应。可见，单从律师的工作范围判断，律师是无法评价财务报表及具体会计科目是否存在整体错报或重大错报风险的，要求律师以一般人的注意义务发现经

〔15〕 参见梁慧星：《民法总论》（第5版），法律出版社2017年版。

〔16〕 参见姚荣辉、陈红：《会计学》，清华大学出版社2018年版。

有资质的会计师审计都未发现的财务数据错误超出了其专业和能力范围。关于注意义务的论述在第四部分会详细论述。

4. 再看 *Escott v. Barchris* 案

Barchris 是一家主要从事保龄球道建设、安装的公司，因为在发行债券时涉嫌财务造假，随后遭到投资人起诉。本案中的格兰特既是发行人的董事，也是发行人聘请的证券律师。虽然他最终系因为董事而非律师的身份被追究责任，但判决中对财务责任的划分值得我们借鉴。格兰特辩称其没有义务对客户提供的数据进行独立的审计。法官认为注册文件中的有些错误是不需要通过审计便能发现的，关键是要为了发现这些错误做出努力——合理调查。"这完全是一个程度问题，要求律师审计显然是不合理的，但要求对容易检查的事情进行检查是合理的。"[17]

总结来看，*Escott v. Barchris* 案[18]确立的原则是"允许律师对专家化的信息合理信赖，但应当对容易核查的事情进行核查"。这也意味着律师应当对其他中介机构的文件的合理复核承担举证责任。由于公司虚假披露信息的原因是很复杂的，其中有些可归责于律师，但也有些与律师无关，不能归责于律师的。例如律师有权利信赖委托人提供的公司的财务信息，而这些财务信息往往来自公司的会计师。律师可能出于保护公司利益方面的考虑，也可能是由于过失或者自身能力方面的原因，对公司披露的信息发生虚假陈述事件，但如果让律师承担责任，那么过于严苛，且不会提高律师信息核查的积极性。因此允许律师合理信赖其他专家的意见具有合理性。

四、勤勉尽责：证券律师职责的定量边界

勤勉尽责义务起源于罗马法，[19]经由历史变迁得以在法律与生活中获得广

---

〔17〕 参见朱锦清：《证券法学》，北京大学出版社2011年第3版，第185～188页。

〔18〕 Escott v. BarChris Const. Corp. ,283 F. Supp. 643(S. D. N. Y. 1968).

〔19〕 参见陈承、高炳巡：《法律尽职调查中律师勤勉尽责义务界定探析》，载《哈尔滨大学学报》2015年第7期。

泛的运用。我国《证券法》首先在第 173 条规定了勤勉尽责义务,[20]规定勤勉尽责属于证券服务机构应履行的义务。在证监会和司法部联合颁布的《律师事务所证券法律业务执业规则(试行)》(以下简称《执业规则》)中对“勤勉尽责”同样进行了规定,并同时出现在“法律意见书”和“工作底稿”两章节中,表明律师不仅要对最终出品的法律意见书、律师工作报告尽勤勉尽责义务,同时也应在工作底稿中予以体现。双重强调是对证券律师工作的严格要求。

王倩[21]通过梳理证券律师行政处罚的案件发现,律师事务所及其律师被认定为“未勤勉尽责”主要表现在七方面:一是未依照规定编制核查和验证计划;二是未合理运用查验方法,查验程序履行不完整;三是未充分履行特别注意义务;四是未充分履行一般注意义务;五是法律意见书存在实质瑕疵;六是法律意见书存在形式瑕疵;七是未有效实施质量控制程序。[22]

在东易所诉证监会案中,东易所提出申辩的理由之一便是证券律师在制作法律意见书过程中的程序瑕疵,不能构成对他们进行处罚的依据,即对证监会对东易所“未勤勉尽责”一部分归责于律师的工作瑕疵提出抗辩。律师的工作瑕疵主要涉及工作底稿、尽职调查过程存在问题等程序瑕疵。一种为律师在尽职调查的过程中主动进行造假,而更加常见的情况是律师未按照《执业规则》的要求进行法律尽职调查和工作底稿的制作。而上述两种情况都指向同一个问题,即证券律师对于发行人的相关资料进行合法性审查的定量边界如何?这关乎 2014 年《证券法》第 223 条所规定的“重大遗漏”应该如何认定?

(一)勤勉尽责与注意义务

如上文所述,关于勤勉尽责的认定主要体现于尽职调查的工作底稿,并通过法律意见书得以体现,仅有证券律师出具的法律意见书存在不实意见时才会被

---

[20] 2014 年《证券法》第 173 条规定:“证券服务机构为证券的发行、上市、交易等证券业务活动制作、出具审计报告、资产评估报告、财务顾问报告、资信评级报告或者法律意见书等文件,应当勤勉尽责,对所依据的文件资料内容的真实性、准确性、完整性进行核查和验证。其制作、出具的文件有虚假记载、误导性陈述或者重大遗漏,给他人造成损失的,应当与发行人、上市公司承担连带赔偿责任,但是能够证明自己没有过错的除外。”

[21] 证监会山东监管局职员。

[22] 参见王倩:《证券律师勤勉尽责之实务分析——基于我国证券律师违法违规案例》,载《证券法苑》2017 年第 21 卷第 3 期,第 145~160 页。

证监会关注。由于我国证券律师承担责任的为过错责任。因此证监会的目标即找到在尽职调查中未勤勉尽责且其出具的法律意见书存在不实意见的律师,而律师对此的抗辩理由多为其已尽勤勉尽责的义务。〔23〕因此,对于勤勉尽责的定量认定成为问题之关键。

首先,只要律师在主观上故意实施了造假行为,包括对结论的造假和对尽职调查过程的造假,便可认定律师没有勤勉尽职,直接归责。由于此类律师行为属于低级错误,认定标准比较清楚,目前很少有律师会故意实施。

其次,如果法律意见书存在不实意见,并且律师不是故意造假,则需判断律师是否履行应尽的注意义务。该注意义务包括一般注意义务和专业注意义务。《律师事务所从事证券法律业务管理办法》(以下简称《证券律师管理办法》)第14条规定:"律师在出具法律意见时,对与法律相关的业务事项应当履行法律专业人士特别的注意义务,对其他业务事项履行普通人一般的注意义务,其制作、出具的文件不得有虚假记载、误导性陈述或者重大遗漏。"该条文包含两层含义:第一层是区分律师证券业务中的"法律相关的业务"和"其他业务";第二层意思是对于前者适用专业注意义务,而对于后者则适用一般注意义务。

1. 一般注意义务

大多数业务事项的划分是较为明确的,可以依据逻辑和经验作出判断。例如公司的历次工商变更的合法性、股东会决议的合法性等都属于与法律相关的事项。律师接受客户公司委托,对客户公司进行合法性审查,那么来自客户公司的资料自然应该关注,即使是来自其他中介机构的资料,也是与公司事项紧密相关,律师也应当尽到审查义务。此外,若是有存在矛盾的文件,则表明材料存在真实性风险,律师作为专业人士更应当对此予以关注。以客户公司的财务问题为例,《公开发行证券公司信息披露的编报规则第12号》(以下简称《12号规则》)第24条第3款要求证券律师对发行人是否符合发行上市的实质条件明确发表结论性意见,而《证券法》规定的实质条件中包括财务会计文件没有虚假记载。因此,证券律师当然有职责关注公司的财务问题,需要审核来自会计师的文

〔23〕参见程金华、叶乔:《中国证券律师行政处罚研究——以"勤勉尽责"为核心》,载《证券法苑》2017年第23卷第5期。

件资料。其实,律师的职责是为客户公司进行合法性审查,而合法性涉及客户公司的方方面面,自然也包括其他中介机构文件资料中的内容,所以证券律师对其他中介机构的文件资料需要承担起一定的审核责任。问题是,此时的审核属于法律事项还是其他事项?换言之,对其他中介机构文件资料的审核,需要承担何种注意义务?这也是东易所诉证监会案的核心。

2. 特别注意义务

法律专业人士的特别注意义务和普通人的一般注意义务相比,前者注意标准更高、更难以实现,意味着证券律师对于与法律相关的事项需要做更多的工作、尽更大的努力。然而,"法律专业人士"的专业标准究竟是一种多高的标准?过低的专业标准无疑会虚化证券律师的责任,而过高的专业标准亦不利于中国法律服务市场的健康发展,因此探讨"专业人士"责任的标准颇具现实意义。

首先,律师作为"法律专业人士",从有利于证券市场发展的角度来看,律师提供的法律服务专业水平当然越高越好。但是,如果一定要给证券律师的服务质量划定一个标准,那么这个专业标准不宜设定过高,此时的标准应该是一条"合格线"而不是"优秀线"。消费者在购买商品时,虽然期待该商品的质量越高越好,但是最理性的要求应是该商品达到市场中同类商品的平均水平,只要达到了平均水平即可接受,剩下的交给理性消费者去衡量质量与价格的关系。同理,律师提供法律服务,也不能强制要求超出行业平均水平。如果设置过高的标准,则大概率会出现"劣币驱逐良币"的现象。

其次,"法律专业人士"的标准应当是一种平均水平的标准。"法律专业人士"是从法律工作者中抽象出的一般人,它应当代表着法律领域从业人员的一般水准,是一个平均水平的概念,不同于"法律专家",只有"法律专业人士"中水平最高的部分人才能称为"法律专家"。所以,"法律专家"一定都是"法律专业人士",但是"法律专业人士"未必属于"法律专家"。"专业注意义务"低于一个行业中最优秀的专业人士(或者说"专家"),但显然高于那些新近加入行业者的水平。从应然层面看,使证券律师保持行业平均技能水平才是最合理的要求。

最后,证券律师在处理与法律相关的事项时需要根据具体情况做出各种职业判断。在考察律师的职业判断是否合理时,应当结合证券律师执业时的实际情况予以考量,而不是一味苛求。而且,对于职业判断的事项,无论是监管者还是司法机关，其实不应过多评价，否则容易遭受"事后诸葛亮"的诟病。美国董事履行职责时受"商业判断规则"保护，即除非原告能举出反证，否则推定董事在履行职责时是勤勉尽责地为公司利益行事。对证券律师在具体情形下做出的职业判断可以适用类似规则保护。除非有充分的证据表明证券律师在具体情形下未尽到法律行业平均水平的注意义务，否则应推定其已经尽到了职责。对于证券律师在执业过程中所展现的只是平均的行业水平或者说中等业务水平，没有出具理想的法律意见，不能成为未勤勉尽责的处罚事由。

综上所述，证券律师在审核具体文件时，对于与法律无关的事项，包括来自其他中介机构的文件资料，应尽到普通人的注意义务；对于律师能依据法律发表法律意见的事项则应尽到特殊注意义务。

（二）从风险升高理论看程序瑕疵

风险升高理论（Risikoerhöhungstheorie）是刑法学中客观归责理论的观点之一，主要观点为：如果行为人即便遵守注意义务，损害结果仍然有可能出现，那么只要违反注意规范的举止显著提升了法益损害结果发生的危险，便实现了法所不容许的风险，结果就能归责于行为人。〔24〕 风险升高理论的核心逻辑与证券领域内的专业归责有共通之处，如果中介机构（律师事务所）遵守注意义务，证券欺诈发行仍然有可能出现，如果违反注意义务的举止显著地提升证券欺诈发生的概率，换句话说，律师的工作没有显著地阻碍证券欺诈发行的发生可能性，便实现了法律所不允许的风险，就能将证券欺诈发行的责任归于中介机构（律师事务所）。

风险升高理论诞生的初衷就是解决犯罪中行为与结果的因果关系认定。在律师责任的认定中也可以具有相当的参考价值。可以考虑这样一种情况，将律师在工作中的瑕疵考虑为将风险升高的一个风险点，并据此来判断。在此程序瑕疵出现的前提下，如果律师此行为显著提高了证券欺诈出现的可能性，最终仍然出现证券欺诈，那么应当认定律师对此应当承担责任；如果律师的行为对整个欺诈行为不能显著提高风险，则不应当认定其责任归属。结合东易案，东易所工作底稿未加盖公章、律师的访谈笔录未签名的事由，应当视为程序瑕疵，并未实

---

〔24〕 参见张明楷：《刑法学（上）》（第5版），法律出版社2016年版，第178～182页。

质性升高财务造假的风险。即使东易所对此加盖公章,在访谈笔录上签名,其所能发现证券欺诈的可能性并未显著降低。

因此从风险升高理论来看,东易所工作底稿的瑕疵行为不应作为法院认定“勤勉尽责”的依据,从而影响证券律师的责任认定。

五、结语:证券律师制度的展望

无论是中国还是美国,证券律师需要承担社会责任是业界内的共识,但是应当明确的是服务于客户才是证券律师的本质属性,否则证券律师作为律师的职业伦理将难以立足。为此,证监会应当逐步放下“政府监管的延伸”的角色定位,将市场的决定权还给市场。需要从以下三点进行完善。

(一)划定中介机构的职责边界

正如前文所述,职责与注意义务相关。当前主要是《证券律师管理办法》第14条对证券律师注意义务进行了规定,即法律专业人士的特别注意义务和普通人的一般注意义务之分。根据业务事项的种类关系到不同的注意义务,因此笔者认为监管者应当细化业务事项的划分,尤其应当明确某些交叉事项的划分,以此来明晰不同中介机构的责任边界。根据资本市场中的分工与合作要求,确立各个中介机构的审核调查范围,将财务事项的责任划归会计师,将资产评估事项划归资产评估师,律师对这些交叉事项只有普通人的注意义务。甚至明确对中介机构的免责条款,明确对于其他中介机构出具专业意见的资料,在何种情况下律师可以免于承担责任。

(二)提高证券律师地位,取消券商对律师的建议更换权

现有的《证券发行上市保荐业务管理办法》对保荐机构更换律师事务所的建议权进行了规定。[25]虽然本条明确要求只有在掌握充分理由的基础上方可行使建议更换权,但是仍然会对证券律师的独立性产生很大的影响,不能排除券商滥用该项权力,成为其与会计师、律师等专业人士谈判的筹码。从实践来看,会计师与律师往往倾向于较为保守的方案,而券商则较为激进,券商的这一特权,

---

〔25〕《证券发行上市保荐业务管理办法》第54条第2款规定,当保荐机构有充分理由认为发行人聘用的会计师事务所、律师事务所等证券服务机构的专业能力有明显缺陷,可以向发行人建议更换。

无形之中为券商说服其他证券服务机构增加了筹码。

(三)行政责任转向民事责任

应该谦抑地使用公法(刑法和行政法)的责任追究,而更多地把追究证券律师责任的动机、途径留给投资者自行决定,同时配合大力发展民事诉讼机制,探索代表人诉讼制度在证券法领域内的应用。

(编辑:沈朝晖)

《清华金融法律评论》
第3卷第2辑
第239～257页

瑞华诉证监会案争点解析

——与日本比较

朱宝玲*

目　次

一、瑞华证监会案中争点问题解析
二、日本相关法律及金融厅类似案件处罚考量
三、中日相关法律和本文列举行政处罚对比简析

摘　要：公正、透明、可信赖的资本市场的形成，离不开及时、完整、真实的信息披露。承担发行机构审计业务的会计事务所在解决信息不对称问题、推动实现资本市场健全发展中扮演重要角色。中国证券监督管理委员会针对审计机构的监管机制，关系到信息披露乃至整个资本市场的信用问题。本文简析中国证券监督管理委员会对瑞华会计师事务所实施的行政处罚内容，并比较日本相关实例，简析日本金融厅的相关行政罚的处罚逻辑、处罚考量和依据法律。日本金融厅对会计师行政罚的处罚逻辑等对中国证券市场会计师的行政处罚有一定的借鉴意义。

关键词：会计师事务所；中国证券监督管理委员会；行政处罚；勤勉尽责

* 朱宝玲，天津财经大学法学院副教授。

确保资本市场的公正性、透明度〔1〕是保护投资者的前提。会计师事务所作为证券服务机构之一，是确保信息披露真实、完整、及时，解决信息不对称问题的一道屏障，在实现资本市场透明公正推动其健全发展中扮演重要角色。对会计事务所的监管恰当与否，关系到发行机构的财务信息披露质的问题。中国证券监督管理委员会(以下简称证监会)作为我国资本市场的行政监管机构，〔2〕其职权行使的应然效果是：确保市场参与者遵守规则，让市场公正透明，从而形成有信用的市场。从近年来证监会执法状况看，行政处罚件数和行政处罚力度都显著增加，但被提起行政诉讼的甚少。近期比较著名的是顾雏军诉证监会案和瑞华会计师事务所(以下简称瑞华)诉证监会案。

本文不讨论行政诉讼的程序性问题，仅着眼瑞华与证监会的争议焦点事项，提出相关法律的适用问题，并对比日本金融厅对同类事案行政处罚认定依据规则和处分逻辑、处罚力度，加以比较分析。〔3〕

一、瑞华证监会案中争点问题解析

瑞华分别在2016年12月、2017年1月、2018年12月，被以在执行审计业务过程中未能勤勉尽责为由，受到证监会的行政处罚[证监会深圳监管局行政处罚决定书(2016)8号、证监会行政处罚决定书(2017)1号、监会发行政处罚决定书〔2018〕126号文]。〔4〕以〔2018〕126号为例，证监会的认定标准依据是注册会计师协会制定的《中国注册会计师审计准则》(以下简称《审计准则》)。〔5〕证

---

〔1〕 所谓“公正透明的市场”，理论上其构成要素包括上市企业依法全面及时的信息披露、市场中介机构中立的业务活动、所有的市场参与者严格自律、专业即时的监督机制。公正透明的资本市场是资本市场的健全发展的基础，健全的资本市场是确保国民经济持续发展的基础。

〔2〕 证监会对证券服务机构的监管职权的法律依据是2014年《证券法》第179条第3项本文所提及的《证券法》均指2014年修正的《证券法》。

〔3〕 日本的行政诉讼，基本上是以对行政处罚的取消诉讼为核心，取消处罚之诉往往和基于国家赔偿法的损害赔偿请求同时被发起。就注册会计师违法行为的行政处罚由金融厅负责，因此理论上，如果会计师或会计师事务所等对其自身成为行政相对人的行政处罚不能接受诉至法院时，金融厅即成为被告。由于缺乏相关行政诉讼案例资料，本文不就行政诉讼程序问题展开论述，而是就瑞华案中争议焦点的相关事实，对比日本的金融厅的处罚依据和处罚方法展开分析。

〔4〕 载http://www.csrc.gov.cn/pub/zjhpublic/G00306212/201901/t20190103_349208.htm? keywords=。

〔5〕 载http://www.cicpa.org.cn/news/201904/t20190410_51857.html，最后访问日期：2020年4月30日。

监会从四个方面认定瑞华在对华泽钴镍2013年度、2014年度财务报表审计过程中未勤勉尽责,出具了存在虚假记载的审计报告。[6]对此,瑞华及其代理人反驳认为,认定瑞华未勤勉尽责不符合事实,缺乏准则依据。证监会告知书引用的多条准则,特别是关于应当保持职业怀疑态度的要求,皆为原则性条款,没有强制性具体规则依据等。

就证监会对瑞华的行政处罚,笔者认为存在以下问题:第一,就证监会行政处罚的依据标准有三个小问题:(1)《证券法》第223条规定之"未勤勉尽责"的认定标准是什么?(2)《注册会计师法》第21条所称执业准则的范畴是什么?(3)中国会计师协会制定的《审计准则》的性质是什么?是否属于强制性规制?第二,有关《证券法》第223条和《注册会计师法》第21条第2款、第3款的适用问题。第三,比较日本相关案例,证监会针对瑞华的行政处罚的内容程度看,是否在规制防范审计机构开具虚假证明与维护审计机构合法权益之间确保了平衡,即在规制效率和保护被规制对象合法权益之间是否平衡或者说是否妥当。

(一)有关证监会实施处罚的依据

我国《证券法》自1998年实施以来仅修订过四次,现行法合计240条,法律责任有关条款有47条,但能作为追究会计事务所行政责任的直接法律依据的仅有一条[7](第223条"证券服务机构未勤勉尽责,所制作、出具的文件有虚假记

---

[6] 第一,未能实施有效程序对公司舞弊风险进行识别,未直接与公司治理层沟通关于治理层了解公司是否存在舞弊及治理层如何监督管理层对舞弊风险的识别和应对过程等。认定依据是:《中国注册会计师审计准则第1141号——财务报表审计中与舞弊相关的责任》第21条和第22条的规定。第二,未对应收票据余额在审计基准日前后激增又剧减的重大异常情况保持必要的职业怀疑,未能及时识别财务报告的重大错报风险。认定依据是:《中国注册会计师审计准则第1101号——注册会计师的总体目标和审计工作的基本要求》第22条、第28条以及《中国注册会计师审计准则第1141号——财务报表审计中与舞弊相关的责任》第26条的规定。第三,未对询证函回函的异常情况保持应有的关注。认定依据是:《中国注册会计师审计准则第1301号——审计证据》第15条、第23条的规定。第四,瑞华所实施的审计程序不足以获取充分适当的审计证据。认定依据是:《中国注册会计师审计准则第1301号——审计证据》第10条的规定。

[7] 就证券服务机构的法律责任规定仅有一条即2014年《证券法》第223条,第200条是就证券服务机构等的从业人员的法律责任的规定,不是就机构本身的责任规定,其行政处罚方式是撤销相关人员证券从业资格等。2014年《证券法》第223条的责任追究,基于第173条的规定,即投资咨询机构、财务顾问机构、资信评级机构、资产评估机构、会计师事务所等证券服务机构为证券的发行、上市、交易等证券业务活动制作、出具审计报告、资产评估报告、财务顾问报告、资信评级报告或者法律意见书等文件,应当勤勉尽责,对所制作、出具的文件内容的真实性、准确性和完整性进行核查和验证。

载、误导性陈述或者重大遗漏的……”〔8〕)。作为上市企业的审计机构,即《证券法》中所称的证券服务机构之一,会计事务所在出具相关审计报告时,应符合《证券法》规定,从结果上看,其所制作、出具的文件存在“虚假记载”、“误导性陈述”或者是“重大遗漏”(结果要件),且,就此结果的产生“未勤勉尽责”(行为要件),在满足上述结果和行为要件的情况下,依据《证券法》第223条该审计机构应承担相应的法律责任。〔9〕但问题是,什么情况属于“未勤勉尽责”,《证券法》并未具体规定,“未勤勉尽责”的认定标准如何确定?

根据我国《注册会计师法》,注册会计师执行审计业务,必须按照执业准则、规则确定的工作程序出具报告(第21条第1款)。尽管《注册会计师法》中没有明确说明执业准则的制定颁布机构,但没有理由否定注册会计师协会制定的《审计准则》不属于本条中所称的执业准则。从证监会相关处罚文书中可见,证监会的处罚依据正是注册会计师协会制定的《审计准则》,以此作为是否尽到勤勉义务的衡量标准。证监会把《审计准则》的相关规定作为强制性规制规定,本案中以瑞华违反了相关审计准则认定其“未尽勤勉义务”。

但,《注册会计师法》并未明确“执业准则”的制定机构,且《审计准则》是由注册会计师协会制定的,这就让《审计准则》的法律性质可能存在不同的解释(是否是强制性规制)。本案中,瑞华及其代理人就提出证监会告知书引用的多条准则,没有强制性具体规则依据。

因此,在此的问题是,《审计准则》是否属于强制性规制?

---

〔8〕 笔者不同意本案中瑞华及其代理人就披露义务人的相关主张。尽管存在2014年《证券法》第63条规定(发行人、上市公司依法披露的信息,必须真实、准确、完整,不得有虚假记载、误导性陈述或者重大遗漏),但《证券法》第223条规定的“证券服务机构未勤勉尽责,所制作、出具的文件有虚假记载、误导性陈述或者重大遗漏的……”中的“文件”是指会计事务所制作、出具的审计报告等,与第63条所指文件及制作出具者不同。会计事务所作为审计机构,其所制作、出具的审计报告所依据的基础资料来源于企业本身,但会计事务所作为专业机构其有责任对相关资料进行审核确认,这个责任的法律依据是《证券法》第223条,会计事务所需对自身所制作的文书尽到勤勉义务。2005年《证券法》第173条规定,投资咨询机构、财务顾问机构、资信评级机构、资产评估机构、会计师事务所等证券服务机构为证券的发行、上市、交易等证券业务活动制作、出具审计报告、资产评估报告、财务顾问报告、资信评级报告或者法律意见书等文件,应当勤勉尽责,对所制作、出具的文件内容的真实性、准确性和完整性进行核查和验证。2019年《证券法》的相关条文为第163条,与2005年《证券法》第173条内容基本一致。因本案适用2005年《证券法》,故依旧法进行分析。

〔9〕 作为行政相对人受行政处罚承担行政责任,对该上市企业的股东及债权人的民事赔偿责任,符合刑法相关犯罪构成要件的还要承担刑事责任。

要回答这个问题首先要明确《审计准则》制定机构的性质。《审计准则》由中国注册会计师业协会制定，就其性质《注册会计师法》对此并没有明确规定。[10]笔者认为，注册会计师协会与证券业协会等其他自律协会机构之法律性质不同，注册会计师协会实质上等同于行政机构。理由是：第一，注册会计师是国家授予的行业从业资格（依据国家公权力授予的执业资格）。根据《注册会计师法》，加入注册会计师协会尽管不是从事审计业务人员的法定义务（第 9 条），但要以“注册会计师”名义执业，则必须加入该协会（第 12 条、第 33 条），并接受该协会的包括年检在内的监督检查（第 37 条），且只有“注册会计师”制作出具的审计报告才有证明效力（第 14 条第 2 款）。第二，根据《注册会计师法》，注册会计师协会章程必须在相应的各级财政部门备案（第 34 条）。第三，根据《注册会计师法》，中国注册会计师协会依法拟订的注册会计师执业准则、规则，需报经国务院财政部门批准后才得以施行（第 35 条）。且实务中，《审计准则》是经由财政部批准后，并经由财政部公布才得以实施的，程序的外观也可说明其性质。由此可见，注册会计师协会对注册会计师具有法定行政监管权，其性质等同于行政机构。

行政机构制定颁布的规范性文件的性质，不属于私法，属于公法性质（一方当事人是国家机构），具有强制性。就强制性规定和任意性规定的分类源于私法领域，私法立足于自治原则，因此当事人特别约定的从其约定（而不适用相关私法规定），但也存在强制性条款（特约不能改变的规定），比如民法通则和民法总则中有关民事行为能力的规定（因此我们不能擅自在合同中约定对方是否有民事能力），公司法中规定设立公司应依法制定章程（因此不依法制定章程，公司就无法成立）。相对私法，公法则是不容当事人特约改变的，从这种意义上讲公法均属强制性规制。也就是说，行政机构制定颁布的规范性文件属于公法性质，其条款规定原则上都属于强制性规制。

综上，笔者认为《审计准则》属于强制性规制，注册会计师及其事务所有义务遵守《审计准则》开展审计业务，证监会依据《审计准则》对瑞华处罚理论上具

---

〔10〕《注册会计师法》并无明确规定注册会计师的性质，但第 33 条规定注册会计师有加入注册会计师协会的义务。第 34 条规定注册会计师协会章程需报相应的财政部门备案。

有合法性基础。

（二）2014 年《证券法》第 223 条和《注册会计师法》第 21 条第 2 款、第 3 款的适用问题

《证券法》第 223 条的规制对象是证券服务机构（包括会计师事务所），[11]《注册会计师法》的规制对象是注册会计师。有关审计业务，《注册会计师法》列举了注册会计师执行审计业务出具报告时不得有的行为（第 21 条第 2 款、第 3 款），[12]就虚假证明，需主观上存在恶意（明知或应知）才能满足违法要件。但 2014 年《证券法》第 223 条并没有涉及主观问题，客观上未勤勉尽责，且造成虚假证明结果的（所制作、出具的文件有虚假记载、误导性陈述或者重大遗漏的），就成为行政处罚的对象。也就是说，两法就虚假证明的违法要件设置了不同的条件，《证券法》第 223 条的处罚是以机构的虚假证明为前提，仅需满足结果要件（虚假证明的存在），而《注册会计师法》第 21 条第 2 款和第 3 款的处罚对象是注册会计师，处罚要件不仅需要满足结果条件（虚假证明的存在），还需要满足行为人主观上的恶意要件。

那么，2014 年《证券法》第 223 条和《注册会计师法》第 21 条第 2 款和第 3 款，到底哪个条款应优先适用？《证券法》所规范的对象，是包括会计师事务所在内的证券服务机构，而《注册会计师法》规范对象是注册会计师和注册会计师事务所，不包括其他证券服务机构。从这个意义上讲，《证券法》与《注册会计师法》相比，前者属于一般法，后者属于特殊法。但，《证券法》第 223 条所规范的对象业务是会计师事务所的上市企业或相关证券业务等的审计业务，而《注册会计师法》第 21 条第 2 款第 3 款规范对象涵盖会计师涉及的所有的审计业务，包括非上市企业的业务。从这种意义上讲，《证券法》第 223 条规定与《注册会

[11] 尽管《证券法》第 223 条也存在对责任注册会计师的处罚内容，但该规定是以“证券服务机构未勤勉尽责”为前提，“对直接负责的主管人员和其他直接责任人员给予警告，撤销证券从业资格，并处以三万元以上十万元以下的罚款”。

[12] 第 21 条第 2 款、第 3 款规定：“注册会计师执行审计业务出具报告时，不得有下列行为：（一）明知委托人对重要事项的财务会计处理与国家有关规定相抵触，而不予指明；（二）明知委托人的财务会计处理会直接损害报告使用人或者其他利害关系人的利益，而予以隐瞒或者作不实的报告；（三）明知委托人的财务会计处理会导致报告使用人或者其他利害关系人产生重大误解，而不予指明；（四）明知委托人的会计报表的重要事项有其他不实的内容，而不予指明。对委托人有前款所列行为，注册会计师按照执业准则、规则应当知道的，适用前款规定。”

计师法》第21条第2款和第3款相比,前者属于特殊法,后者属于一般法。

以〔2018〕126号为例,本案中,双方争议焦点并未涉及这一论点,证监会处罚依据是采用的《证券法》第223条,并没有涉及《注册会计师法》。〔13〕本文限于时间和篇幅问题,且考虑到本案中并未涉及此论点,在此仅提出问题,不深入讨论。

(三)证监会相关处罚的合理性问题

有关第三个问题,证监会针对瑞华的行政处罚的内容,从其惩罚程度看,是否在规制防范审计机构开具虚假证明与维护审计机构合法权益之间确保了平衡,即在规制效率和保护被规制对象合法权益之间是否平衡或者说是否妥当?

以〔2018〕126号为例,证监会对瑞华所的行政处罚内容原文部分如下:"根据当事人违法行为的事实、性质、情节与社会危害程度,依据《证券法》第223条规定,我会决定:一、没收瑞华所业务收入130万元,并处以390万元的罚款;二、对王晓江、刘少锋、张富平给予警告,并分别处以10万元的罚款……"

即实施经济处罚,对注册会计师事务所处以没收业务收入并处罚款,对责任注册会计师处以罚款。就处罚内容和程度看,对责任注册会计师的处罚部分是经济罚中的置顶处罚。〔14〕但对瑞华会计师事务所的处罚仅限于3倍业务收入的经济罚(法定最高罚是5倍)。根据《证券法》第223条的规定,证监会还可以对事务所处以业务罚,比如暂停或者撤销证券服务业务许可的处罚,业务许可的暂停或撤销关系到事务所的既往业务和未来业务,关系到事务所的生存和发展,其惩戒程度更大。本案证监会对瑞华事务所的处罚内容和程度,并不是置顶处罚,其惩罚力度相对有限。

注册会计师的审计业务是会计师事务所最主要的职能业务,会计师事务所作为企业外部的监督者,在监督社会经济活动中扮演重要角色,担负着塑造市场

---

〔13〕 如果证监会采用依据《注册会计师法》,则存在另外一个程序上的问题,即举证责任问题。注册会计师在执行审计业务中是否存在主观恶意的举证责任在哪方?也就是说,应该由相关注册会计师本人来证明其主观上不存在恶意(不存在明知或应知情况),还是应该由实施行政处罚的监管机构来承担举证责任?

〔14〕 但根据我国《证券法》第223条规定,对于证券服务机构未勤勉尽责,所制作、出具的文件有虚假记载、误导性陈述或者重大遗漏的,可以对直接负责的主管人员和其他直接责任人员给予警告,撤销证券从业资格,并处以3万元以上10万元以下的罚款。

经济微观主体、规范企业经营活动的法定职责(会计事务所作为审计机构,其依法制作出具的文书具有证明效力)。在发达国家,作为审计机构的会计师事务所被比喻为经济警察。在微观经济领域,特别是企业上市、融资等方面,会计师事务所具有重要的监督作用。[15]经济社会对作为专家的注册会计师的期待与日俱增,对注册会计师业务上高度注意义务的要求和责任追究也日渐强化。基于注册会计师依赖专业技能的执业特点和作为微观经济社会监督机构的重要角色,会计师事务所的法律形态一般是合伙制,在我国一般是特殊普通合伙或普通合伙。鉴于会计师事务所在经济市场中的重要作用,会计师事务所的虚假证明或违法违规行为具有很强的应惩戒性。

就本案处罚内容看,根据我国《行政处罚法》,证监会在法定职权范围内按照《证券法》等所规定的处罚标准实施行政处罚首先是合法的,就处罚程度是否妥当合理的问题,以下对比日本相关行政部门对类似事案的处罚进行分析。

二、日本相关法律及金融厅类似案件处罚考量

在日本,注册会计师和审计机构开展审计业务,适用法律包括《金融商品交易法》、《注册会计师法》及日本注册会计师协会相关规则、《民法》、《会社法》[16]等。注册会计师作为审计人员不仅承担审计证明业务及财务报表的调整,还肩负着有关财务的调查等审计证明业务以外的业务。这些业务对于经济

---

〔15〕 注册会计师作为企业的审计机构,首先要对企业的合规性进行符合性测试,并对企业的内部控制制度进行评价,从而确定抽样审计的范围、样本数量和审计重点。在这个审计阶段,对企业依据内控制度所进行的经营活动和实施管理行为的合法性进行评价裁定。其后,要对反映企业财务状况和经营成果的相关资料进行实质性测试和鉴定。对企业资产负债的质和量核实检查,确定企业的真实规模、实力和资信状况,确认企业收入支出的合法性、真实性,从而核对企业利润,确定应纳税额。上市企业的经营业绩影响市场投资动向,注册会计师对企业实施审计所作出的审计结论直接影响着股东的投资判断和股价。

〔16〕 平成17年7月26日法律第86号、英语:Companies Act。原则上可以理解为相当于我国的《公司法》,但内容存在诸多不同。《会社法》中规定了四种形态的企业:株式会社、合名会社、合资会社、合同会社。現在会社法の規定する会社の種類は4種類あり(2条1項)、横断的な規制の下に置かれる。株式会社,出資者(株主)は出資をする義務だけを負い、会社債権者に何の義務も負わない。合名会社,社員全てが無限責任社員からなる会社。合資会社,無限責任社員と有限責任社員からなる会社。合同会社,会社法で新たに導入された制度。出資の範囲内に責任が限定される物的会社の安全性と、人的会社において認められる内部規律の高い自由度を併せ持つ組織として会社法により新たに誕生した。同时制定的还有《会社法の施行に伴う関係法律の整備等に関する法律》(平成17年7月26日法律第87号)。

社会的健全发展至关重要。以下简析日本金融厅对作为审计机构的注册会计师及事务所的监管法律依据和行政处罚基本逻辑。

(一)日本金融厅处罚审计机构之法律依据

日本金融厅针对会计事务所进行监管的法律依据是日本《注册会计师法》。[17]注册会计师等在行政上的责任基于日本《注册会计师法》的相关规定,由内阁总理大臣或金融厅长官处以行政处分。就注册会计师及特定社员[18](作为注册会计师事务所的出资者的注册会计师)之行政责任的法律规定有:审计法人(日本《注册会计师法》[19]第34条之21第2款)、注册会计师(日本《注册会计师法》第30条、第31条)、审计法人的特定社员(日本《注册会计师法》第34条之10之17)。此外,有关会计师助理、外国注册会计师,也适用日本《注册会计师法》。

根据日本《注册会计师法》,可作为行政处罚对象的主要违法行为有两种:一是虚假证明、不当证明(日本《注册会计师法》第30条、第34条之21第2款第1号·第2号);二是违反法律法规(日本《注册会计师法》第31条、第34条之10之17第2款、第34条之21第2款第3号·第4号、第34条之29第2款)。

行政处罚的主要种类有:(1)告诫(日本《注册会计师法》第29条、第34条之10之17第1款、第34条之21第2款、第34条之29第2款);(2)停业2年(部分或全部业务);(3)注销注册(日本《注册会计师法》第29条、第34条之10之17第1款、第34条之29第2款);(4)解散审计法人(日本《注册会计师法》第34条之21第2款);(5)业务改善令(日本《注册会计师法》第34条之21第2款、第34条之29第2款);(6)课征金(日本《注册会计师法》第31条之2、第34条之21之2);(7)禁止审计法人之社员对业务意思决定之部分或全部的参与(日

---

〔17〕「公認会計士法等の一部を改正する法律」(昭和二十三年法律第百三号),「公認会計士法等の一部を改正する法律」法律第九十九号(平一九·六·二七)。1992年该法修订法导入了课征金制度、业务改善命令、有限责任审计法人制度和特定社员制度等。这些制度在2007年该法修订时仍旧延用。

〔18〕依据日本法,社员的概念是指社团的构成人员,根据社团的法律形态不同而存在具体不同表述,比如株式会社的社员即股东,一般社团法人、公益社团法人、持股企业(合名会社、合资会社、合同会社)、相互会社、特定目的会社、投资法人、专业人士法人(审计法人、律师法人或律师事务所等)、无权利社团等之出资构成人员在法律上的用语为社员。

〔19〕载 http://www. japaneselawtranslation. go. jp/law/detail _ main% 3Fre% 3D% 26vm% 3D01% 26id% 3D1900,最后访问日期:2020年4月30日。

本《注册会计师法》第34条之21第3款)；(8)特定社员业务停止令(日本《注册会计师法》第34条之10之17第1款)。就业务改善令、课征金制度等的行政处罚制度是2008年4月1日以后新导入的。所谓课征金制度，是日本就注册会计师等存在故意进行虚假证明的情况时，或者未尽到相当的注意导致严重(重大)虚假证明的结果时，根据《注册会计师法》由内阁总理大臣(实际操作由金融厅长官)针对该注册会计师，令其缴纳课征金的制度。课征金制度可以并罚告诫、停业、注销注册或解散令(日本《注册会计师法》第31条之2、第34条之21之2)。就课征金的支付令，程序上依据日本《注册会计师法》(第34条之40至66)需召开听证会等。[20]

(二)日本金融厅处罚审计机构之基本逻辑考量

为了依据日本《注册会计师法》对注册会计师和会计事务所(审计机构)进行切实监查和适当惩戒处罚等，金融厅2005年制定公布了《针对注册会计师和审计法人的惩戒处分等之考量》[21](以下简称《考量》，2008年，2014年金融厅修订了《考量》)。在考量是否应加以惩戒处分以及如何处分时，根据该《考量》，金融厅根据各个事案具体内容、背景等的不同，致力于掌握各事案的特征和特性，准确把握事实关系等，努力作出"适当"的惩戒处分。

金融厅针对注册会计师和审计法人之惩罚处分的基本逻辑分为两种：一是针对虚假证明、不当证明的惩罚处分；二是对违反法律法规的惩罚处分等。其惩罚处分步骤方法是：先确定对相关事由的基本处分的内容，在此基础上根据各个具体事项及周边事项等加重或减轻处罚程度。程序上，当金融厅作出惩戒处分时，根据日本《注册会计师法》第32条的规定，除法定特别情况外，金融厅会征求"注册会计师·监查审查会"的意见。[22]

1.针对虚假证明、不当证明的处罚考量原则

金融厅针对审计业务中的虚假证明、不当证明的处罚，其处分对象分为审计

---

〔20〕《公認会計士等の法的責任について》法規委員会研究報告第1号，第20～29页。

〔21〕平成17年3月31日に公表した「公認会計士・監査法人に対する懲戒処分等の考え方」(以下「旧処分基準」といいます。)の改定を行います。

〔22〕懲戒処分等を行う場合は、公認会計士法第32条の規定に従い、公認会計士・監査審査会(同法第41条の2に規定する勧告に基づく場合を除く。)の意見を聴いて行うこととします。

法人和注册会计师本人。

(1)针对审计法人作出的虚假证明、不当证明之处罚

对于审计法人作出的虚假证明、不当证明,金融厅的基本处分考量分为两种情况:一是由于社员(作为审计法人出资者的注册会计师)[23]的故意所造成的虚假或不当证明的情况,处以课征金(审计报酬的1.5倍)+1年不得新签署合同+业务改善令,或,停业3个月;二是由于社员怠于尽到相当的注意(过失)而造成的虚假证明或不当证明的情况下,处以课征金(审计报酬的1倍)+6个月内不得新签署合同+业务改善令,或,停业1个月。

对于审计法人作出的虚假证明、不当证明的处分逻辑和考量,基于以下几点:如果是审计法人的社员出具的虚假证明,则针对该社员所属审计法人,金融厅可处以:①通过经济处罚来抑制虚假证明(课征金);②让审计机构对其存在的问题点,即酿成合伙注册会计师作出虚假证明的业务执行机制的问题点进行改善(业务改善令);③禁止一定期间内扩大业务量(新合同缔结之限期停止令),这些内容作为基本处分的组合。但,如果存在:第一,事案重大,审计法人内部管理体制存在严重问题等,不适合持续执业的情形存在时,则处以停业处分(包括既有业务)。第二,前述一的情形,或者处以解散令处分的情况下,已经充分给予该审计法人经济损失惩罚的情形下,不附加课征金(除非事案极其重大且恶劣)。此外,如果存在需要加重处罚的个别事由/周边事由等,则可通过延长停业期间来加重处罚或根据情况处以解散令。另一方面,如果存在需要减轻处罚的个别事由/周边事由等,则可通过缩短停业的期间,或者根据情况处以告诫。此外,当对审计机构处以对既有业务停业处罚的情形下,根据其行为的情况

[23] 監査法人(かんさほうじん)とは、他人の求めに応じ報酬を得て、財務書類の監査又は証明を組織的に行うことを目的として、公認会計士法34条の2の2第1項によって、公認会計士が共同して設立した法人をいう(公認会計士法1条の3第3項)。監査法人は、社員となろうとする5名以上の者によって設立され(このうち、少なくとも5名は公認会計士であることを要する)(34条の7第1項)、原則として公認会計士を社員とし(ただし、登録を受けた公認会計士以外の者も社員となりうる)(34条の4第1項)、公認会計士である社員が4名以下となった状態を法定解散事由とする(34条の18第2項)法人である。監査法人には、法人に出資し社員として監査法人の重要事項の決定に参加する資格を持つ公認会計士のほか、従業員として法人と雇用契約を結ぶ公認会計士が在籍する。他に公認会計士でない社員及び従業員が在籍する。但し、公認会計士でない社員の割合は25%以下でなければならない(34条の4第3項、同施行規則19条)。

和内部管控体制的情况等,可以不就审计机构整体而是就一部分部门或一部分业务处以停业处罚。

(2)针对注册会计师的虚假证明、不当证明之处罚

就注册会计师的虚假证明和不当证明,分为两种情况:第一种是注册会计师故意做出虚假证明(撤销注册资格);第二种是未尽到相当的注意而导致的虚假证明或不当证明(业务停止6个月)。如果是以注册会计师个人名义签署的审计合同,在没有达到基本处分标准的情况下,通过行政罚款(课征金)抑制违反行为,如果事案重大且情形恶劣则在注册注销或业务停止的基础上加以课征金处分。此外,根据具体情况和周边情由,作为加重处罚的方法延长业务停止期间,或作为减轻处分的方法处以告诫。

(3)其他

存在业务执行社员以外的具有重大责任(就虚假证明等产生重大影响的)的社员的情况下,要求审计机构禁止该社员参与业务和决议(全部或部分禁止),禁止参与决议的期间上限为2年。

季度性检查和内部管控监督有关的虚假证明等,需留意监查程序和意见表示的方法与期末财务报表等的不同点,来进行研讨是否有必要加以处罚。

2. 就违法违规的行政处罚之考量方法

(1)针对注册会计师的违法违规行为之处罚考量原则

就注册会计师的显著不当业务运营,根据不当业务运营的程度,存在特别重大的情形的,以及业务的执行显著不充分的情形的,原则上对其进行停业处分。对注册会计师的不正当会计处理,鉴于注册会计师的不正当会计处理对注册会计师整体的信用影响之巨大,是恶意利用会计专家的知识的行为,近年日本修订《考量》加大处罚力度。

(2)对审计机构的违法违规之处罚考量原则

审计机构违反利害关系规定,其社员反复违规,违反审计执业方法,违反业务管理体制相关规定,金融厅对其原则上处以业务改善令。对审计机构显著不当的业务运营,原则上处以业务改善令。对审计机构违反业务改善令的,原则上处以停业2年处罚(停止全部业务)。对审计机构的丧失信用行为(存在各种类型),根据具体类型状态进行处分。原则上,就存在重大信用丧失行为的,处以

全面停业处罚。[24]

(三)2015 年 12 月 22 日金融厅处罚例简介

1. 金融厅 2015 年 12 月 22 日针对审计法人的行政处罚例[25]

(1)处罚对象:新日本有限责任监查法人(所在地:东京都千代田区)。

(2)处罚内容:新规合同业务停止令,期限 3 个月(2016 年 1 月 1 日起到 2016 年 3 月 31 日为止);业务改善令(业务管理体制的改善。详见下记 4 参照);同日决定启动有关 21 亿日元(约 2200 万美元)课征金缴付令之审判程序。[26]

(3)处罚理由:①新日本有限责任监查法人(以下简称该审计法人)就株式会社东芝(以下简称东芝)的平成 22 年 3 月期、平成 24 年 3 月期及平成 25 年 3 月期之财务资料的审计,7 名注册会计师,未尽相当的注意,把存在重大虚假问题的财务资料作为不存在重大虚假的资料加以证明。②该审计法人的运营显著不当。

2. 金融厅 2015 年 12 月 22 日针注册会计师的行政处罚例(与 1 同案)

(1)处罚对象及内容(以下按照金融厅处罚原文翻译)

注册会计师 A

停业 6 个月(从平成 27 年 12 月 24 日到平成 28 年 6 月 23 日为止)

注册会计师 B

停业 3 个月(从平成 27 年 12 月 24 日到平成 28 年 3 月 23 日为止)

注册会计师 C

停业 3 个月(从平成 27 年 12 月 24 日到平成 28 年 3 月 23 日为止)

注册会计师 D

停业 1 个月(从平成 27 年 12 月 24 日到平成 28 年 1 月 23 日为止)

注册会计师 E

停业 1 个月(从平成 27 年 12 月 24 日到平成 28 年 1 月 23 日为止)

---

〔24〕《公認会計士・監査法人に対する懲戒処分等の考え方(処分基準)について》。

〔25〕载 https://www.fsa.go.jp/news/27/sonota/20151222-4.html,最后访问日期:2020 年 4 月 30 日。

〔26〕在此尊重原文使用“审判程序”一词,但此处所指“审判程序”并非司法审判程序,而是就课征金处罚的行政程序。

注册会计师 F

停业 1 个月(从平成 27 年 12 月 24 日到平成 28 年 1 月 23 日为止)

注册会计师 G

停业 1 个月(从平成 27 年 12 月 24 日到平成 28 年 1 月 23 日为止)

(2)处罚理由

注册会计师 A、注册会计师 C 及注册会计师 D,在东芝的平成 24 年 3 月期和平成 25 年 3 月期的财务资料审计中,未尽相当的注意,把存在重大虚假的财务资料作为无重大虚假的内容做出了证明。

注册会计师 B,在东芝的平成 22 年 3 月期、平成 24 年 3 月期和平成 25 年 3 月期的财务资料审计中,未尽相当的注意,把存在重大虚假的财务资料作为无重大虚假的内容做出了证明。

注册会计师 E、注册会计师 F 及注册会计师 G,在东芝的平成 22 年 3 月期的财务资料审计中,未尽相当的注意,把存在重大虚假的财务资料作为无重大虚假的内容做出了证明。

3. 事由概要

(1)针对东芝财务资料的虚假证明

该审计法人对东芝的内部管控机制过于信任,从其东芝审计成员的构成看,都以长期担当东芝及东芝子公司的审计的人员为核心的,对东芝方面的说明和所提出的资料,不能从批判的角度充分实施验证。审计是按照分业体制针对审计对象事业分别开展的,但团队内的信息共享和协作功能不足等,在这些背景原因下,发生以下事实。

①电脑事业(平成 22 年 3 月期,平成 24 年 3 月期间和平成 25 年 3 月期)

东芝委托外部制造电脑,把通过海外子公司进口的零部件以高于购买的价格出售给外部生产委托企业,差额作为海外子公司对东芝的应付款记账,东芝作为对海外子公司的未收款(应收款)记账,把制造原价同金额减额记账。东芝在平成 21 年 3 月期第四季度以后,向外部生产企业销售超过每季度正常生产所需数量的零部件的结果是,电脑事业制造损益在第四季度末利润扩大,第二个月恶化的情况反复,随着时间制造损益的波动扩大,平成 24 年 3 月期中,第四季度末月的制造原价变得非常低。平成 25 年 3 月期,第四季末月的制造原价变为负值。审计担当,意识到了每四季度末月的制造利润大于其他月份的情况以及第四季度末月的制造原价变为负值的异常情况,向东芝询问理由,得到"从零部件厂家获得大额的回扣"的回答,仅将其记载到审计报告中,但并未将信息在团队内共享。审计团队内部有人掌握了企业有不当的情况下负有汇报义务,审计法人对此没有严格充分的指导和监督,没有实施必要的监督的情况下,出具了审计意见。

②半导体事业(平成24年3月期及平成25年3月)

东芝半导体事业集团内企业,使用标准原价(TOV)计算原价。半导体事业的制造工程,分为前工程和后工程,两工程间发生的原价差额(TOV和实际发生的原价间的差额)合计的基础上,采用在期末分配完成品价格和库存的手法。[27]

审计团队从东芝获知,在平成24年3月期的期末,东芝修订了半导体事业集团内企业前后工程的费用分担,减少前工程发生的原价差额,同额增加后工程的原价差额。前工程的原价差额减少时,理应进行对后工程的原价差额的同额增额,但是东芝没有实施增额,审计团队在审计程序中确认了前工程的原价差额的减额,但是就后工程的原价差额的增额是否实施了并没有充分适当的采集审计证据加以确认,而是凭想象认为理所当然后工程的原价差额的增额实施了,怠慢了应有的确认。

平成25年3月期中,东芝未对审计法人说明也未商量擅自实施临时的TOV修订,只增额前工程TOV,而不修改后工程的TOV。因此,后工程发生架空的原价差额,其中一部分分配到库存,由此导致分配给完成品原价的原价差额减少的结果,完成品原价减少,利润载入过大。审计团队误认为,如果有临时TOV修订,东芝当然会与审计团队汇报和商量,且会整合后工程的TOV,因此并没有进行确认,存在怠慢。

③工程进展标准适用案(平成25年3月期)

有关ETC设备更新工程,尽管审计法人把工程进行基准销售额和接受订货工程损失准备金作为需要特别讨论的风险加以识别,但却对东芝的说明囫囵吞枣,仅仅确认了东芝提交的发票等资料,就工程原价总额的细目并未收集详细的

---

〔27〕 期末に完成品原価や在庫に割り振る手法を採用していた。

说明和资料,对于经营者使用的重要的假定的合理性和要价的不确定性的讨论过程并没有进行评估,对就理应进行特别讨论的风险部分并未充分适当地收集审计证据。

(2)有关该审计法人的运营显著不当的认定

金融厅于平成27年12月15日收到注册会计师·审计审查会[28](以下简称审查会)的行政处分劝告,经调查的结果,事实如下:

该审计法人的理事长、品质管理本部长和事业部长等参与经营的社员,基于过去审查会的监查和日本注册会计师协会的品质管理评估等,反复指出审计规划和分析实证程序等审计程序的不足,要求强化品质管理的意识改革和中期评估,改善强化定期验证的实施,变更担当者的选任方法等。但,品质管理本部和各具体事业部门等,并未从原因分析出发彻底实施改善措施,也未构建验证改善情况的适当性和实效性的机制。因此,社员及审计辅助人员中,存在没有充分自觉认知审计责任和作用未改善审查会等指出的事项的人员。另外,审计体制并未充分功能。参与经营的社员对此情况并未充分认知,对审查会检查等的指出事项并未让组织整体都实施彻底改善措施。因此,就审查会检查等反复强调的基于风险管控的审计计划的构建、会计方面的审计、分析实证程序等,该审计法人并未有效地进行改善,组织机构整体并未充分改善。

该审计法人的品质管理本部和各事业部等,对基于检查结果等之原因分析的改善措施,未充分贯彻未让人员彻底周知。品质管理部门的关注点是检验所有的审计品质是否保持在一定标准以上,而不是定期检证和中期评估。可是,即使兼用这些方法,也未能即时对应急需改善的审计业务和审计程序,未形成具有实效性的监督机制。此外,定期检证中,还指出了审计程序的不完善和审计调查书形式上的不完善。审计团队并未理解这些被指出的内容的宗旨含义,因此就审查会检查等反复指出的分析实证程序等的不完善,并未能对应改善。此外,品

---

〔28〕 日文原文:公認会計士·監査審査会,英文名称:Certified Public Accountants and Auditing Oversight Board,CPAAOB,注册会计师·审计审查会是日本金融厅下属的一个审议会机构。签署注册会计师审查会,2003年5月因美国Enron Corp、Worldcom等之巨额粉饰决算事件的发生,日本修订了注册会计师法,伴随该法的修订,2004年4月扩大了注册会计师审查会的业务范畴更名成立注册会计师·审计审查会。https://www.fsa.go.jp/cpaaob/アメリカ合衆国証券取引委員会の公開企業会計監督委員会(w:Public Company Accounting Oversight Board)に相当する組織といわれる。

质管理部门,就发生问题的部分地区事务所提出并实施了改善指导,但仍旧存在上次检证中被指出的地区事务所担当的审计业务此次仍旧存在严重审计程序不完善的问题。审计业务中担当品质改善业务的各事业部门等,就品质管理本部的方针和审计团队要求的审计品质的改善并未加以实施。审计中担任品质改善业务的各事业部等,并未彻底贯彻品质管理本部的方针进行改善审计的品质。一部分业务执行社员,没有深度查阅,未能通过对审计调研书的查阅对审查辅助人员进行充分的监督和指导。综上,该审计法人未能构建确保实效性改善审计业务的机制,未能持续对审查程序的不完善部分进行改善,该审计法人的品质管理机制显著不健全。

就个别审计业务中,业务执行社员未发挥保持充分的职业怀疑(就风险识别、风险对应程序等的策划等),对审计程序中获得的审计证据的充分性和适当性的检验不足。因此对于识别风险对应审查程序未做策划,审计方案本身存在缺陷。对应重要的会计上的估值的审计,就被审计公司提供的假定和判断并未实施溯及性研讨,并未对被审计公司进行的估值方法的变更和事业计划的合理性进行批判性研讨,分析性实证程序不完备方面并未加以改善,等等,至此审查会检查等中反复指出的改善审计要求依然未被充分实施。此外,重要的结算中存在大额的异常值,该审计法人掌握了此情况,但并未实施实证验证。与经营者内部管控无效化有关的风险对应的实施测试中抽样的妥当性并未经研讨等,高风险项目有关的审计程序存在重大的不完备问题。

就审计业务中的审查部分,审计责任社员仅就审计团队提出的审计资料进行审计,对审计团队做出的重要判断没有实施客观评估,此外,审计团队意识到不当风险(就工程进展标准有关的收益认识),但未确认审计调研书等,审计团队偏向经营者的可能性未被责任社员注意和研讨,因此导致审查会此次提出的审计实施上的问题点未被审计责任社员发现和抑制。

上述案例可以发现,日本的金融厅对审计机构的审查,主要着眼于审计团队进行审计上的重要判断的客观性,以及确保审计团队客观评估的审计机构的内部管控机制是否完善。此案中,对东芝的审计业务的结果存在虚假证明,同时,至此案被金融厅处罚为止,该审计法人在注册会计师审计审查会的检查等中已经多次指出的事项并未得到改善,就此,金融厅进行处罚,目的之一在于要求参与经营的相关社员的责任明确化,并提出了五项具体改善事项,要求该审计法人限期提交并实施改善计划,并要求此后每隔六个月需将计划实施和改善状况翌月15日前提交金融厅汇报。[29]

三、中日相关法律和本文列举行政处罚对比简析

从中日的《注册会计法》的规范内容看,我国对审计业务中的虚假证明的行政责任的违法构成要件与日本的规范相似。对于虚假证明的结果,日本要求注册会计师存在主观过错(故意或过失),我国要求主观恶意(明知或应知),日本就注册会计师的主观要件比我国更严格。同时,就责任追究客观要件,日本也比我国更加严格:日本不仅包括"虚假证明",还包括"不当证明"。[30]因此,无论是主观要件还是客观要件,日本《注册会计师法》对注册会计师的审计业务的规范责任要求都比我国更加严格。

从审计业务行政处罚的依据看,日本金融厅的处罚直接依据是《注册会计师法》和根据该法制定的行政指导规范性文件《考量》,而不是资本市场法《金融商品交易法》,而我国证监会进行处罚时的直接法律依据是《证券法》(不是《注册会计师法》),但却就处罚衡量的具体依据标准方面,依据注册会计师协会制定的《审计准则》。笔者的理解是,因我国将金融资本市场分业态进行规制和监管,证监会仅就资本市场具有监管职权,因此其选择适用2014年《证券法》第223条作为监管法律依据(而不是《注册会计师法》,在此也涉及前文笔者提出的两法相关规定的适用问题)。而日本的金融厅是就整个金融资本市场都具有监管权,就相关市场的所有审计业务都有监管权限。此外,笔者认为证监会选择适用2014年《证券法》第223条的另一理由是规避举证责任,选择该法就不需要满足《注册会计师法》第21条的主观要件。但尽管我国证监会将《证券法》第223条作为处罚依据法律,但就具体问题的依据是注册会计师协会制定的《审计准则》,且《审计准则》对审计结论要求的是合理保证而非绝对保证,那么证监会就

---

〔29〕 载 https://www.fsa.go.jp/news/27/sonota/20151222-4.html,最后访问日期:2020年4月30日。

〔30〕 我国《证券法》第223条的"误导性陈述""重大遗漏"与日本《注册会计师法》的"不当证明"相比,笔者认为后者涵盖范畴更广。

相关处罚决定时是否需要证明相关审计结论的出具过程不构成合理保证?

从本文两个案例处罚的内容看,我国证监会对瑞华的处罚(〔2018〕126 号文)基本仅限于经济罚,且对审计机构会计师事务所的罚款取中间程度(上限罚是业务收入的 5 倍,仅罚了 3 倍),对责任注册会计师是经济罚中的置顶罚(但仅有 10 万,且没有并罚撤销从业资格等更严格的处罚),相比日本的东芝案中金融厅对审计机构和相关会计师的处罚来说,我国证监会的处罚程度较轻。日本东芝案对事务所的处罚,包括业务罚(限期停业处罚)和经济罚(课征金 21 亿日元),且名曰课征金的行政罚款金额巨大(约 2200 万美元),对责任会计师也处以业务罚(限期停业罚)。停业罚意味着在该期限内不得执业,包括对既有业务的执行和新规业务的拓展,因此对会计事务所来说会可能失去既有客户(期间需要会计事务所执业的客户就会另寻事务所),且此期间不能开发新客户。在这种意义上讲,停业对于需要持续为客户提供服务的会计师事务所来说其打击远大于经济罚。

此外,值得说明的是,按照日本法,行政责任的确定并不直接导致相关行政相对人的民事责任和刑事责任,行政责任和民事责任、刑事责任是相互独立的,行政处罚的确定并不能成为民事责任和刑事责任追究的依据。然而我国不同,对行政相对人的行政责任的确定,可成为民事责任和刑事责任追究的依据。从这种意义上讲,我国的行政处罚对于行政相对人来说意义更加重要。

(编辑:李俊琪)

《清华金融法律评论》
第 3 卷第 2 辑
第 258 ~267 页

我国台湾地区近十年证券行政诉讼案件之初析

蒋净宇*

目　　次

一、台湾地区证券交易法立法模式
二、近十年台湾地区证券行政诉讼案件统计
三、近十年台湾地区证券行政诉讼案件分析
四、结论

摘　要：我国台湾地区“证券交易法”之责任规制，以其主观恶性与客观危害之程度，概分为刑事责任与行政责任两种，并分属于两套截然不同之诉讼——以检调单位发动之刑事追诉，以及由被裁罚之原告提起之行政诉讼。本文将着重分析台湾地区近十年之行政诉讼案件，并以之为文本分析行政诉讼所呈现在案由与结果上的特性，并尝试分析该结果所代表之含义。

关键词：我国台湾地区；证券行政诉讼；实证分析

一、我国台湾地区证券交易法立法模式

回顾我国台湾地区证券交易历史，台湾地区证券交易所于 1961 年成立、

* 蒋净宇，清华大学法学硕士研究生在读。

1962 年正式开业,并于 1961 年出台"证券商管理办法"作为过渡条款,尔后于 1968 年出台"证券交易法"后,迄今迭经 26 次修正,为台湾地区公开发行公司行政管制之基本法规。

就台湾地区之证券监管机关,于 1961 年以"证券商管理办法"明定主管机关"经济部'证券管理委员会'"后;后因应国际化需要、曾将"证券管理委员会"改隶于"财政部",并纳入期货业务,改称"证券暨期货管理委员会";最终,因应金融监管机关统一与金融集团发展之浪潮,于 2004 年成立"金融监督管理委员会"(以下简称"金管会"),并将证券期货监督业务隶属旗下,改称"证券期货局",并将金融检查与行政管理权剥离,于"金管会"辖下独立成立"金融检查局"。

"证券交易法"所明定公开发行公司相关行为人之责任方式可概分为三类:刑事责任、行政责任与民事赔偿责任。本文归纳我国台湾地区"证券交易法"管制性行为责任如表 1 所示(摘要,略民事赔偿责任)。

表 1 我国台湾地区"证券交易法"行为责任归纳表(摘要)

刑事责任	虚假陈述、〔1〕操纵市场、〔2〕内线交易、〔3〕证券商行业准入、〔4〕证券交易所设立与规范、〔5〕股份买回、〔6〕股份现款交割、〔7〕资产证券化强制公开收购、〔8〕公开收购违法违约责任、〔9〕私募股东会表决、〔10〕私募转让、〔11〕场外交易禁止〔12〕

〔1〕 我国台湾地区"证券交易法"第 30 条。
〔2〕 我国台湾地区"证券交易法"第 155 条。
〔3〕 我国台湾地区"证券交易法"第 157 条之 1。
〔4〕 我国台湾地区"证券交易法"第 44 条、第 45 条、第 46 条、第 60 条、第 62 条。
〔5〕 我国台湾地区"证券交易法"第 93 条、第 96 条至第 98 条、第 160 条。
〔6〕 我国台湾地区"证券交易法"第 28 条之 2 第 1 项。
〔7〕 我国台湾地区"证券交易法"第 32 条第 1 项。
〔8〕 我国台湾地区"证券交易法"第 43 条之 1 第 3 项。
〔9〕 我国台湾地区"证券交易法"第 43 条之 5 第 2 项、第 3 项。
〔10〕 我国台湾地区"证券交易法"第 43 条之 6 第 1 项。
〔11〕 我国台湾地区"证券交易法"第 43 条之 8。
〔12〕 我国台湾地区"证券交易法"第 150 条。

续表

行政责任	证券承销商自己销售、〔13〕新股股权分散、〔14〕禁止股东会临时动议事项、〔15〕财报披露、〔16〕特别盈余公积提拨、〔17〕持股申报义务〔18〕内控制度、〔19〕融资融券额度、〔20〕终止上市程序〔21〕

由表1可知，对于证券市场扰动程度较大之证券违法事件，台湾地区“证券交易法”对之课以刑事责任，以第171条至第177条规定，课与罚金、1年至7年有期徒刑、2年以下有期徒刑、1年以下有期徒刑不等之刑责。就非难程度最高之财报不实、操纵市场、内幕交易为例，课与3年以上10年以下有期徒刑、得并课新台币（下同）1000万以上2亿元以下罚金，若犯罪所得逾1亿元者，则处7年以上有期徒刑、得并课2500万以上5亿元一下罚金；究其责任之追诉，乃以金融检调单位调查侦办后，由检察官于刑事法庭中起诉，就诉讼中举证等相关程序规定，悉依台湾“刑事诉讼法”处理。另就该法中相关程序规定者，则由“金管会证券期货局”发现违法事实，经适法之裁量后给予裁罚性行政处分，当事人对行政处分不服，可向“金管会”进行诉愿，对诉愿决定不服者，得向行政法院提起行政诉讼。

表2　我国台湾地区近三年“最高审级”行政案件与刑事案件比较

以“证券交易法”为案由之案件数	2019年	2018年	2017年
“最高法院”刑事判决	39件	47件	49件
“最高行政法院”行政判决	1件	0件	1件

由表2可见，由于案件分流的诉讼制度设计，案情较为复杂、争议较大的证券刑事案件数在“最高”审级显著地多于证券行政案件。本文以下将仅就台湾地区证券行政诉讼作为讨论范围，“刑事证券交易法”案件由刑事法庭管辖者，

〔13〕 我国台湾地区“证券交易法”第74条、第84条。
〔14〕 我国台湾地区“证券交易法”第22条之1。
〔15〕 我国台湾地区“证券交易法”第26条之1。
〔16〕 我国台湾地区“证券交易法”第36条。
〔17〕 我国台湾地区“证券交易法”第41条。
〔18〕 我国台湾地区“证券交易法”第43条之1、第14条。
〔19〕 我国台湾地区“证券交易法”第14条之1。
〔20〕 我国台湾地区“证券交易法”第61条。
〔21〕 我国台湾地区“证券交易法”第144条、第145条。

则非本文所分析之范畴,合先叙明。

二、近十年台湾地区证券行政诉讼案件统计

本文统计台湾地区近十年(2010~2019年)之证券行政诉讼案件,以案由为“证券交易法”、关键词为“金融监督管理委员会”搜索台湾地区“司法院”判决检索系统查询,一共得各审级判决共60件,析得数据统计见表3、表4、表5及表6:

表3　案件系属法院归纳表

系属法院〔22〕	件数
“最高行政法院”	19件
台北“高等行政法院”	33件
新北地方法院	8件

表4　案件判决结果归纳表

判决结果	件数
维持原处分	50件
撤销原处分确认原处分违法	8件
部分维持、部分撤销	2件

表5　案件案由归纳表

案由	件数
短期资金贷与	6件
资本公积转增资	1件
共同持股申报	10件
未经核准销售商品	10件
会计查核疏失	7件
重大资产取得	2件
重大讯息未公开	4件
内部人持股转让	7件

〔22〕依我国台湾地区“行政诉讼法”第13条第1项规定:“对于公法人之诉讼,由其公务所所在地之行政法院管辖。其以公法人之机关为被告时,由该机关所在地之行政法院管辖。”“金融监督管理委员会”会址于新北势板桥区、证券期货局址于台北市大安区,故案件集中于该二地区法院。

续表

案由	件数
内部控制制度	4件
财报披露	9件

表6　案件原告性质归纳表

原告性质	件数
自然人	56件
法人	4件

由上述统计数据可知，台湾地区证券行政诉讼于案由、原告性质与判决结果上皆有集中化之趋势，法院于判断过程中对于原告之主张，除非有不可抗力因素（如刑事诉讼案件扣押导致无法披露财报），若不然则多倾向于支持"金管会"原有决定，以下将由原告性质、案由与判决结果三方面分析近十年台湾地区证券行政诉讼案件之统计结果。

三、近十年我国台湾地区证券行政诉讼案件分析

（一）原告性质

我国台湾地区"证券交易法"第179条规定："法人及外国公司违反本法之规定者，除第一百七十七条之一[23]及前条规定外，依本章各条之规定处罚其为行为之负责人。"是以，台湾地区"证券交易法"主要追溯对象为公开发行公司之行为负责人，除针对证券承销商与自营商关于承包销之业务规定者外，均追究行为负责人之责任，并同时课予公开发行公司限期改善、命令解职等责任；是以统计结果中，有93.3%之原告为自然人，仅有6.7%之原告为公开发行公司，其所争执之行政处分内容分别为未符合无亏损要求而驳回资本公积转增资之决定，及因未履行内控制度而命令解职经理人之决定。

---

〔23〕 我国台湾地区"证券交易法"第177条之1规定："违反第七十四条或第八十四条规定者，处证券商相当于所取得有价证券价金额以下之罚款。但不得少于新台币二十四万元。"第74条规定："证券承销商除依第七十一条规定外，于承销期间内，不得为自己取得所包销或代销之有价证券。"第84条规定："证券自营商由证券承销商兼营者，应受第七十四条规定之限制。"

而就行为负责人之定义,实务见解[24]认为:"前揭规定系就公司违反行政法上义务之行为,课负责人有防止之义务,并因负责人违反此一防止义务而使其成为行政处罚之对象。该规定自系就违反行政法上义务之人为法人者,以行为时代表该法人之负责人为处罚对象。"是以,该法所称之行为负责人,所指并非公司登记之形式上负责人,而是究行为时真实行使职权并有条件遵循该防止义务者为断。于该案中,法院表示"法人负责人违反防止之义务,而使法人有违反证券交易法之行为,始予以处罚,属自己责任,而非代罚或转嫁性质",并认定该案中,原告为公司之临时管理人,该公司其余董事于公司财务危机消息披露后纷纷请辞、多数资产被掏空,故原告仅须于裁定担任公司临时管理人后,始负公司同法第36条公开发行公司未于季后45日内公布会计师签证财报之责任。

另案中,曾有证券公司董事长因公司承做未经"金管会"核准之金融商品交易,受停业处分一年,因而不服处罚决定起诉主张以该证券公司实行分层负责制,故其不知该交易之发生、应认定为职员个人之行为;法院则以该公司法律与财务顾问所出具对该产品之风险评估报告,认定原告于该公司行为期间为公司之董事长兼总经理,以"董事长对外代表公司,对内则有执行业务权,董事长对内监督及授权的责任,不能以分层负责为理由而卸责,另公司经理人在公司章程或契约规定授权范围内,有为公司管理事务及签名之权"为由,驳回原告之诉。[25]足见,"行政法院"在认定行为负责人时,裁处对象并非具体之执行人,而是对行为者有监督管领能力之负责人,且所认定者为最终之负责人。

是故,台湾地区法院就行为负责人之主体认定,似采取"最终实际经营人"之见解,以公司负责人、具体行为员工为认定原则,于公司重组之特殊期间内,复以临时管理人作为认定之标准,且于公司经营之通常情形下,以最高位阶之管理层作为最终行为负责人。

(二)案由

经如上统计,近十年台湾地区证券行政诉讼中,以"财报披露"、"短期资金贷与"与"共同持股"与件数最多,[26]以下将就三类案件进行初析。

---

[24]　台北"高等行政法院"2019年诉字第363号行政判决。

[25]　我国台湾地区"最高行政法院"2012年判字第257号行政判决。

[26]　"未经核准商品"判决数虽有10件,然皆因同一背景事实提起。

以未履行财报披露义务为案由者,多为公司因陷入财务危机而进行重整,或负责人财务造假而扣押,使得公司经营运作陷入短期真空、而不能如期履行财报披露义务者。以公司负责人财务造假案为例,该案中,公司负责人因制造虚假关联交易而受刑事侦查在案,相关证物一并受检调机关扣押,致使法院裁定之重整人无法履行财报披露义务,该案中,法院认定因重整人并非刑事案件中之被告及其律师、无法行使调阅卷宗之权,故事实上无法履行财报签证与披露之工作,"金管会"于此案中裁量忽略此项重要事实,故判决撤销"金管会"之裁罚决定。

以短期资金贷与为案由者,其依据为"公司法"与公开发行"公司资金贷与及背书保证处理准则"第3条规定,公司借贷仅得1年为限,〔27〕所析案件中,多为母公司贷与全资子公司款项后,无法于一年后收回,因而受"金管会"处以罚金并勒令限期改善之案例,原告于案件中主张"处理准则第3条第1项不应逾越文义可能范围,曲解为债务人于借款到期时未全部清偿者构成公开发行公司之贷款行为,否则无异于课予人民担保债务人按期清偿之'状态责任'及'结果责任',违反法律保留原则",法院则认定当事人于债务届至清偿其后,进行债务协商、宽限一年,逾越以1年为限之短期借贷规定;〔28〕并于另案中认定,原处分赋予原告向被告说明原因与办理计划及时程而申请展延之机会,"单就原处分规制内容而言,并非客观上难以达成或适足以侵害原告财务健全性而不具期待可能性"。〔29〕此类案件于"证券交易法"第178条修法加入"限期改善"之法律效果后,迄今判决结果皆为原告败诉。

以共同持股为案由者,其依据为"证券交易法"第22条之2第1项〔30〕董监

---

〔27〕"公司资金贷与及背书保证处理准则"第3条规定,公开发行公司依"公司法"第15条规定,其资金除有下列各款情形外,不得贷与股东或任何他人:(1)公司间或与行号间业务往来者。(2)公司间或与行号间有短期融通资金之必要者。融资金额不得超过贷与企业净值之40%。前项所称短期,系指一年。但公司之营业周期长于一年者,以营业周期为准。

〔28〕台北"高等行政法院"2018年诉字第1384号行政判决。

〔29〕我国台湾地区"新北地方法院"2016年简字第14号行政判决。

〔30〕我国台湾地区"证券交易法"第22条之2第1项规定:"已依本法发行股票公司之董事、监察人、经理人或持有公司股份超过股份总额百分之十之股东,其股票之转让,应依左列方式之一为之:一、经主管机关核准或自申报主管机关生效日后,向非特定人为之。二、依主管机关所定持有期间及每一交易日得转让数量比例,于向主管机关申报之日起三日后,在集中交易市场或证券商营业处所为之。但每一交易日转让股数未超过一万股者,免予申报。三、于向主管机关申报之日起三日内,向符合主管机关所定条件之特定人为之。"

高与大股东持股转让规定，及第 43 条之 1〔31〕之持股申报规定。所析案件中主要争点在于：以同一负责人之关联公司共同持有股份，或以子公司名义持有股份者，是否为证券交易法所谓“共同持有股份”或“以他人名义持有股份”？“行政法院”皆采取肯定见解。在同一负责人之关联公司共同持有股份认定上，法院认为“共同二字依一般文义理应具备以意思联络达到一定目的（如控制、投资）之核心意义……本案三间公司登记地址相同、董事会成员高度相似，主观上难谓无共同取得之合意存在”、〔32〕“经查本件上诉人系以当事人之关系或行为等客观状态，作为间接证据推证共同取得之待证事实，尚与证据法则、论理法则及经验法则无违”，〔33〕并于以他人名义持有股份之申报认定中，认为“本案母公司100%持股、且子公司董事仅有母公司一人……主要理由不在于其与所利用之子公司间具备百分之百持股母子公司关系，而是综合考虑前开子公司董事人数及投资交易决策，认定母公司有利用子公司名义持有股票而为转让未办理持股申报”。〔34〕显见，“法院”倾向于以客观事实（如董事会构成等）因素，以间接证据推定当事人间是否具有共同取得或以他人名义持有之主观意图，而非就具体董事会会议记录及相关契约内容判断。

（三）判决结果

在近十年案件统计中，原告提起行政诉讼之败诉率高达 83.3%。在所析案件中可以发现，法院对于被告（“金管会”）在金融管制领域之专业判断多采取尊重态度，不仅在个案裁判上有审判权退让之倾向，在原告主张被告所订定之行政函释违反法律授权范围时，法院在无明显违法之情形下，似亦倾向尊重金管会之决定。

于台北“高等行政法院”2018 年诉字第 948 号行政判决中，原告主张所订定关于“利用他人名义持有”之解释函令，超出证券交易法体系解释下所得之范围、逾越该法授权之范畴，因而主张该函示无效；惟法院认为“该函系证管会基

〔31〕 任何人单独或与他人共同取得任一公开发行公司已发行股份总额超过 10% 之股份者，应向主管机关申报及公告；申报事项如有变动时，亦同。

〔32〕 我国台湾地区“最高行政法院”2011 年判字第 1141 号行政判决。

〔33〕 我国台湾地区“最高行政法院”2011 年判字第 990 号行政判决。

〔34〕 台北“高等行政法院”2018 年诉字第 949 号行政判决。

于其系斯时证交法主管机关,为协助属官就证交法规定之统一解释而订颁之解释性规定,经核并未逾越上开规定之文义,且与母法(证交法)之规范目的无违,是被告援以适用,本院应予尊重"。查法条中若有不确定法律概念者,即赋予行政机关判断余地,法院于审查时应就适法性、而非合目的性进行判断。[35]是故,"行政法院"于审查"金管会"就证券交易法上不确定法律概念之解释函令时,亦仅就其适法性为判断,在法院认为未逾越该法授权之范围内者,法院倾向支持"金管会"之解释权力。

就逾越证券交易法授权范围之判断者,可见台北"高等行政法院"104 年诉字第 1127 号行政判决,原告在上述"短期资金贷与"案件中,主张所依据之公开发行公司公开发行"公司资金贷与及背书保证处理准则"第 3 条规定未课予原告担保借款人按时清偿之"作为义务",被告机关却命原告限期改善,乃课予原告法令所无之义务;"法院"于该案中认为"(当时之)证券交易法第 178 条第 1 项规定仅有命其限期办理,届期仍不办理者,得继续限期令其办理,并按次各处 48 万元以上 480 万元以下罚款,至办理为止,并无'限期改善'之处分",认定该行政裁罚处分逾越法令授权之范围,是为违法,应予撤销。

"行政法院"于因"诉愿逾期"为由提起行政诉讼之案件之判断中,对于具体案件之适法性判断亦采取相当谨慎之态度。于台北"高等行政法院"2011 年简字第 20 号行政判决中,法院以"上开被告收文条形码及日期戳章既与被告实际收受诉愿决定之日未符,已如前所述,是诉愿机关自程序上为不受理决定,于法尚有未合,原告执以指摘诉愿决定违误,自属有据"为由,撤销原诉愿决定;唯就系争行政诉讼是否适法,法院则以"本件宜由诉愿机关另为适法之处理,爰由本院将诉愿决定撤销。又本件既尚待受理诉愿机关加以审查,程序未行,结论未定,则原告声明请求撤销原处分,本院无法径为准许,原告此部分之请求为无理由,应予驳回"。足见"行政法院"在进行司法审查上,采取相当自制之态度,即使案件以系属于"行政法院"者,仍以诉愿未就实体进行判断为由,驳回本案并由行政权二度审查系争处分之适法性与合目的性。

---

[35] 我国台湾地区"司法院"大法官会议解释第 553 号解释理由书参照。

四、结论

由于刑事责任与行政责任之二分，我国台湾地区于"证券交易法"事件追溯时，分由检调机构与"金管会"作为责任追诉之主体，故于证券行政诉讼案件中，所争执之诉讼目标多为"证券交易法"中之程序性规范，而较少触及金融犯罪领域之重大瞩目案件；就诉讼案件之分析，可得知"行政法院"就"金管会"（乃至行政权）之裁量余地多采取尊重态度，此系司法权与行政权在民主社会中之展现，于诉讼结果中，无可避免地呈现原告败诉率甚高之情形，"民告官"的弱势地位仍历历凿凿；或有以为，证券行政诉讼上呈现之高败诉率，一定程度上反映了"行政法院"在专业领域上的司法自制，以及对行政权的充分尊重，致使当事人双方地位呈现失衡之情形。唯本文认为，究台湾地区现行"证券交易法"对于责任之二分，证券行政诉讼仅管辖关于程序性规定之案件，又程序性规定本为行政管制之核心内容，是否得据证券诉讼之原告败诉率、以作为论证行政诉讼上当事人地位不平之依据，本文尚且保持怀疑，唯具体之实证分析，尚待进一步之研究。

（编辑：沈朝晖）

征稿启事

金融市场是一个大舞台，千姿百态的角儿演绎出有趣的故事、棘手的问题与费解的现象，等待被发现、理解、批判与再建设。《清华金融法律评论》观察金融现象，专注于研究金融法律真实世界的问题，欢迎解决问题与解释现象的科研成果。编辑部秉承文质第一的宗旨，在此前提下尽量不拘一格收录稿件，包括不拘泥于理论流派、学科门类或方法，亦接受少量翻译作品。来稿的注释体例参见已出版文集。作者投稿后一个月未收到反馈的，可自行处理。编辑部不以任何形式向作者收取费用。

除每一辑的特色专题征稿之外，《清华金融法律评论》设有"公司治理""商事组织""并购重组""投资基金""金融商法""金融科技""金融监管""金融监管治理""证券市场与法律""公司财务与法律""政府债务融资与财政危机""金融法史""金融宪法""金融行政法""金融政治经济学""金融法经济学""金融法社会学""金融法调查""金融法实务"等栏目，这些栏目也是本出版物长期、持续关注的子领域。

联系方式：投稿：thufinlrev@126.com

地址：清华大学法律图书馆楼748

邮址：100084　清华大学法学院　沈朝晖（收）

电话：86－10－6277 3495

顺颂文祺！

主编　谨识

图书在版编目(CIP)数据

清华金融法律评论. 第3卷. 第2辑 / 朱慈蕴, 廖理主编. -- 北京 : 法律出版社, 2020
ISBN 978-7-5197-4725-1

Ⅰ. ①清… Ⅱ. ①朱… ②廖… Ⅲ. ①金融法-中国-文集 Ⅳ. ①D922.280.4-53

中国版本图书馆CIP数据核字(2020)第117156号

清华金融法律评论·第3卷第2辑
QINGHUA JINRONG FALÜ PINGLUN · DI 3 JUAN DI 2 JI

朱慈蕴 廖 理 主编

策划编辑 似 玉
责任编辑 似 玉
装帧设计 李 瞻

出版 法律出版社
总发行 中国法律图书有限公司
经销 新华书店
印刷 北京建宏印刷有限公司
责任校对 马 丽
责任印制 吕亚莉

编辑统筹 法律应用出版分社
开本 710毫米×1000毫米 1/16
印张 17.75
字数 275千
版本 2020年8月第1版
印次 2020年8月第1次印刷

法律出版社/北京市丰台区莲花池西里7号(100073)
网址/www.lawpress.com.cn
投稿邮箱/info@lawpress.com.cn
举报维权邮箱/jbwq@lawpress.com.cn
销售热线/400-660-8393
咨询电话/010-63939796

中国法律图书有限公司/北京市丰台区莲花池西里7号(100073)
全国各地中法图分、子公司销售电话:
统一销售客服/400-660-8393/6393
第一法律书店/010-83938432/8433 西安分公司/029-85330678 重庆分公司/023-67453036
上海分公司/021-62071639/1636 深圳分公司/0755-83072995

书号:ISBN 978-7-5197-4725-1 **定价**:68.00元
(如有缺页或倒装,中国法律图书有限公司负责退换)